工业和信息化普通高等教育"十三五"
规划教材立项项目

21世纪高等学校经济学系列规划教材

U0745732

微课版

微观经济学

MICROECONOMICS

◆ 刘艳 丘丽云 邓晓锋 黄荣斌 编著

PLANNED
TEXTBOOKS OF
ECONOMICS

人 民 邮 电 出 版 社
北 京

图书在版编目（CIP）数据

微观经济学：微课版 / 刘艳等编著. -- 北京：人
民邮电出版社，2016.8
21世纪高等学校经济学系列规划教材
ISBN 978-7-115-42556-0

Ⅰ. ①微… Ⅱ. ①刘… Ⅲ. ①微观经济学－高等学校
－教材 Ⅳ. ①F016

中国版本图书馆CIP数据核字(2016)第173297号

内 容 提 要

全书共九章，主要内容包括导言、需求、供给与均衡价格、消费者行为理论、生产理论、成本理论、完全竞争市场均衡、不完全竞争市场中的价格和产量决定、生产要素价格与收入分配、市场失灵与微观经济政策。

本书内容简明、案例新颖、知识拓展类型丰富，关键知识点提供了视频，初学者可通过扫描二维码观看，方便学习。本书既适合作为高校经管类专业学生的必修教材，也可以作为其他专业学生、经管类工作者和广大爱好者的参考读物。

◆ 编　　著　刘　艳　丘丽云　邓晓锋　黄荣斌
　　责任编辑　许金霞
　　责任印制　沈　蓉　彭志环

◆ 人民邮电出版社出版发行　　北京市丰台区成寿寺路 11 号
　　邮编　100164　电子邮件　315@ptpress.com.cn
　　网址　https://www.ptpress.com.cn
　　北京盛通印刷股份有限公司印刷

◆ 开本：700×1000　1/16
　　印张：16.25　　　　　　　2016 年 8 月第 1 版
　　字数：339 千字　　　　　2024 年 12 月北京第 7 次印刷

定价：39.80 元

读者服务热线：(010)81055256　印装质量热线：(010)81055316
反盗版热线：(010)81055315

前 言 Preface

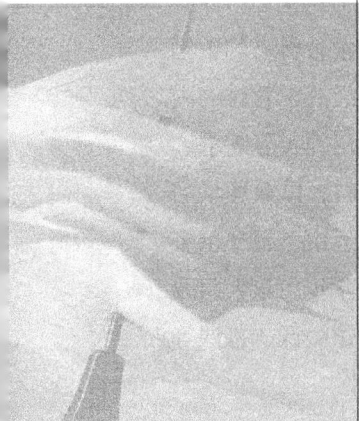

　　微观经济学是现代经济学的主要组成部分，主要研究市场经济条件下的资源配置问题。微观经济学通过对个体经济单位经济行为的研究，说明市场机制运行的基本原理和方法，以及改善这种运行的途径。中国经过 30 多年的改革与发展，已经初步构建了有中国特色的社会主义市场经济体系。市场机制不但成为主导我国社会经济资源配置的基本方式，而且深刻地影响了人们的思维习惯和行为方式。通过"微观经济学"课程的学习，逐步了解市场运行规律和基本法则，既是经管类本科专业教学的基本目标，也是强化各类人才综合素质教育中的重要一环。尤其是在"大众创业、全民创新"的社会背景下，越来越多的非经管类专业人士和学生迸发出了学习经济知识的热情。

　　综合而言，学习微观经济学的意义在于：

　　第一，了解市场经济的运行机制。学习微观经济学可以使我们理解现实的经济是如何运行的，市场经济体制为什么比其他经济体制在资源的配置与利用方面更有效率。

　　第二，可以帮助自己做出正确的选择。在人的一生中，无论是学习、工作、休闲与娱乐，还是进行其他活动，时刻都会遇到经济问题，经常要做出选择（是否好好学习、是否考大学、是否考研究生、是否搞行政、是否结婚、是否要孩子、是否储蓄、是否增加劳动时间等）。而微观经济学本质上是有关选择的科学，学习微观经济学，可以帮助我们做出更加理性的选择。

　　第三，微观经济学知识既是经管类专业知识体系的基础，也越来越成为当代人士必须掌握的一项社会知识。从理论上讲，微观经济学既是西方经济学的一大分支，同时又是学习经管类其他研究领域，如宏观经济学、国际经济学、比较经济学、产业经济学、管理学、会计学等学科的基础，甚至可以引入政治学和社会学的研究领域之中。而微观经济的分析工具与分析方法则可以广泛应用于理论研究和经济管理工作者的实践当中。

微观经济学作为一门社会科学，其发展与普及对微观经济学教科书的编写提出了新的要求。一是考虑到学习者专业背景的广泛性，微观经济学教材的内容体系应该相对更简明；二是考虑到学习者理论学习与现实运用的实际需求，微观经济学教材应该在传统的教学内容基础上，增加案例和资料，以兼顾学习内容的专业性和应用性；三是考虑到互联网技术的成熟与广泛运用，越来越多的学习者倾向于采用"互联网+"的学习模式，微观经济学的教学也应该大胆改革与创新，配合"翻转课堂""PBL"等教学新模式的运用，尝试微课、幕课等新的教学手段。《微观经济学（微课版）》一书也就因此应运而生。

《微观经济学（微课版）》既是 2015 年广东省"质量工程"建设项目"微观经济学资源共享课"的成果之一，也是我们教学团队在长期教学实践中总结各专业微观经济学课程教学经验后的一次创新尝试。在本书的写作过程中，我们力求突显以下特点：

第一，内容简明易懂。基于学习者专业背景广泛、理论教学学时缩短等原因的考虑，在微观经济学初级水平的教学中强调基本概念与市场规律的理解与应用。因此，本书在内容上进行了简化，将博弈论与信息经济学、一般均衡分析等理论分析的内容进行了删减。

第二，案例新颖。案例教学在经济学授课中非常重要，因此本书编者主要收集了中国近年的资料，并进行案例编写，以确保案例的新颖性和说理性，也更接"地气"。

第三，专栏、案例与拓展资料相呼应。教学中穿插专栏，既有严谨的数学演算，也有趣味性说明，形式活泼、内容丰富，以增强学习者对教学中重点概念和知识点的理解。课后的案例与拓展资料不拘泥于课本内容，而是针对知识点的运用给出翔实的补充资料，以增强本书的可读性和应用性。

第四，重要知识点都配有微课，读者可扫描二维码观看微课视频进行学习，在给教师和学习者带来极大便利的同时，也有助于推进实验教学、PBL 教学等新教学模式在微观经济学课堂上的应用，从而提升教学效果。

第五，配套的学习网站，教学资源丰富。学习网站包括教学大纲、教学案例、教学视频、题库、微观经济学研究动态等内容，实时更新，与时俱进以便更有效地扩充微观经济学的初级学习内容，强化学习内容的理论性和前沿性。

　　本书是由刘艳、丘丽云、邓晓锋和黄荣斌共同编著的。其中，刘艳负责编写第一、第五、第八章；丘丽云负责编写第二、第三、第四章；邓晓锋负责编写第六、第七章；黄荣斌负责编写第九章。在微课教学视频录制过程中，除上述人员参加外，唐更华、吴剑辉和李景睿也参与了录制工作。本书是教学团队集长期教学和科研的心血之作，并得到了所在单位同仁的大力支持。感谢单位同仁在各项重要事项上给予建议，感谢林怡、杨宇健等同学在微课及配套课件制作工作中的辛勤付出。

编者

2016 年 3 月

目 录 Contents

经济学究竟是一门什么样的学科？学习它有什么用？这可能是初次接触经济学的人最想知道答案的问题。对于这些问题的回答，并非简单几句话就能解释清楚的。但是我们可以先了解一下真正的经济学家是如何看待经济学理论知识的。著名经济学家约翰·梅纳德·凯恩斯（John Maynard Keynes）曾指出："经济学理论并没有提供一套立即可用的完整结论。它不是一种教条，只是一种方法、一种心灵的器官、一种思维的技巧，帮助拥有它的人得出正确结论。"这样说来，不是想成为经济学家的人才有必要去学习它，而且经济学知识也不会是直接告诉我们致富的点金术。相反，作为一种社会科学知识，人人都可以学习经济学，并借助经济学的分析思维和视角，帮助我们了解复杂的经济社会运行过程，科学地进行经济行为选择。正如道格拉斯·C.诺思（Douglass C. North）所言："经济学家不能够告诉人们他们应该做什么，他们只能揭示各种不同变量的成本与利益，以便使民主社会中的公民能够做出更好的选择。"

第一节 经济学的内涵

> 经济社会是否认可自私自利的行为？

一、经济学的内涵

关于经济行为选择的问题是如此常见和重要，以至于社会经济生活中的每一个人都时刻置身于各种选择当中。例如，作为一个投资者，你是投资办实业还是投资购买股票债券？作为一个生产企业，你是外购原材料或零部件进行生产，还是从原材料生产到加工、销售一体化生产？作为劳动力，你选择在什么城市、什么行业、什么工种？即便

经济学的内涵

是名普通学生，在分配使用生活费、安排学习与休闲时间的过程中，都会面临选择问题。而经济学就是一门关于如何做出正确选择的科学。因此，经济学值得我们每个人去学习和掌握。

需要进一步指出的是，经济学中的选择问题之所以会产生，是因为两个重要因素的

影响：一是人类欲望的无限性，二是资源的相对稀缺性。

纵观整个人类社会的生存和发展历史，就是不断地认识、利用和改造自然，以持续地获得物质产品来满足人们日益增长的物质需求。需求来自欲望，而人类欲望具有无限性，且不断创造着新的需求，正因为如此，社会才不断进步和发展。问题是资源总是有限的。资源的相对稀缺性（Scarcity）是指相对于人类社会的无穷欲望而言，经济物品，或者说生产这些物品所需要的资源总是不足的。也就是说，稀缺性强调的不是资源绝对数量的多少，而是相对于欲望无限性的有限。怎样使用相对有限的生产资源来满足无限多样化的需要的问题，就是经济学所要研究并需要回答的经济问题。

西方经济学家把满足人类欲望的物品分为"**自由物品**"（Free Goods）和"**经济物品**"（Economic Goods）。前者指人类无需通过努力就能自由取用的物品，如阳光、空气等，其数量是无限的；后者指人类必须付出代价方可得到的物品，即必须借助生产资源通过人类加工出来的物品。"经济物品"在人类社会生活中是最重要的，但相对于人的无穷无尽的欲望而言，"经济物品"以及生产这些物品的资源总是不足的。

由于上述原因，便产生了如何利用现有资源去生产"经济物品"来更有效地满足人类欲望的所谓选择问题。选择包括这样三个相关的问题：

（1）生产什么（What）物品与生产多少。如前所述，人的需求是无限的，而生产资源是稀缺的。目的与达到目的的手段之间的矛盾迫使人们必须在各种需求之间权衡比较，有所取舍。其次，人们还必须决定每种产品的产量应各为多少。例如，当我们把权衡取舍的范围归结为消费品与资本财货两大类时，生产可能性边界上的每一点代表了这个问题各种可能的答案。那么，到底哪一点是最合理的？

（2）如何（How）生产，采用什么生产方法。每种生产要素一般有多种用途，而任一种产品一般也可采用多种生产方法。例如，同一种产品，既可采用多用劳动少用资本的方法，也可采用多用资本少用劳动的生产方法。这里有一个生产效率的问题，即如何组织生产使生产要素能够最有效率地被使用的问题。

（3）被生产出来的产品怎样在社会成员之间进行分配，即经济学所说的收入分配问题，也就是为谁（For Whom）生产的问题。人是社会的人，每个人总是生活于组成一定社会形式的人群之中，所以生产总是社会生产。就是说，社会的人作为劳动的主体，在有目的地作用于劳动的客体——自然物质时，总是在一定的社会形式下进行劳动的，所以经济分析必然包括生产出来的产品归谁享用以及享用多少的问题。

以上三个方面的问题，即生产什么、怎样生产和为谁生产，也就是人类社会所必须解决的基本问题。这三个问题被称为资源配置问题。因此，经济学主要就是研究由稀缺性引起的选择问题，即资源配置问题。美国经济学家斯蒂格利茨指出："经济学研究我们社会中的个人、企业、政府和其他组织如何进行选择，以及这些选择如何决定社会资源的使用方式。"可以说，经济学就是研究稀缺资源如何实现有效配置的一门社会科学。

二、其他相关概念

1. 经济人

经济人，又称作"经济人假设"，即假定人的思考和行为都是理性的，唯一试图获得的经济好处就是物质性补偿的最大化。这一概念常作为经济学和某些心理学分析的基本假设前提。

经济人假设

经济学明确提出经济人假设是市场机制运行的基本前提，认为人是"自私、自利"的，在一定的约束条件下追求个人利益最大化。正如亚当·斯密（1776）在《国富论》中提到的："我们每天所需要的食物和饮料，不是出自屠户、酿酒家和面包师的恩惠，而是出于他们自利的打算"。之后，西尼尔定量地确立了个人经济利益最大化公理，约翰·穆勒在此基础上总结出"经济人假设"，最后帕累托将"经济人"这个专有名词引入经济学。

关于"经济人"假设，需要强调两点内容：

第一，在经济假设中还包含着人是理性的假设。所谓理性是指每个人都能通过成本收益或趋利避害的原则来对其所面临的一切机会和目标以及实现目标的手段进行优化选择。在古典经济理论中，经济人被设想为全面理性的，经济人掌握完善的信息并具备完备的知识，能够做出使自己利益最大化的最优选择。然而，实践证明这种假设是不现实的。因此，赫伯特·西蒙提出了"有限理性说"和因此而引申出的"寻求满意的人"的假设。这里所说的有限理性是指受到较多限制的理性。正如西蒙所说：人的理性受到三种限制，即每一备选方案所导致的后果的不确定性，不完全了解备选方案，必要计算无法进行的复杂性。而后的制度学派则认为，人是一种社会存在，他们所做出的选择，并不仅仅是以其内在的效用函数为基础的纯粹的自主性和独立性的选择，而是要受他人的影响，如生产者的诱导、社会文化结构及传统影响等。因此，其目标也不是单纯追求经济利益最大化，而是包括虚荣心、摆阔、赶时髦、显示地位等需要的满足。所以，人们通常是依据习惯而非深思熟虑地按理性最大化原则行事，不是按照利益最大化的原则进行决策。为此，制度学派用"社会—文化人"取代经济人。

第二，本书认为经济人假设是对普遍存在的人类行为进行的一种原则抽象，不存在价值取向的判断问题。正是因为经济人假设是一种客观存在，因此，在实践中，必须承认人的"自私、自利"行为，在强调国家和集体利益的同时，不应忽视个人的利益。否则，会影响个人积极性，进而会影响单位的利益和经济的发展。当然，作为一种理论假设，这一概念还是存在一些缺陷的。但对于初学者，了解这一概念，有助于我们展开后续内容的学习。

机会成本

2. 机会成本与生产可能性边界

为了进一步描述资源配置问题，经济学引入了**生产可能性边界**

（Production Possibility Frontier）的概念。要考察生产可能性边界，首先要说明**机会成本**（Opportunity Cost）的概念。经济资源的稀缺性决定了一个社会的经济物品在某一时期内是个定量，这就意味着，为了生产某种产品就必须放弃其他产品的生产。当把一定的经济资源用于生产某种产品时，所放弃的另一些产品生产上的最大收益就是这种产品生产上的机会成本。

所谓生产可能性边界表明在既定的经济资源和生产技术条件下所能达到的各种产品最大产量的组合，又叫生产可能性曲线，如图 1-1 所示。就是在给定的资源和生产技术条件下一个国家的最大可能的资本财货与消费品生产的各种可能性组合。

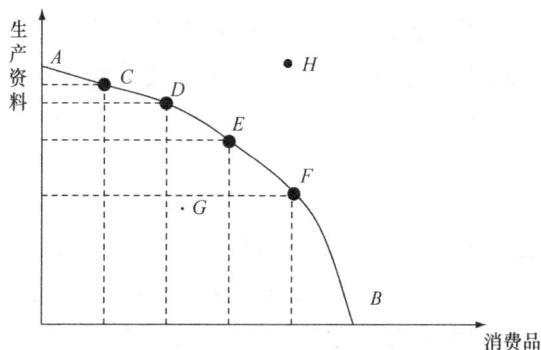

图 1-1　生产可能性曲线

分析生产可能性曲线前，一般需作以下假设。其一，固定的资源。在一定时间上，可供使用的各种生产要素的数量是固定不变的；其二，充分就业。在现有生产过程中，所有的生产要素均得到了充分使用，不存在资源闲置；其三，生产技术。在考虑问题的时间范围内，生产技术，即由投入转化为产出的能力是固定不变的；其四，两种产品。为了简化问题起见，通常假定某一经济仅生产两种产品。

可用消费品与资本财货品来表达各自的机会成本。A、B、C、D、E、F 每一点都代表在给定的资源和生产条件下，一个国家的最大可能的资本财货与消费品生产的可能性组合，所以称为生产可能性边界。AB 线还表明了，多生产一单位资本财货要放弃多少消费品，或者相反，多生产一单位消费品要放弃多少资本财货，因此，又称为生产转换线。

生产可能性曲线表明，人的物质文化生活需要是无限多样化的，但满足这些需求的手段，即制造或提供人们所需物品和劳务的生产资源是相对稀缺的。有限的资源用来多生产某种物品就要少生产其他物品，在此可以有多种组合。如一个社会为了不断扩大再生产，所需要的资本财货是无限的，为了提高当前生活，所需要的消费品也是无限的。但是，能够用于生产资本财货与消费品的资源是有限的。由于资源的相对稀缺性，在一定技术条件下，在生产可能性曲线的多种可能性组合中，究竟该选择哪一种，即一个国家关于消费品和生产资料这两大部类的生产组合，到底选择 C 点还是 E 点，或者 AB 线上的任何其他一点？这就是经济学上的选择问题。

一般来说，在一定的技术条件下，一个社会或一个国家的全部经济资源所能生产的众多物品和劳务的最大数量是一定的，并且众多的物品和劳务之间存在着此消彼长的关系。生产可能性曲线把各种生产组合分为三个部分：生产可能性曲线以下的各种生产组合是可行的但不是最大的生产组合（如 G 点）；生产可能性曲线以上的各种生产组合是不可能的组合（如 H 点）；只有生产可能性曲线上的各种生产组合才是既可行又最大的生产组合（如 A、B、C、D、E 点）。生产可能性曲线上的点都是最大的生产组合，但并不都是最佳的生产组合。生产可能性曲线只是提供了选择最佳生产组合的清单，它本身并没有说明社会生产究竟应处于生产可能性曲线哪一点上。这正是所谓的资源配置问题，是微观经济学要解决的问题。生产可能性曲线的位置不是固定不变的。随着生产资源供给的增长和技术的进步，生产可能性曲线可以向右上方移动。值得注意的是，生产可能性曲线也可能向左下方移动。

第二节　经济学的产生与发展

一、经济学的产生

经济学被认为起源于古希腊的家政管理。亚里士多德（Aristotes，公元前 384～公元前 322 年），古希腊著名哲学家和科学家，他的经济思想主要见于《政治学》和《伦理学》。他认为，经济一词应包括两个内容：一是研究家庭关系，除夫妻关系外，主要是研究奴隶主与奴隶的关系；二是研究致富技术。

《国富论》简介

1. 亚当·斯密和《国富论》

公认的西方经济学鼻祖是英国伦理学家、经济学家亚当·斯密（Adam Smith，1723～1790）。斯密最主要的著作是《国民财富的性质和原因的研究》，又名《国富论》，在书中他阐述了著名的"看不见的手"理论，主张自由放任，反对国家干预经济。

亚当·斯密对"看不见的手"是这样论述的："当每一个人企图尽可能地使用他的资本去支持本国工业，从而引导那些工业使它的产品可能有最大的价值时，每一个人必然要为社会年收入尽可能大而劳动。的确，他一般既无心去促进公共利益，也不知道能促进多少。他宁愿支持本国工业而不支持外国工业，只是想要确保他自己的安全；他指导这种工业使其产品能具有最大的价值，只是为了他自己的利益，也像在许多其他场合一样，他这样做只是被一只看不见的手引导着，去促进一个并不是出自他本心的目的。"

2. 克拉克与边际分析法

19 世纪 70 年代的边际革命对经济学的发展产生了深远的影响。美国经济学家克拉克就以"边际生产力论"分析了微观的分配问题。现在，边际分析已成为现代经济学分析的基本思想与基本概念，被极为广泛地使用于经济学教科书和经济论文，以至于如果离开"边际"，就无法展开经济学的分析。

3. 马歇尔和《经济学原理》

对微观经济现象作出最系统、最完整分析的是英国剑桥学派的代表人物马歇尔（A. Marshall）。1890 年，马歇尔出版了《经济学原理》一书。在书中，马歇尔分析了需求和供给的特点和规律，并将供求论、生产费用论、边际效用价值论、边际生产力论等融合在一起，建立了一个以"均衡价格论"为核心的经济学体系。他所提出的由供求决定的均衡价格理论，至今仍然是经济学中微观部分的理论基础和主要内容。

4. 罗宾逊等人对微观经济学理论体系的完善

到 20 世纪 30 年代，英国的罗宾逊和美国的张伯伦进一步研究了垄断和垄断竞争条件下的生产者行为，形成了"厂商理论"，进一步发展了经济学微观研究部分的内容。但就整个微观经济学研究体系而言，仍然以马歇尔理论体系为主。另外，1930 年以后希克斯、瓦尔拉斯、帕累托等提出的一般均衡理论、序数效用论、福利经济学等，进一步补充了传统的微观经济学理论体系。之后关于市场失灵与微观政策调节的研究可以说也是对微观经济学理论的总结与发展。当然，伴随着博弈论、产权理论、信息经济学等新兴理论的出现和发展，微观经济学理论体系还将不断兼容并蓄，继续完善。

二、经济学的发展

在微观经济学作为传统主流经济学的时期，多数经济学家和政策制定者都认为商业周期难以避免，经济在价格机制这只"看不见的手"的巧妙调节下会自动恢复均衡。但传统主流经济学的观点难以解释 20 世纪 30 年代西方资本主义世界的大萧条，同时也无法提出有效的治理对策。在这一经济背景下，经济学家纷纷反思传统经济学的基本理论与政策主张。凯恩斯在 1936 年出版的《就业、利息与货币通论》中对大萧条提出了创造性的经济解释与政策主张，标志着现代宏观经济学的诞生。

实际上，宏观经济学术语，作为与微观经济学相对应的术语在教科书中被首先使用，是在美国经济学家肯尼思·艾瓦特·博尔丁（Kenneth Ewart Boulding）的《经济分析》一书中。从经济学说史的角度看，宏观经济学的历史可以追溯到 17 世纪中期，并大致可以将其区分为四个不同的发展阶段：第一阶段是早期宏观经济学时期，或称为古典宏观经济学时期（17 世纪中期到 19 世纪中期）；第二阶段是现代宏观经济学的奠基时期（19 世纪晚期到 20 世纪 30 年代）；第三阶段是现代宏观经济学产生和发展时期（20 世纪 30

年代后期到 60 年代）；第四阶段是现代宏观经济学进一步发展和演变的时期（20 世纪 70 年代以后）。

1. 第一阶段：早期宏观经济学时期

在第一阶段中，古典学派和重农学派经济学家在对整个国民经济活动进行分析的时候，初步使用了一些总量经济概念，并采用全社会加总数和平均数的简单数学方法进行分析。例如，英国古典经济学家威廉·配第（William Petty）在 1662 年出版的《赋税论》被公认为以宏观经济活动为主要研究对象的经济学著作，该著作对人口、财产、劳动收入与一国财政收支的关系进行了理论考察。[①]法国重农学派创始人弗朗斯瓦·魁奈（Francois Quesnay）在 1758 年出版的《经济表》中分析了社会资本的再生产过程，把国民财富产生和增加的源泉从流通领域转移到生产领域，是古典分析的典范。此后，亚当·斯密（Adam Smith）在《国富论》中从更广泛的领域探讨了国民财富的形成与增长问题，他既分析了整个社会的总资财、全民总资财的增值，也分析了个人收入之和与国民纳税能力的关系，以及国民纳税能力与政府财政收支的关系。大卫·李嘉图（David Ricardo）在《政治经济学及其赋税原理》中考察了国民财富的增长问题以及总收入与纯收入问题，并对货币流通量变动与物价波动的关系进行了探讨。

2. 第二阶段：现代宏观经济学的奠基时期

从 19 世纪晚期开始，资本主义逐步由自由竞争向垄断阶段过渡，经济危机频繁出现，宏观经济学进入一个新的发展阶段。从研究内容看，这一时期的宏观经济学主要集中于经济周期波动问题的研究上，形成了多种解释经济周期波动的原因的宏观经济学说。例如，瑞典经济学家冈纳·缪尔达尔（Karl Gunnar Myrdal）等在 20 世纪 20 年代末和 30 年代初将总量分析与动态过程分析结合在一起，形成了宏观动态均衡理论。约瑟夫·阿罗斯·熊彼特（Joseph Alois Schumpeter）将其经济周期理论建立在创新学说上，强调创新使资本主义经济从均衡走向失衡，又从失衡恢复到均衡。以阿尔弗雷德·马歇尔（Alfred Marshall）、阿瑟·塞西尔·庇古（Arthur Cecil Pigou）、欧文·费雪（Irving Fisher）为代表的英美经济学家对货币流通数量与物价水平的相互关系进行了开拓性研究。在国民收入研究领域，美国制度主义经济学家威斯利·C. 密契尔（Wesley C. Mitchell）等学者将国民收入及其变动与经济周期的分析紧密结合起来。

3. 第三阶段：现代宏观经济学产生和发展时期

直至 20 世纪最初 30 年的宏观经济学都不涉及国民收入水平的决定问题，坚持经济和谐的古典观念，坚信价格机制的自发调节功能，从而不会出现大规模失业，因此政府没有必要对经济进行干预。而这一时期经济大萧条的持续，改变了人们对经济运行规律的传统认识，也使得以凯恩斯主义经济学在"二战"以后，逐步在宏观经济研究和政府决策领域取得主导地位。凯恩斯从社会总需求入手，探寻了大萧条产生的原因与治理对

---

① 厉以宁：《宏观经济学的产生与发展》，湖南人民出版社，1997 年。

策。因此，凯恩斯的理论从一开始就是从宏观经济层面上展开，也被称为"有效需求理论"。

但是，凯恩斯宏观经济理论难以解释 20 世纪 60 年代后期开始出现的资本主义世界的"滞胀"局面，也未能提出有效的治理对策。因此在宏观经济学发展的第三阶段中，以下几个方面发生了重要变化：

首先，非凯恩斯派宏观经济学复兴。尤其是以弗里德曼为代表的货币主义逐步发展成为凯恩斯经济学强有力的挑战者。此外，阿萨·林德伯克（A. Lindbeek）的社会民主主义理论和"混合经济模型"、熊彼特基于创新理论的周期理论、康德拉捷夫（N. D. Kondratieff）和西蒙·史密斯·库兹涅茨（Simon Smith Kuznets）的长周期理论等非凯恩斯派宏观经济学也产生了较大影响。其次，凯恩斯派宏观经济理论不断进行自我完善。哈罗德和多马等经济学家在将凯恩斯理论动态化、长期化的过程中，不仅从总需求方面做了补充，也重视总供给因素；琼·罗宾逊（Joan Robinson）、詹姆斯·托宾（James Tobin）、阿瑟·奥肯（Arthur M. Okun）等人对价值判断和伦理标准的强调，使凯恩斯宏观经济理论增添了规范经济学色彩。最后，凯恩斯宏观经济学和非凯恩斯宏观经济学互相渗透。经过较长期的论战与交锋，双方开始互相吸收对方的合理部分，互相渗透和影响，两派在货币因素的重要性、失业问题的顽固性、国家长期规划的作用、浮动汇率问题等方面取得了比较一致的看法。当然，两派的分歧难以从根本上消除，论战仍在继续。[1]

4. 第四阶段：现代宏观经济学的进一步发展和演变时期

进入 20 世纪 80 年代以后，现代宏观经济学继续在以下 4 个方面获得了新进展：

第一，凯恩斯主义者在进一步吸收理性预期学说等非凯恩斯学派研究成果的基础上发展成为新凯恩斯主义。

第二，非均衡理论有了较大的发展。新凯恩斯主义把凯恩斯主义作为非均衡理论的一种加以继承与发扬。

第三，经济增长的研究视野进一步扩展。例如，人力资本与技术因素、制度因素在经济增长中的作用得到确认。

第四，政府失灵问题引起关注。斯蒂格利茨等学者从金融政策角度对金融管制与反管制金融政策的局限性等问题进行了研究；布坎南等学者从公共选择理论的角度说明了政府失灵。

第三节 经济学的研究对象与内容体系

微观经济学和宏观经济学有什么区别和联系？

---

[1] 厉以宁：《宏观经济学的产生与发展》，湖南人民出版社，1997 年。

一、经济学的研究对象

现代西方经济学按照其研究的对象、内容和研究的方法，可以大致分为两大类：一类是微观经济学（Microeconomics），另一类是宏观经济学（Marcoeconomics）。

经济学的研究对象

1. 微观经济学的研究对象

微观经济学是以单个经济单位（消费者或家庭、厂商以及单个市场）为考察对象，研究单个经济单位的经济行为，以及相应的经济变量的单项数值如何决定。个体单位的经济行为大体上可归为三类：一是消费者个人的经济行为，如消费者如何在收入既定时选择需要购买的商品数量；二是厂商个体的经济行为，如厂商在资源既定的条件下，如何选择生产产品的数量和价格，才能保证获得利润；三是单个市场上供求双方的经济行为如何决定单个商品（包括生产要素）的供给量、需求量、价格等经济变量。考虑到在产品市场和要素市场上消费者和生产者处于买卖的不同地位，因此，微观经济学对单个市场的分析可以分为两部分：一是研究消费者作为产品需求方和生产者作为产品供给方的产品市场上，产品的数量和价格是如何决定的；二是研究消费者作为要素供给方和生产者作为要素需求方的要素市场上，劳动、土地、资本等生产要素的价格和数量是如何决定的。由于以上单个经济单位的经济行为都需要通过市场的价格功能才能表现出来，因此微观经济学又可以称为"价格理论"。微观经济学的主要研究内容包括价格理论、消费者行为理论、生产理论、成本理论、场上均衡理论、收入分配理论、福利经济学和一般均衡理论等。

2. 宏观经济学的研究对象

宏观经济学是以整个国民经济活动作为考察对象，研究整个国民经济活动或经济问题的经济学，即研究一个国家或地区的总产出水平、总就业量、总物价水平等宏观经济总量是如何决定与变动的，它们的相互关系如何，政府如何运用财政政策、货币政策等政策工具有效调控经济。根据凯恩斯的传统二分法，总产出或总收入的变动可以一分为二：其一是长期变动趋势，即一国或地区潜在总生产能力或总产出水平的提高；其二是短期波动，即经济周期。前者被称为经济增长问题，后者被称为经济波动或经济周期问题。为了研究的方便，宏观经济学在研究增长问题时，不考虑波动问题；在研究波动问题时，忽略长期趋势或潜在总产出水平的变动。因此，宏观经济学研究两大主题，即经济增长问题和经济波动问题。

现代西方经济学认为，微观经济学和宏观经济学既有联系又有区别，两者相辅相成，并无轻重之分。另外，也不能将宏观经济学简单地视作是微观经济学的加总。从表面上看，宏观经济活动是由微观经济活动加总累积而成的。但事实上，这种简单的加总在经济分析中是行不通的。例如，个人在收入有限的前提下，会趋向于从节俭角度来进行资源配置和消费安排。但从宏观经济角度看，主张节俭却不利于萧条经济的复苏和失业问题的解决。

二、经济学的内容体系

微观经济学与宏观经济学在研究对象、研究方法上的区别，使得两者的研究内容体系并不相同。

1. 微观经济学的研究内容体系

微观经济学从价格如何影响个人需求和个人供给出发，推导出市场需求和市场供给，再从市场供求的相互作用中，讨论市场机制对资源配置的调节作用。由此可见，微观经济学的内容框架大致可以概括为"4 个词、8 个字"，即需求、供给、价格和市场，如图 1-2 所示。

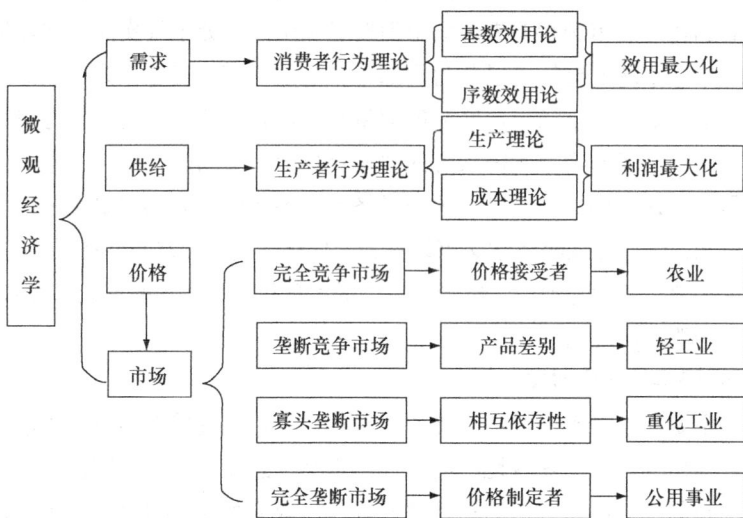

图 1-2　微观经济学的基本内容框架

但是要强调一点，微观经济学这种以微观个体经济行为为出发点，分析经济问题的思路不仅仅适用于产品市场，也适用于生产要素市场。两个市场之间关系紧密，可以用图 1-3 来说明。在图 1-3 中，左、右两个方框各表示公众（消费者）和企业（厂商）。单个消费者和单个厂商分别以产品的需求者和产品的供给者的身份出现在产品市场上，又分别以生产要素的供给者和生产要素的需求者的身份出现在生产要素市场上。图中的上、下两个椭圆各表示产品市场和生产要素市场。图中的实线、虚线各表示需求关系和供给关系。消费者和厂商的经济活动通过产品市场和生产要素市场的供求关系的相互作用而联系起来。消费者的经济行为表现为在生产要素市场上提供生产要素，如提供一定数量的劳动、土地等，以取得收入，然后，在产品市场上购买所需的商品，进而在消费中得到最大的效用满足。厂商的经济行为表现为在生产要素市场上购买所需的生产要素，如雇用一定数量的工人、租用一定数量的土地等，以进行生产，进而通过商品的出售获得最大的利润。因此，产品市场和要素市场的价格决定必须充分考虑到各个市场之间的联系。

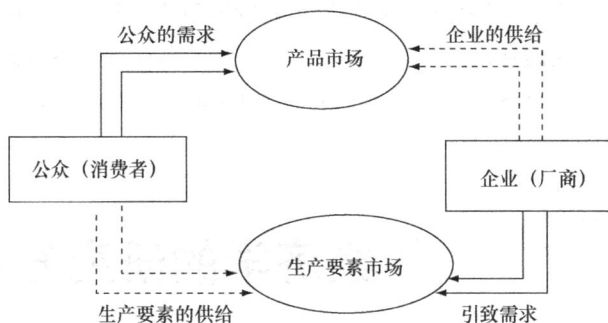

图 1-3 产品市场和生产要素市场的循环流动图

2. 宏观经济学的研究内容体系

宏观经济学是从宏观经济整体出发展开分析。在封闭经济条件下，宏观经济学一般围绕三大基本宏观经济目标，从宏观经济变量、宏观经济模型和宏观经济政策三个方面构建其内容体系。

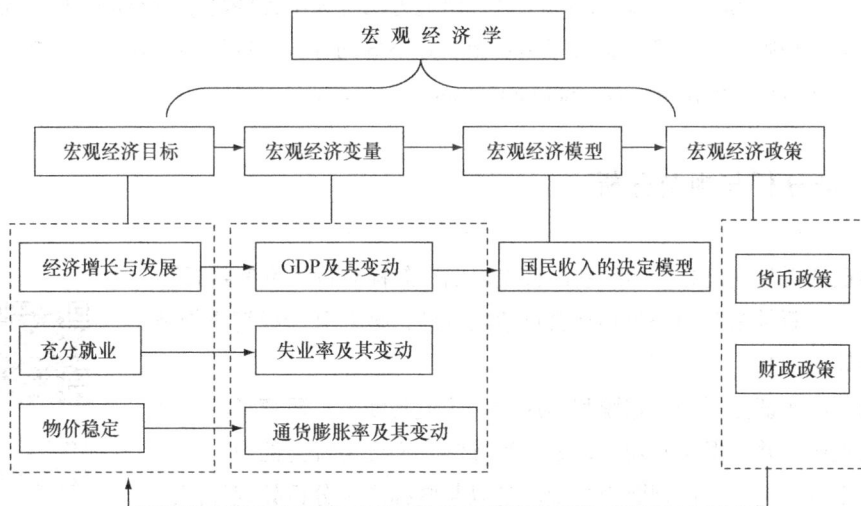

图 1-4 宏观经济学的基本内容框架

如图 1-4 所示，由于经济增长、就业和物价情况关系到一国或地区的国民福利水平，以及社会经济的稳定，因此三者是封闭经济条件下宏观经济学研究的基本目标，并贯穿于宏观经济学研究的始终。宏观变量的设计是为了衡量一个经济体的整体运行情况，分析宏观经济问题的基础，就是设计一定的宏观经济变量。宏观经济学研究的经济变量一般包括三大类：一是总产出或总收入水平及其增长率，即国内生产总值（GDP）及其变动；二是总就业水平，即失业率及其变动；三是一般物价水平，即物价水平及其变动。而要了解宏观变量的决定和影响过程，则需要借助于一定的宏观经济模型。在本书中，主要以国民收入的决定问题为主，介绍了简单的国民收入决定模型、IS-LM 模型和总供求模型。洞悉了一定宏观经济变量的产生过程和发展现状，即可以形成科学的宏观经济政策，对宏观经济的实践加以指导和干预，以更好地实现宏观经济目标。强调一点，在开放经济条件下，宏观经济学还要进一步解决如何实现国际收入平衡的问题。

第四节 经济学的研究方法

针对环境污染问题，如何分别展开规范经济学研究和实证经济学研究？

经济学所要研究的资源配置和利用问题，既可以用实证的方法进行分析，也可以用规范的方法进行分析。这是经济学研究中使用的一般研究方法。如果只是考察经济现象是什么（What is），即经济现状如何，为何会如此，其发展趋势如何，至于这种经济现象好不好，该不该如此，则不做出评价，这种研究方法称为**实证经济学**（Positive Economics）分析。另一种则是对经济现状及变化要做出好不好的评价，或该不该如此的判断，这种研究方法称为**规范经济学**（Normative Economics）分析。

一、实证分析与规范分析

实证分析与规范分析的区别，首先表现在怎样对待"价值判断"。所谓价值判断是指对经济事物社会价值的判断，即对某一经济事物是好还是坏的判断。

第一，实证分析企图超脱和排斥一切价值判断，只研究经济本身的内在规律，并根据这些规律，分析和预测人们经济行为的效果。规范分析则以一定的价值判断为基础，是以某些标准来分析处理经济问题，树立经济理论的前提，作为制定经济政策的依据，并研究如何才能符合这些标准。

实证经济学与规范经济学举例

第二，实证分析回答"是什么"的问题。而规范经济学分析则要回答的是"应该是什么"的问题。

第三，实证经济学分析排斥一切价值判断，只研究经济本身的内在规律，因此实证经济分析的内容具有客观性，即不以人们的意志为转移，所得的结论可以根据事实来进

行检验。规范经济学分析则没有客观性，它所得的结论要受到不同价值观的影响，具有不同价值判断标准的人，对同一事物的好坏会作出截然不同的评价，谁是谁非没有什么绝对标准，从而也就无法进行检验。

实证分析和规范分析尽管有所不同，但并不是绝对对立的。一般说来，实证分析以规范分析为指导；同时，价值判断往往产生于一定的实证分析结论。

经济学作为一门科学，应该研究"是什么"的问题，并给出客观的、可检验的正确结论。但经济学作为一门社会科学，不可能像自然科学一样是一门纯实证科学，因为经济学提出什么社会经济问题进行研究，采用什么研究方法，突出强调哪些因素，实际上都涉及研究者个人的价值判断的问题。因此，经济学的研究既需要实证分析，也需要规范分析，二者的结合运用方能确保经济研究的正确方向。

二、其他研究方法

1. 均衡分析

均衡（Equilibrium）是从物理学中引进的概念。在物理学中，均衡是表示同一物体同时受到几个方向不同的外力作用而合力为零时，该物体所处的静止或匀速运动的状态。经济中均衡是指各种对立的、变动着的力量处于一种力量相当、相对静止、不再变动的境界。这种均衡与一条直线所系的一块石子或一个盆中彼此相依的许多小球所保持的机械均衡大体上一致。均衡一旦形成后，如果有另外的力量使它离开原来的均衡位置，则会有其他力量使它恢复到均衡，正如一条线所悬着的一块石子如果离开了它的均衡位置，地心引力立即有使它恢复均衡位置的趋势一样。

均衡又分为**局部均衡**（Partial Equilibrium）与**一般均衡**（General Equilibrium）。局部均衡分析是假定在其他条件不变的情况下来分析某一时间、某一市场的某种商品（或生产要素）供给与需求达到均衡时的价格决定。一般均衡分析则在各种商品和生产要素的供给、需求、价格相互影响的条件下来分析所有商品和生产要素的供给和需求同时达到均衡时所有商品的价格如何被决定。一般均衡分析是关于整个经济体系的价格和产量结构的一种研究方法，是一种全面的分析方法，但由于一般均衡分析涉及市场或经济活动的方方面面，而这些又是错综复杂和瞬息万变的，实际上使得这种分析非常复杂和耗费时间。所以在西方经济学中，大多采用局部均衡分析。

2. 静态分析、比较静态分析和动态分析

经济学所采用的分析方法又可分为静态分析、比较静态分析和动态分析。

（1）**静态分析**（Static Analysis）是分析经济现象的均衡状态以及有关的经济变量达到均衡状态所需要具备的条件，它完全抽掉了时间因素和具体变动的过程，是一种静止地、孤立地考察某些经济现象的方法。

（2）**比较静态分析**（Comparative Static Analysis）是分析在已知条件发生变化以后经济现象均衡状态的相应变化，以及有关的经济总量在达到新的均衡状态时的相应变化，即对经济现象有关经济变量一次变动（而不是连续变动）的前后进行比较。也就是比较一个经济变动过程的起点和终点，而不涉及转变期间和具体变动过程本身的情况，实际上只是对两种既定的自变量和它们各自相应的因变量的均衡值加以比较。

（3）**动态分析**（Dynamic Analysis）是对经济变动的实际过程进行分析，包括分析有关总量在一定时间过程中的变动、这些经济总量在变动过程中的相互影响和彼此制约的关系，以及它们在每一时点上变动的速率等。

在微观经济学中，无论是个别市场的供求均衡分析，还是个别厂商的价格、产量均衡分析，都采用静态和比较静态分析方法。动态分析在微观经济学中进展不大，只在蛛网定理（Cobweb Theorem）这类研究中，在局部均衡的基础上采用了动态分析方法。但在宏观经济学中，比较静态分析和动态分析方法的应用就更普遍一些。

3. 个量分析与总量分析

前面已经提过，宏观经济学采取总量分析方法，即对能够反映经济整体运行状况的经济变量及其变动和相互关系进行分析。宏观经济学总量一般分为两类，一个是总和量，另一个是平均量①。宏观经济学在进行总量分析时，首先假定制度既定，在已知制度条件下对经济总量进行分析。总量分析还通常假定个量是已知和既定的，如宏观经济学研究一般物价水平的变动及其对国民收入的影响，分析一般物价水平变动与失业率的关系等，但不研究单个商品价格的形成与波动以及特定商品价格变化对其他商品价格的影响等，后者属于微观经济学的研究内容。由于总量研究方法注重经济活动总体状况与结构，其研究结论有助于把握社会经济全局。

4. 经济模型

经济模型（Economic Model）是指用来描述所研究的经济现象之有关的经济变量之间的依存关系的理论结构。简单地说，把经济理论用变量的函数关系来表示称为经济模型。一个经济模型是指论述某一经济问题的一个理论，如前已指出，它可用文字说明（叙述法），也可用数学方程式表达（代数法），还可用几何图形式表达（几何法、画图法）。

由于任何经济现象，不仅错综复杂，而且变化多端，如果在研究中把所有的变量都考虑进去，就会使得实际研究成为不可能。所以任何理论结构或模型，必须运用科学的抽象法，舍弃一些影响较小的因素或变量，把可以计量的复杂现象简化和抽象成为数不多的主要变量，然后按照一定函数关系把这些变量编成单一方程或联立方程组，构成模型。由于建立模型时选取变量的不同及其对变量的特点假定不同，因此，即使对于同一个问题也会建立多个不同的模型。

---

① 任保平、宋宇主编：《宏观经济学》，科学出版社，2009 年。

三、经济推理中的谬误

需要提醒的是，在经济学的研究中，人们经常会犯以下三种错误。因此，有必要事先对其有所了解，才能在以后的学习研究中尽量避免。

第一，**后此谬误**（The Post Hoc Fallacy）。仅仅因为一件事情发生在另一件事情之前，就认为前者是后者的原因。这种思维所犯的错误称为后此谬误。在 20 世纪 30 年代大萧条时期的美国，一些人以前观察到，在商业周期扩张之前或扩张过程中，会出现物价上涨的现象，因此，这些人认为，治疗大萧条的好方法是提高工资和价格。然而这种措施并不能推动经济复苏。我国在 2003 年之前也曾企图通过增加公务员工资的方法来治理通货紧缩，同样没有达到目的。

第二，**不能保持其他条件不变**（Failure to Hold Other Things Constant）。分析某个变量对另一个变量的影响时，不能保持其他条件不变。典型的例子是"吉芬商品"。

第三，**合成谬误**（The Fallacy of Composition）。对局部或个体来说是正确或成立的事情，对全局或整体也一定正确或成立，这种错误就是合成谬误。例如，如果一个人获得了更多的货币，他的境况一定会变好；但是当一国的所有人员都获得了更多货币以至于发生通货膨胀时，他们的境况不仅不变好，可能变得更糟。

案例与拓展

拓展资料： 现代经济学的分析框架

资料来源： 节选自《理解现代经济学》，钱颖一，《经济社会体制比较》，2002 年第 1 期。

经济学包括理论经济学和应用经济学两个"一级学科"下的全部"二级学科"，包括宏观、微观、计量、金融、财政、产业、劳动、环境、国际（世界）等经济学内容。关于现代经济学的概念，我们把最近的半个世纪以来发展起来的、在当今世界上被认可为主流的经济学称为现代经济学。现代经济学代表了一种研究经济行为和现象的分析方法或框架。

作为理论分析框架，它由三个主要部分组成：视角（Perspective）、参照系（Reference）或基准点（Benchmark）和分析工具（Analytical Tools）。接受现代经济学理论的训练，是从这三方面入手的。理解现代经济学的理论，也需要懂得这三个部分。

第一，现代经济学提供了从实际出发看问题的角度或曰"视角"。这些视角指导我们避开细枝末节，把注意力引向关键的、核心的问题。经济学家看问题的出发点通常基于三项基本假设：经济人的偏好、生产技术和制度约束、可供使用的资源禀赋包括信息。不论是消费者、经营者还是工人、农民，在做经济决策时出发点基本上是自利的，即在所能支配的资源限度内和现有的技术和制度条件下，他们希望自身利益越大越好。用现代经济学的视角看问题，消费者想买到物美价廉的商品，企业家想赚取利润，都是很自然的。这种利益最大化包括利他行为。从这样的出发点开始，经济学的分析往往集中在各种间接机制（比如价格、激励）对经济人行为的影响，并以"均衡""效率"作为分析的着眼点。

第二，现代经济学提供了多个"参照系"或"基准点"。这些参照系本身的重要性并不在于它们是否准确无误地描述了现实，而在于建立了一些让人们更好地理解现实的标尺。比如一般均衡理论中的阿罗—德布罗定理（Arrow-Depeu Theorem）产权理论中的科斯定理（Coase Theorem）和公司金融理论中的默迪格利安尼—米勒定理（Modigliani-Miller Theorem）都被经济学家用作他们分析的基准点。

第三，现代经济学提供了一系列强有力的"分析工具"，它们多是各种图像模型和数学模型。这种工具的力量在于用较为简明的图像和数学结构帮助我们深入分析纷繁错综的经济行为和现象。试举几例说明。第一例是供需曲线图像模型，它以数量和价格分别为横轴、纵轴，提供了一个非常方便和多样化的分析工具。起初，经济学家用这一工具来分析局部均衡下的市场资源配置问题，后来又用它来分析政府干预市场的政策效果。不仅可用它来研究市场扭曲问题，也可用它来研究市场失灵问题和收入分配的福利分析等问题。

这三部分合在一起便构成了现代经济学的理论分析框架。这是一个人受现代经济学理论训练时所接受的核心内容，也是理解现代经济学的关键所在。现代经济学提供的这种由视角、参照系和分析工具构成的分析框架是一种科学的研究方法。现代经济学并不是一些新鲜的经济学名词和概念的汇集，经济学家的工作也不是任意套用这些名词和概念，而是运用这些概念所代表的分析框架来解释和理解经济行为和现象。

本章要点

1. 经济学是研究人们行为的社会科学，它是研究个人和社会在一定的制度下，如何在满足人们需要的稀缺资源的用途之间进行配置和利用的科学。经济学是建立在理性行为假定和稀缺性规律这两大基本的前提之上的社会科学。

2. 理性行为假定是在经济活动中，作为经济决策的主体，居民、厂商和政府等都充满理性，一般都被视为理性人，他们既不会感情用事，也不会轻信盲从，而是精于判断和计算，其行为符合始终如一的偏好原则；稀缺性规律是指是人类需求的无限性和资源的有限性之间的矛盾。

3. 经济学要研究的基本问题是资源配置和资源利用的问题。据此，经济学又可以分为微观经济学和宏观经济学。

4. 资源配置就是对稀缺资源所做出的一种选择。资源配置就是要解决"生产什么？""如何生产？"和"为谁生产？"这三大基本经济问题。

5. 经济学的研究方法主要包括两种：实证分析和规范分析。其中，实证分析回答的是"是什么"的问题，而规范分析说明的是"应该是什么"的问题。

6. 均衡分析指的是由各种经济力量相互抵消而形成的一种稳定状态。

7. 静态分析这种分析考察时间因素的影响，并把经济现象的变化当作一个连续的过程来看待。经济模型是描述经济变量之间相互关系的理论结构。

关键概念

自由物品	经济物品	经济人	生产可能性边界
微观经济学	宏观经济学	实证经济学	规范经济学
均衡分析	静态分析	比较静态分析	动态分析

习 题 一

一、选择题

1. 经济物品是指（　　）。

　　A. 有用的物品　　　　　　　　　B. 稀缺的物品

　　C. 要用钱购买的物品　　　　　　D. 有用且稀缺的物品

2. 人们在经济资源的配置和利用中要进行选择的根本原因在于（　　）。

　　A. 产品效用的不同　　　　　　　B. 人们的主观偏好不同

　　C. 经济资源的稀缺性　　　　　　D. 经济资源用途的不同

3. 生产可能性曲线说明的基本原理是（　　）。

　　A. 一国资源总能被充分利用

　　B. 假定所有经济资源能得到充分利用，则只有减少 Y 物品生产才能增加 X 物品的生产

　　C. 改进技术引起生产可能性曲线向内移动

　　D. 经济能力增长唯一决定于劳动力数量

4. 当下列（　　）情况发生时，一国生产可能性曲线会向内移动。

　　A. 通货膨胀

　　B. 失业或者说资源没有被充分利用

　　C. 该国可能利用的资源减少以及技术水平降低

D．一种产品最适度产出水平

5．下列哪一项会导致生产可能线向外移动？（　　　）

A．失业 　　　　　　　　　　B．通货膨胀

C．有用性资源增加或技术进步 　　D．消费品生产增加，资本品生产下降

6．微观经济学是经济学的一个分支，主要研究（　　　）。

A．市场经济 　　　　　　　　　B．个体行为

C．总体经济活动 　　　　　　　D．失业和通货膨胀等

7．以下问题中哪一个不属微观经济学所考察的问题？（　　　）

A．一个厂商的产出水平

B．失业率的上升或下降

C．关税变动对一国某一产品进出口的影响

D．某一行业中雇用工人的数量

8．宏观经济学是经济学的一个分支，主要研究（　　　）。

A．计划经济 　　　　　　　　B．经济总体状况，如失业与通货膨胀

C．不发达国家经济增长 　　　D．计算机产业的价格决定问题

9．实证经济学（　　　）。

A．关注应该是什么

B．主要研究是什么，为什么，将来如何

C．不能提供价值判断的依据

D．对事物进行价值判断

10．下列命题中哪一个是规范分析命题？（　　　）

A．1982 年 8 月联储把贴现率降到 10%

B．1981 年失业率超过 9%

C．联邦所得税对中等收入家庭是不公平的

D．社会保险税的课税依据现在已超过 30000 美元

二、分析题

1．你认为消费问题是属于微观经济学现象还是宏观经济学现象？

2．什么是经济理性主义？日常生活中有哪些行为是符合这个原则的？有没有"非理性"或"反理性"行为？自私自利和损人利己是理性的还是反理性的？为什么？您给出的答案是实证性的还是规范性的？

需求、供给与均衡价格 | 第二章

在生活中，我们是否观察到这样一种现象：有一些画家的画，在其生前卖不出价，在其死后却卖出了天价，比如梵高的美术作品就是这样。梵高生前只卖出唯一一幅画，生活穷困潦倒。但梵高去世后，他的名气越来越大，在世界各地逐渐家喻户晓，俨然已成了最受爱戴的艺术家之一。他去世后的许多画也都以天价卖出，其作品竟成了亿万富翁炫耀的资本。我们有没有想过，梵高的美术作品为什么在生前和死后的价格差异那么大？画还是原来的画，画家作画花费的劳动也是既定的，但生前不值钱，死后才值钱，这能用劳动量来解释吗？生活中像这样一些令人费解的现象还很多。有些东西很有用却价格低，有些东西用处不大却价格高；有些东西花费了大量的劳动但并不值钱，有些东西耗费的劳动不多却很昂贵。其实，在西方经济学中，用一个简单的供求工具就可以解释清楚。西方有一句谚语：你要使一只鹦鹉成为一位经济学家，只要教会它说"需求"和"供给"就可以了。虽然需求和供给分析远非鹦鹉学舌那么简单，但这一谚语却道出了供求分析在经济学中的重要意义。

第一节 | 需求

怎样才能形成对商品有效的需求？哪些因素可能影响人们对商品的需求？需求有规律可循吗？需求量的变动与需求的变动有何区别？

一、需求的定义与种类

（一）需求的定义

需求（Demand）是指人们在一定时期内，在每一价格水平下愿意而且能够购买的该商品或服务的数量。

对"需求"定义的把握要注意以下两个方面：

一是对商品的需求由购买欲望和购买能力两因素组成，二者缺一不可。只有购买的欲望却没有购买的能力，或者虽然有购买的能力但没有购买的欲望，都不能形成对商品的有效需求；

二是需求反映了商品的价格与该价格水平上人们购买的商品数量这两个变量之间的

需求

关系，反映了一定的价格水平人们最多购买的商品数量，或人们购买一定商品数量时最多愿意支付的价格。

（二）需求的种类

需求可以分为个人需求与市场需求。

1．个人需求

个人需求是单个消费者或家庭在每一价格水平下愿意而且有能力购买的某种商品的数量。

2．市场需求

市场需求是在每一价格水平下，所有消费者或家庭对某种商品的需求量的总和。个人需求是构成市场需求的基础，市场需求是所有个人需求的总和。

专栏 2-1

开发潜在需求

企业被动地适应消费者的需求，根据需求进行生产，这称为"消费者主权"，即消费者引导生产者。如果企业主动地创造消费者的需求，消费者根据企业的生产进行消费，这称为"生产者主权"，即生产者引导消费者……把潜在需求变为现实的购买行为。

需求来自欲望，购买物品进行消费正是为了满足欲望。

企业之所以能不断地创造消费者的购买欲望就因为消费者的欲望实际是无限的。一种欲望得到满足，又会产生新的欲望，永远没有完全得到满足的时候。

人的欲望的无限性正是企业创造消费者购买欲望，生产经营成功的基础。开发潜在需求正是要利用人的欲望的无限性，激发消费者购买欲望，使自己生产的物品与劳务有市场。例如，人对美的追求是无限的，但如何不断地满足这种欲望，消费者不一定知道，当服装企业设计出一种别致的服装，消费者穿这种衣服满足了美的欲望时，就把对美的追求这种欲望开发出来了。

仅仅是开发潜在需求还不够，还要激起消费者的购买欲望，这就必须作广告。广告要能让消费者知道你这种产品能满足他们什么欲望，自觉自愿地去购买。例如，你开发了某种保健品，要让消费者知道，这种保健品可以使身体更强壮，从而可以满足使自己更完善的欲望，就必须大作广告。广告一词来自希腊文，原意是"大喊大叫"，喊叫的目的，正是让消费者知道保健品的作用，并接受它。一旦这种广告成功，先有少数人接受，而后接受的人越来越多，形成消费时尚，你的产品就有市场了。经济学家把这种需求的形成称为"刺激—反应模式"，即生产者生产产品，用广告刺激消费者的潜在欲望，消费者做出反应，形成需求的过程。

现代社会中，人们的心理欲望越来越多，用新产品和广告去激发这种欲望越来越重要。在新产品层出不穷，广告铺天盖地的今天，消费者往往被生产者牵着鼻子走，看来似乎是消费者自主做出的消费决策，实际上是企业用产品和广告引导消费者，消费者主权的背后实际上是生产者主权。

生产者激发消费者的潜在欲望不仅创造了购买欲望，而且也能创造购买能力。在现代社会中，收入固然决定需求，但形成需求的购买欲望也影响收入。这就是说，当人的潜在欲望被激发，形成购买欲望时，他就要为满足这种欲望而努力工作，获得收入。这表明欲望是人努力工作的动力。人的时间是有限的，把多少时间用于工作（有酬劳动），多少时间用于闲暇（无酬劳动）取决于收入给人们带来的效用，有欲望才有效用。欲望少时，收入带来的效用小，就用闲暇取代工作。当欲望增加，收入带来的效用大时，人们就愿意用工作取代闲暇。

现代社会中，人们的潜在欲望不断被激发出来，为了增加收入，实现这些欲望就更多地工作了。妇女走出家庭参加工作，增加了家庭收入；个人兼职，增加了自己的收入。收入增加提高了购买能力，被企业激发的购买欲望就变成现实的需求了。这一点在年轻人身上表现最突出。他们赚钱的能力强，刺激他们的购买欲望，他们就会更多地工作，提高购买能力。这正是许多企业把产品开发与广告的重点放在年轻人身上的原因。

节选自：梁小民，《开发潜在需求》，中国经济时报，2004年6月21日

二、需求曲线和需求规律

（一）需求曲线

1. 需求曲线和需求表

我们知道，有许多因素会影响人们对一种物品的需求量，但我们在分析市场如何运行时，物品本身的价格起着关键作用。例如，当其他条件不变时，某种商品的价格上升，你会少买一些，价格下降时，

需求曲线和需求规律

你则会多买一些。表 2-1 是假定某人在各种价格水平上对某种商品的需求数量，反映了在每一可能的价格下商品需求量与价格的对应关系，这就是**需求表**（Demand Schedule）。我们把需求表中需求量与价格的对应关系用图示法表示出来，如图 2-1（a）所示，通常以纵轴表示商品的价格，横轴表示商品的需求量，根据表中所列数字，就可以在图中画出某人的需求曲线。

需求曲线（Demand Curve）就是反映某种商品的需求量与其价格相互关系的曲线。一般来说，需求曲线向右下方倾斜，斜率是负的，表明某种商品的需求量与其价格负相关。有时，我们为了方便研究，常把需求曲线画成直线，如图 2-1（b）所示。

表 2-1   需求表

价格—数量组合	A	B	C	D	E
价格（元）	1	2	3	4	5
数量（单位数）	15	13	8	7	6

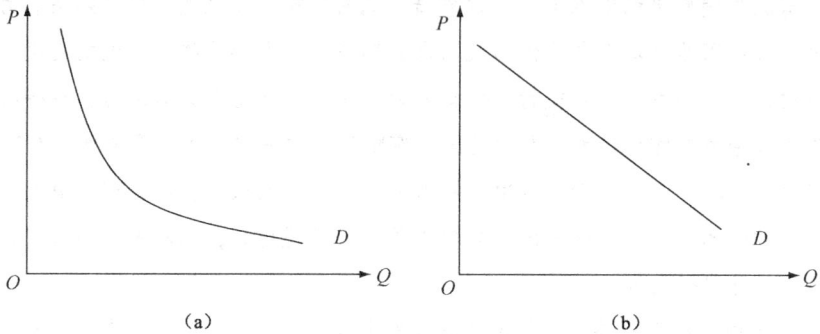

（a）   （b）

图 2-1　个人需求曲线

2. 个人需求曲线和市场需求曲线

需求曲线分为个人需求曲线和市场需求曲线，图 2-1 是个人的需求曲线。为了分析市场如何运行，我们需要确定市场需求曲线。市场需求是所有个人需求的总和，如图 2-2 所示，假设这个市场只有张三和李四两个消费者，张三的需求曲线是 D_1，李四的需求曲线是 D_2，当价格是 P_0 时，张三的需求量是 Q_1，李四的需求量是 Q_2，则在这个价格下，市场的需求量就是 Q_0（$Q_0=Q_1+Q_2$）。因此，图 2-2 中的 D 就是市场需求曲线，即把个人需求曲线水平相加得出的。

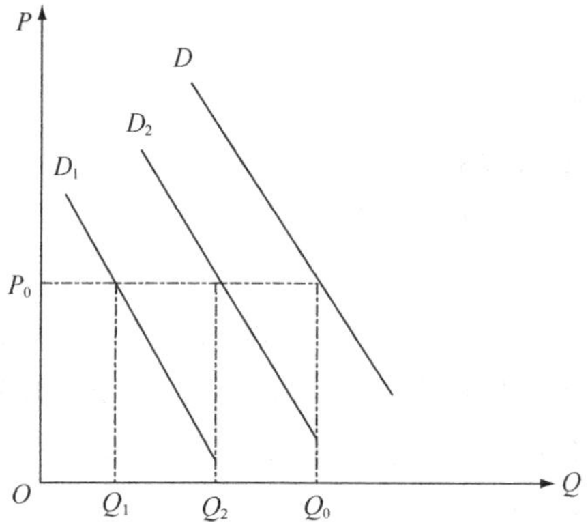

图 2-2　市场需求曲线

（二）需求规律

需求曲线向右下方倾斜，斜率是负值，反映出了需求规律。

所谓**需求规律**（Law of Demand）是指在影响需求的其他因素既定的条件下，商品的需求量与其价格之间存在着反向依存的关系。当价格上升时，需求量减少，价格下降时，需求量增加。需求规律和我们的日常生活经验是一致的。例如，在其他条件不变时，当猪肉的价格上升，人们一般会减少对猪肉的购买；反之，猪肉的价格下降，人们就会增加对猪肉的购买。

掌握需求规律要注意两点：

第一，需求规律的前提是其他条件不变。在现实中，影响消费者购买的因素很多，例如价格、收入、偏好及相关商品价格的变化等。需求规律是假定除价格以外，其他因素都是不变的，专门研究需求量与价格的变化关系。

第二，需求规律存在例外。例如，"吉芬商品"（Giffen Goods）最早是由英国人吉芬提出来的，故以他的名字命名。吉芬发现，1845 年爱尔兰发生灾荒，人们的收入急剧下降。在此期间，土豆的价格虽然急剧上升，但人们对它的需求量反而增加。"吉芬商品"是一种低档商品，但低档商品不一定是"吉芬商品"。这可以用后面的替代效应和收入效应来解释。再比如某些炫耀性商品，像豪华轿车、珠宝等的价格已成为身份或地位的象征时，如果它的价格下跌，不能再起到显示拥有者的地位和身份时，对它的需求量反而会下降。

三、影响需求的因素和需求函数

（一）影响需求的因素

1．商品自身的价格

在其他条件不变的情况下，一种商品的价格下降，消费者对它的需求量会上升，价格上升，需求量会下降。这可以用**替代效应**（Substitute Effect）和**收入效应**（Income Effect）来解释。所谓替代效应是指商品相对价格的变化对需求产生的影响。所谓收入效应是指因商品价格变化使实际收入发生变化进而对需求产生的影响。

影响需求的因素和
需求函数

对于正常商品，替代效应和收入效应都与价格呈反方向变动。当价格变动后，由于替代效应和收入效应的共同作用，需求量与价格负相关，需求曲线向右下方倾斜。例如，猪肉的价格上涨。从替代效应看，消费者就会多买鸡肉来替代猪肉，对猪肉的需求数量就会减少；反之，猪肉价格下跌，消费者就会多买猪肉来替代鸡肉，对猪肉的需求数量就会增加。从收入效应看，在消费者收入不变的情况下，如果猪肉的价格上升，消费者会感到实际购买力下降，相对收入减少，从而减少对猪肉的需求量；反之则会增加对猪肉的需求量。

对于劣等品而言，替代效应与价格呈反方向变动，收入效应与价格呈同方向变动，在大多数情况下，替代效应大于收入效应，需求曲线也向右下方倾斜，但吉芬品是一种

特殊的劣等品，特殊性就在于其替代效应小于收入效应，所以吉芬品的需求曲线是向右上方倾斜的。

2．其他相关商品的价格

一是替代商品价格的变化。如果两种商品都能满足人们某种共同的欲望，那么这两种商品就称为替代商品。当其他因素不变，某种商品的需求与它的替代商品的价格同方向变动。例如，冷冻酸奶和冰淇淋都是冷而甜的奶油食品，能满足人们相似的欲望，可以视为替代品。当冰淇淋的替代品冷冻酸奶的价格下降，人们对冰淇淋的需求会减少，反之则会增加。

二是互补商品价格的变化。如果两种商品只有结合在一起使用，才能满足人们的某种欲望，那么这两种商品就称为互补商品。当其他因素不变，一种商品的需求与它的互补商品的价格呈反方向变动。例如，汽车和汽油就是互补品，汽油的价格上升会引起对汽车的需求减少。此外，电脑和软件也是如此。

3．消费者的收入水平

收入变动对商品需求的影响分为两种情况：对于正常商品而言，在其他条件一定时，随着人们收入增加，对它的需求就会增加，反之会减少；对于低档商品而言，在其他条件一定时，随着人们收入增加，对它的需求反而会减少，反之则会增加。当然，正常商品与低档商品的划分具有相对性。

4．消费者对未来价格的预期

如果其他因素不变，某种商品的需求与消费者对该商品的预期价格呈同方向变化。当消费者预期某种商品的价格上涨时，现在就会增加对该商品的购买。反之，现在则会减少对该商品的购买。

5．消费者的嗜好

消费者嗜好或偏好是指人们对某种商品的喜欢程度。消费者对某种商品的需求与对该商品的偏好程度呈正相关的关系。当其他因素不变，消费者对某种商品的偏好程度越高，对该商品的需求就越多。例如你喜欢冰淇淋，你就会多买一些。

此外人口的多少、人口的年龄结构、收入分配的平等程度、气候条件与风俗习惯等也会影响商品的需求。

（二）需求函数

上述 5 个因素是影响商品需求的主要因素。如果把这 5 个因素看作自变量，把需求量看作因变量，则可以用函数关系来表达需求与这些影响需求的因素之间的依存关系，这就是**需求函数**（Demand Function），记作：$Q_d = f(T, I, P, P_i, E)$。

上式中，Q_d 代表某种商品的需求量，T、I、P、P_i、E 分别代表偏好、收入、该商品的价格、相关商品的价格、对未来价格的预期。但在这 5 个因素中，商品自身的价格对需求量的影响是最重要的。因此，经济学假定其他因素都是不变的，重点研究价格对需求量的影响，将需求函数定义为需求量是价格的函数，则需求函数可以表示为：

$$Q_d = f(P)。$$

如果需求曲线是直线形的，需求函数的一般形式就可以写成：$P=a-bQ_d$（a 和 b 是大于零的常数），其中$-b$ 是需求曲线的斜率。

四、需求量的变动与需求的变动

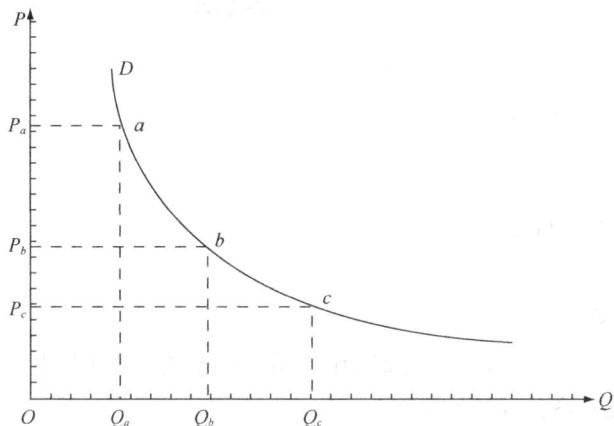

（一）需求量的变动的含义及其表现

需求量的变动是指其他因素不变，由某种商品价格变动引起的消费者对该商品需求数量的变动。

在坐标图中，需求量的变动表现为在同一条需求曲线上点的位置移动。如图 2-3 所示，在其他条件不变时，当该商品的价格从 P_a 下降到 P_b，需求数量从 Q_a 增加到 Q_b，在图形上表现为在原来需求曲线 D 上从 a 点移到 b 点，原来的需求曲线是不动的，这种情况就是需求量的变动。

需求量的变动与
需求的变动

图 2-3　需求量的变动

（二）需求的变动的含义及其表现

需求的变动是指某种商品的自身价格不变，由其他因素变动引起的消费者对该商品需求数量的变动。

在坐标图中，需求变动表现为需求曲线本身的移动。需求增加时，需求曲线向右上方移动；需求减少时，需求曲线向左下方移动。如图 2-4 所示，在需求曲线 D_0 上，当价格是 P_0 时，需求量是 Q_0，对于正常的商品，当收入增加时，同样的价格 P_0 会使需求数量增加到 Q_1，其他各点亦是如此，所以需求曲线会从 D_0 右移到 D_1；反之，当收入减少时，需求曲线从 D_0 左移到 D_2。这种情况就是需求的变动。

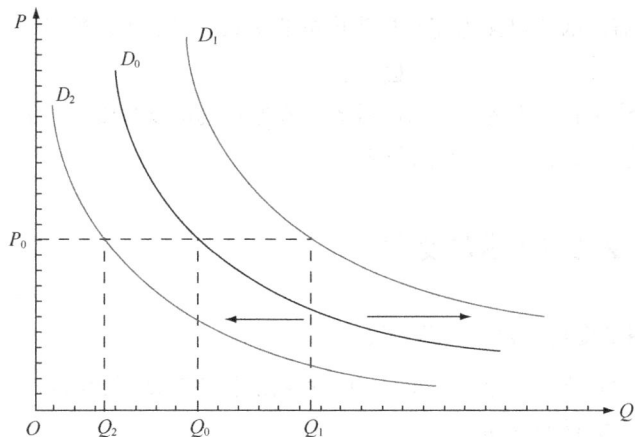

图 2-4　需求的变动

第二节 | 供给

怎样才是有效的供给？哪些因素可能影响对商品的供给？供给有规律吗？供给量的变动与供给的变动有何区别？

一、供给的定义与种类

（一）供给的定义

供给（Supply）是指厂商在一定时期内，在每一价格水平下愿意而且能够提供的某种商品或服务的数量。

对供给定义的把握也要注意以下两个方面：

一是对商品的供给由厂商供给商品的意愿和供给能力两因素组成，二者缺一不可。厂商只有供给的意愿却没有供给的能力，或者虽然有供给的能力但没有供给的意愿，都不能形成对商品的有效供给。

二是供给反映了商品的价格与该价格水平上厂商供给数量这两个变量之间的关系，反映了一定的价格水平厂商最多供给的商品数量，或厂商供给一定数量的商品所愿意接受的最低价格。

供给

（二）供给种类

供给分为个别供给和市场供给两类。

1．个别供给

个别供给是指单个厂商对某种产品的供给。

2．市场供给

市场供给是市场上所有厂商对某种产品供给的总和。在每一价格水平上将各厂商对某种产品的供给相加，就可以得到市场供给。

二、供给曲线和供给规律

（一）供给曲线

1．供给表和供给曲线

有许多因素会影响供给量，但我们在分析市场如何运行时，物品本身的价格仍然起着特殊作用。例如，当其他条件不变时，某种商品的价格上升，厂商的供给量会增加；价格下降，厂商的供给量则会减

供给曲线和供给规律

少。表 2-2 是某厂商在各种价格水平上对某种商品的供给数量，该表描述了在每一可能的价格下商品供给量与价格的对应关系，即**供给表**（Supply Schedule）。

我们把供给表中供给量与价格的对应关系用图示法表示出来，如图 2-5（a）所示，通常以纵轴表示商品的价格，横轴表示商品的供给量，根据表中所列数字，就可以画出某厂商的供给曲线。**供给曲线**（Supply Curve）就是反映某种商品的供给量与其价格相互关系的曲线。一般来说，供给曲线向右上方倾斜，斜率是正的，表明供给量与其价格正相关。有时为了方便研究，我们常把供给曲线画成直线，如图 2-5（b）所示。

表 2-2 供给表

价格—数量组合	A	B	C	D	E
价格（元）	1	2	3	4	5
数量（单位数）	10	53	77.5	100	115

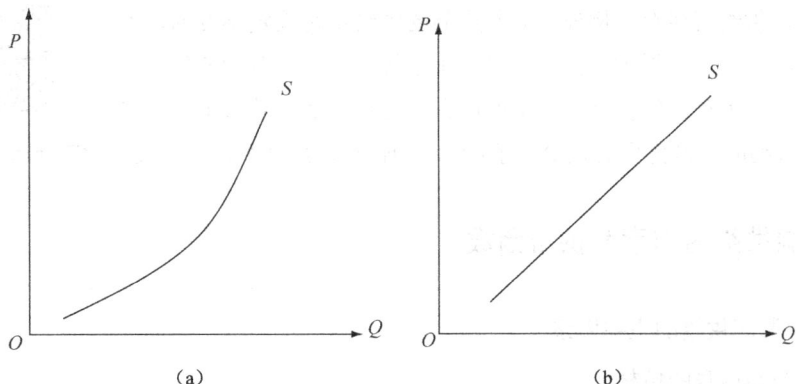

（a）

（b）

图 2-5　个别供给曲线

2．个别供给曲线和市场供给曲线

供给曲线分为个别供给曲线和市场供给曲线，图 2-5 是个别供给曲线。为了分析市场如何运行，我们需要确定市场供给曲线。市场供给是所有个别供给的总和。假设这个市场只有甲和乙两个厂商供给蛋糕，甲的供给曲线是 S_1，乙的供给曲线是 S_2，当价格是 P_0 时，甲的供给量是 Q_1，乙的供给量是 Q_2，则在这个价格下，市场的供给量就是 Q_0（$Q_0=Q_1+Q_2$）。因此，如图 2-6 所示，市场供给曲线 S 就是把个别供给曲线水平相加得出的。

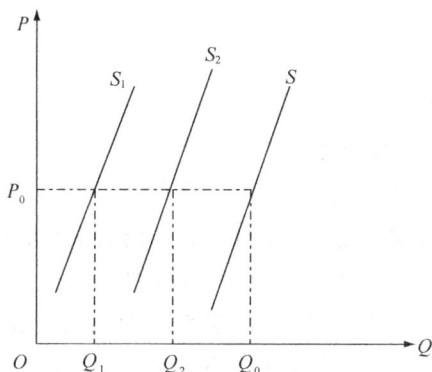

图 2-6　市场供给曲线

（二）供给规律

所谓**供给规律**（Law of Supply）是指在其他因素不变的条件下，某种产品的供给量与该产品的价格存在正相关的关系。价格越高，供给量就越多；价格越低，供给量就越少。

掌握供给规律要注意两点：

第一，供给规律的前提是其他条件不变。影响供给量的因素很多，例如价格、技术管理水平、生产成本等。供给规律是假定除价格以外，其他因素都是不变的，专门研究供给量与价格的变化关系。

第二，供给规律存在例外。某些产品的供给量是固定不变的，不会随着价格的上升而增加，例如文物、土地等。另外，劳动的供给也存在例外，当劳动力的价格即工资率高到一定程度后，随着工资水平的提高，劳动的供给量反而减少。有关劳动的供给问题在后面会详述。

供给曲线和供给规律

三、影响供给的因素和供给函数

（一）影响供给的主要因素

1．商品自身的价格

前面的供给规律已表明，如果其他因素不变，一般情况下，商品供给量与其价格同方向变动。

2．生产成本

投入要素的价格、生产的技术和管理水平等因素都会影响生产成本。投入要素价格越低，生产的技术和管理水平越高，单位产品的成本就越低，即使商品的价格不变，厂商的利润也会增加，在这种情况下，厂商越愿意多生产，供给就越多。反之则越少。因此，厂商的供给与其生产成本是负相关的关系。例如，生产面包所投入的面粉、糖、奶油及烤箱等的价格上升，生产面包就不太有利，厂商一般会减少面包的生产；如果生产面包的技术进步，管理水平提高，生产面包会更有利可图，厂商对面包的供给就会增加。

3．相关商品的价格

一是替代品价格的变化。如果一种物品的替代品价格上升，该物品的供给就会减少。例如，如果汽车装配线既可以生产轿车，又可以生产跑车，当跑车的价格上升，厂商更愿意生产跑车，则轿车的供给就会减少，反之轿车的供给就会增加。

二是互补品价格的变化。如果两种物品必须是同时生产的互补品，那么，一种物品的互补品的价格上升，该物品的供给也会增加。例如，从煤中提炼化学产品时，可以生产煤焦油和尼龙。如果煤焦油或尼龙的价格上升，另一种作为副产品的供给也会随之增加。

4．厂商对未来价格的预期

如果厂商预期某产品的未来价格要上涨，就会囤积这种商品，待价而沽，从而减少这种商品目前的市场供给；反之，则会增加这种商品目前的供给。例如，厂商如果预期食用油的价格要上涨，就会把现在生产的一些食用油贮存起来，减少目前的市场供给。所以供给与厂商预期的价格呈反向变化。

5．厂商数量

市场上出售同一种产品的厂商数量越多，市场供给也就越多，如果有厂商退出市场，该产品的市场供给就会减少。

此外，自然条件的变化、时间等因素都可能影响供给。

（二）供给函数

上述 5 个因素是影响商品供给的主要因素。如果把这 5 个因素看作自变量，把供给数量看作因变量，则**供给函数**（Supply Function）记作：

$$Q_S = f(P, C, P_i, E, A)。$$

上式中，Q_S 代表某种商品的供给量，P、C、P_i、E、A 分别代表商品自身的价格、生产成本、相关商品的价格、厂商对未来价格的预期及厂商的数量。但在这五个因素中，商品自身的价格对供给量的影响是最重要的。因此，经济学假定其他因素都是不变的，重点研究价格对供给量的影响，将供给函数定义为供给量是价格的函数，则供给函数可以表示为：$Q_S = f(P)$。如果供给曲线是直线形的，线性的供给函数的一般形式就可以写成：$P=a+bQ_s$（a 和 b 是大于零的常数），其中+b 是供给曲线的斜率。

四、供给量的变动与供给的变动

（一）供给量的变动的含义及其表现

供给量的变动是指其他因素不变，由于某种商品价格的变动引起厂商对这种商品供给数量的改变。在图形中，供给量的变动表现为在同一条供给曲线上点的移动。如图 2-7 所示，在其他条件不变时，当该商品的价格从 P_c 下降到 P_b，供给数量从 Q_c 减少到 Q_b，其表现为在原来供给曲线 S 上从 c 点移到 b 点，原来的供给曲线 S 是不动的。

供给量的变动和
供给的变动

（二）供给的变动的含义及其表现

供给的变动是指某种商品的价格不变，由于其他因素变动引起的厂商对该商品供给数量的改变。在图 2-8 中，供给变动表现为供给曲线的移动。在供给曲线 S_0 上，当价格是 P_0 时，供给量是 Q_0，如果生产成本减少，同样的价格会使供给数量增加到 Q_1，其他点亦会右移，供给曲线则从 S_0 往右下方移到 S_1。当成本增加时，同样的价格 P_0，供给数量会从 Q_0 减少到 Q_2，其他点也会向左移，供给曲线则从 S_0 往左上方移到 S_2。

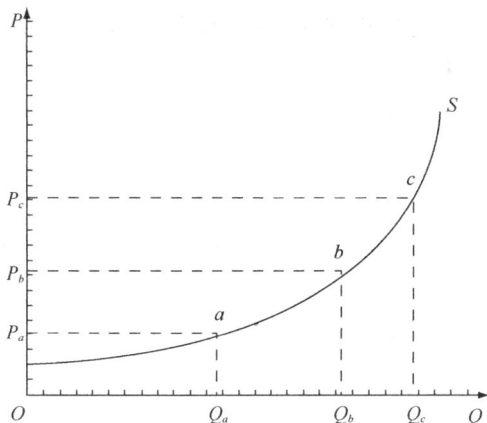

图 2-7 供给量的变动

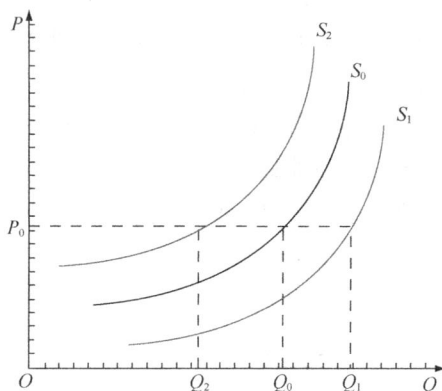

图 2-8 供给的变动

第三节 | 均衡价格

　　市场看上去是一群杂乱无章的卖者和买者，没有人去刻意地加以管理，但为什么市场却能和谐地运行着？市场的核心作用是决定商品的价格，均衡的价格是如何形成的呢？在市场中，价格又是如何协调生产者和消费者的决策的？

一、均衡价格的含义

均衡一般是指相互对立的力量处于平衡的状态。经济学上的均衡也与此类似。市场上在买卖双方力量的共同作用下，自发地就会把价格推向买卖双方都愿意接受的市场价格即均衡价格。

所谓**均衡价格**（Equilibrium Price）是指消费者对某种商品的需求量等于生产者所提供的该商品的供给量时的价格。市场达到均衡价格时，买者买到了想买的所有东西，卖者卖出了想卖的所有东西，双方都得到满足。而在均衡价格下的交易量称为**均衡数量**（Equilibrium Quantity）。图 2-9 中，E 是均衡点，P_E 是均衡价格，Q_E 是均衡数量。

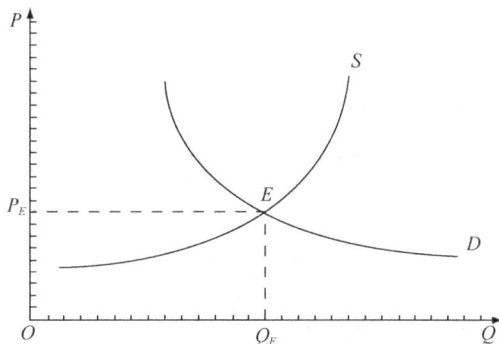

图 2-9　均衡价格和均衡产量

二、均衡价格的形成

市场中买者与卖者的行动自然而然地会使市场价格趋向均衡。为了更好地说明市场均衡价格是如何形成的,我们用图 2-10 来进行分析。假设市场价格不处于均衡价格时，市场会出现什么情况？

均衡价格的形成

首先，假设目前的市场价格低于均衡价格。如图 2-10 所示，D 线是某种商品的市场需求曲线，S 是它的供给曲线，两线相交于 E 点，E 点所对应的价格 P_E 是均衡价格，在 P_E 的价格下，需求量和供给量正好相等，Q_E 就是均衡数量。如果目前的市场价格是 P_1，低于均衡价格 P_E，市场上就会出现需求量 Q_2 超过供给量 Q_1，出现物品短缺，消费者因此不能按目前的价格买到他们想买的一切。在这种情况下，买者之间会互相竞争，卖者也会因此提高产品的价格。而随着价格逐渐上升，需求量会逐渐减少，供给量会逐渐增加，这个过程会一直持续下去，直到价格上升到均

衡价格 P_E 为止，这时需求量正好等于供给量。

其次，假设目前的市场价格高于均衡价格。如果目前的市场价格是 P_2，高于均衡价格 P_E，这时市场上的供给量就是 Q_2，超过需求量 Q_1，即产品过剩，厂商因此不能按目前的价格卖出他们想卖的所有物品。在这种情况下，卖者之间会展开激烈的竞争，买者也会因此压低产品的价格。而随着价格逐渐下降，需求量会逐渐增加，供给量会逐渐减少，这个过程也会一直持续下去，直到价格下降到均衡价格 P_E 为止，这时需求量也正好等于供给量。

可见，在自由市场上，当供给大于需求，产品过剩时，价格会自动下降；当供给小于需求，产品短缺时，价格会自动上升。价格在需求和供给力量的共同作用下会自动地达到均衡水平，形成均衡价格。而价格的自动调整又会使该物品的需求和供给达到平衡，产品的过剩或短缺都是暂时的，市场也会自发地达到均衡产量。所以，在均衡价格水平上，市场就不存在使价格上升或下降的动力，处于一种相对稳定状态。

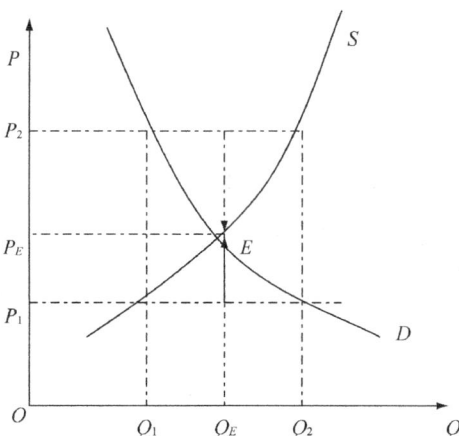

图 2-10　均衡价格的形成

三、均衡价格的数学模型

因为均衡价格是指消费者对某种商品的需求量等于生产者所提供的该商品的供给量时的价格，所以可根据需求函数和供给函数求得均衡价格，即可根据以下的方程组计算出均衡价格和均衡数量。

$$\begin{cases} Q_d = Q_s \\ Q_d = f(P) \\ Q_s = f(P) \end{cases}$$

假如需求函数是 $Q_d = 50 - 5P$，供给函数是 $Q_s = -10 + 5P$，则根据：

$$\begin{cases} Q_d = Q_s \\ Q_d = 50 - 5P \\ Q_s = -10 + 5P \end{cases}$$
可得均衡价格 $P=6$，均衡数量 $Q=20$

四、均衡价格的变动

市场的均衡价格一旦形成以后，买卖双方都得到满足，也就不存在价格上涨或下降的动力，因而均衡价格也是稳定的，如果其他因素不变，这种价格将一直维持下去。但是，如果供给与需求变动了，均衡价格也将随之发生变动。

均衡价格的变动

（一）需求变动对均衡价格的影响

1. 当供给不变，需求增加时

当供给不变，需求增加时，需求曲线将向右上方平移，均衡价格会上升，均衡数量会增加。

如图 2-11 所示，如果天气炎热，人们对雪糕的嗜好会增加，导致对雪糕的需求增加，需求曲线向右移动，在雪糕的供给不变的情况下，雪糕的均衡价格会上升，均衡数量会增加。

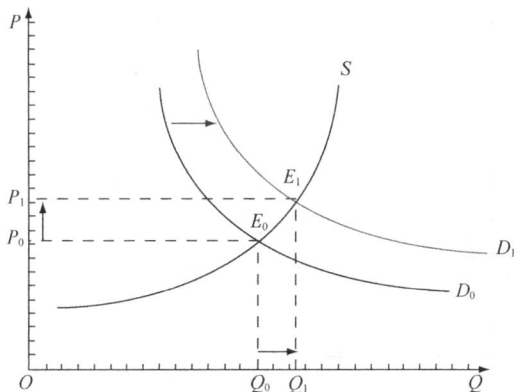

图 2-11　需求增加对均衡的影响

2. 当供给不变，需求减少时

当供给不变，需求减少时，需求曲线将向左下方移动，均衡价格会降低，均衡数量会减少。

如图 2-12 所示，如果天气变凉，人们会改变对雪糕的嗜好，对雪糕的需求会减少，需求曲线向左移动，在雪糕的供给不变的情况下，雪糕的均衡价格会下降，均衡数量会减少。

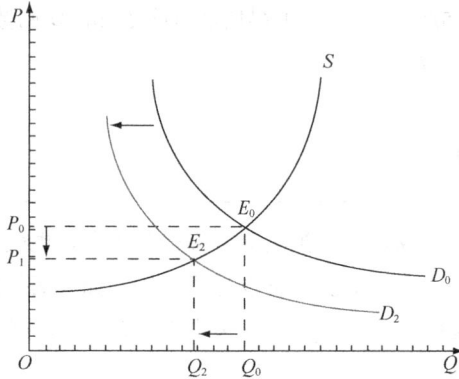

图 2-12 需求减少对均衡的影响

（二）供给变动对均衡价格的影响

1. 当需求不变，供给增加时

当需求不变，供给增加时，供给曲线将向右下方平移，均衡价格会下降，均衡数量会增加。

如图 2-13 所示，如果生产雪糕的技术进步了，厂商对雪糕的供给会增加，供给曲线向右移动，在雪糕的需求不变的情况下，雪糕的均衡价格会下降，均衡数量会增加。

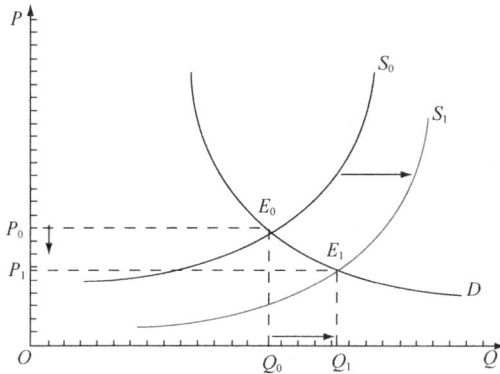

图 2-13 供给增加对均衡的影响

2. 当需求不变，供给减少时

当需求不变，供给减少时，供给曲线将向左上方移动，均衡价格会上升，均衡数量会减少。

如图 2-14 所示，如果生产雪糕的原材料糖的价格上升，会增加生产成本，厂商对雪糕的供给会减少，供给曲线向左上方移动，在雪糕的需求不变的情况下，雪糕的均衡价格会上升，均衡数量会减少。

图 2-14 供给减少增加对均衡的影响

（三）需求供给同时变动对均衡价格的影响

我们在这里分析一下需求和供给同时增加的情况。

如果需求增加，需求曲线会右移；供给增加，供给曲线也会右移。假设天气炎热和企业生产雪糕的成本下降同时发生。天气炎热使消费者对雪糕的需求增加，生产成本下降使厂商对雪糕的供给增加，因此需求曲线和供给曲线都会向右移动，均衡产量会随之增加。但均衡价格会出现以下三种可能的情况：

第一，如果需求增加的程度小于供给增加的程度，均衡价格会下降，如图 2-15（a）所示。

第二，如果需求增加的程度等于供给增加的程度，则均衡价格不变，如图 2-15（b）所示。

第三，如果需求增加的程度大于供给增加的程度，均衡价格会上升，如图 2-15（c）所示。

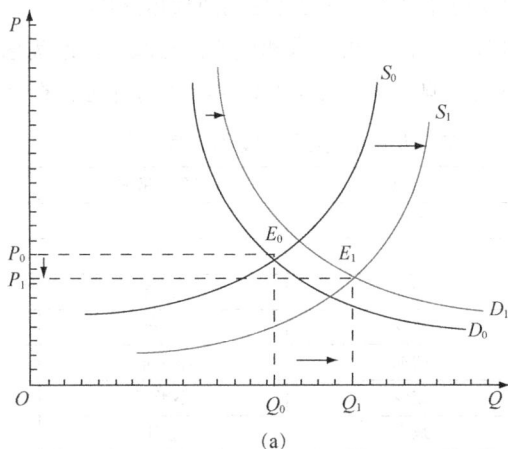

（a）

图 2-15 供给增加、需求增加对均衡价格和均衡数量的影响

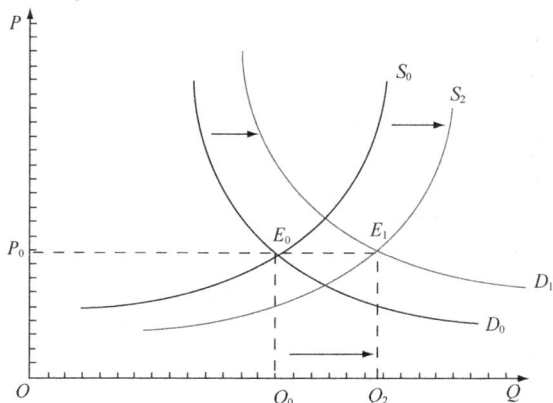

(b)

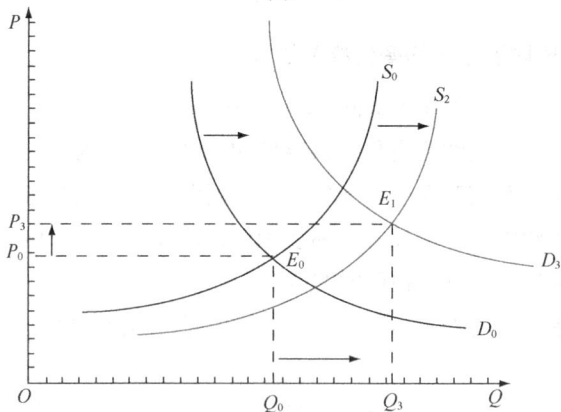

(c)

图 2-15　供给增加、需求增加对均衡价格和均衡数量的影响（续）

可见，当需求和供给同时增加时，均衡产量一定增加，均衡价格不能确定。均衡价格究竟是上升、下降还是保持不变要看需求和供给增加的程度。

我们还可以用上面同样的方法分析需求和供给同时减少，或需求和供给发生反向变动对均衡价格和均衡数量的影响。下面将需求和供给变动对均衡的影响总结在表 2-3 中。

表 2-3　　　　　　　　　　　需求和供给变动对均衡的影响列表

需求 Q_d	供给 Q_s	均衡价格 P_0	均衡数量 Q_0
增加	不变	上升	增加
减少	不变	下降	减少
不变	增加	下降	增加
不变	减少	上升	减少
增加	增加	不确定	增加
减少	减少	不确定	减少
增加	减少	上升	不确定
减少	增加	下降	不确定

通过分析供求变动对均衡价格的影响，我们可以总结出如下**供求规律**：均衡价格与需求同方向变动，但与供给反方向变动；均衡数量与需求和供给都是同方向变动。

专栏 2-2

多地投放储备冻肉"降温"

数月来，市场供需偏紧的格局持续助推猪价涨势，且在不断刷新历史高点。目前，生猪价格已突破20元/千克大关：5月5日，全国生猪均价20.02元/千克，全瘦肉型生猪均价20.55元/千克。

在消费者感叹"吃不起猪肉"的时候，储备肉来了。据了解，从5月5日开始到7月4日期间，北京将向市场投放储备猪肉，增加生猪屠宰量，平抑目前居高不下的猪肉价格。其中，政府储备冻猪肉投放量为5万千克/日，累计投放总量为305万千克。此外，定点屠宰企业日均生猪屠宰量增至18268头，增幅20%，恢复到2015年同期水平。北京还将在多家超市门店以"北京市政府补贴猪肉"的方式降低8个品种猪肉价格，降价标准为5元/千克，平均零售价综合降幅约18%。

生猪预警网首席分析师冯永辉接受《每日经济新闻》记者采访时就表示，此次北京储备肉投放规模、补贴力度之大较为少见，"这也是因为5～8月是生猪供应最为短缺、生猪和猪肉价格会进一步上涨的几个月"。冯永辉表示，北京此次不仅大规模投放储备肉，还对屠宰厂等进行补贴，直接调控猪肉价格的方式，值得各地政府效仿，"老百姓能够吃到便宜肉，养猪人能够卖个好价钱"。

相比消费者买到低价猪肉的欢喜，养殖户则"谈储色变"，担心储备肉一出，生猪卖不出个好价格了。储备肉给疯狂的猪行情降了温，但能否真正结束此次猪行情？

据冯永辉介绍，在北京通报将启动储备肉补贴工作当天，生猪价格下跌0.1元/千克，但第二天便重拾上涨势头，再创新高。

节选自：吴泽鹏，《多地投放储备冻肉"降温"，业内人士称猪行情还未结束》. 每日经济新闻，2016年5月6日。

第四节 | 弹性理论

为什么农业生产中会存在"丰收悖论"的现象？什么样的商品可以"薄利多销"？厂商为了增加收益到底是应该降价还是提价？其中的经济学原理是什么？

我们已经知道，如果一种商品的价格下降，该商品的需求量会增加，反之会减少；如果消费者的收入增加，或者该物品的替代品的价格上升，或者互补品的价格下降，消费者对该物品的需求通常也会增加。同样，供给也会随着市场条件的变动而发生反应。为了更精确地分析市场的需求和供给，经济学家引入了"弹性"概念。应该说弹性理论是价格理论的深化。

一、弹性的一般含义

弹性（Elasticity）原本是物理学上的概念，指某一物体对外界力量的反应程度。在经济学上，如果两个经济变量之间存在函数关系，就可以用弹性来表示因变量对自变量变化的反应敏感程度，其反应程度的大小即弹性系数等于因变量的变动比率除以自变量的变动比率。例如，当一个经济变量发生 1%的变动，引起另一个经济变量发生 2%的变动，其弹性系数就是 2。

在经济学中，如果两个经济变量 X 和 Y 之间的函数关系为 $Y=f(X)$，则弹性的一般公式是：

$$E = \frac{\text{因变量的变动比率}}{\text{自变量的变动比率}} = \frac{\frac{\Delta Y}{Y}}{\frac{\Delta X}{X}} = \frac{\Delta Y}{\Delta X} \cdot \frac{X}{Y}$$

公式中的 E 是弹性系数，X 是自变量，Y 是因变量，ΔX 和 ΔY 分别是 X 和 Y 的变动量。

借助"弹性"工具，我们不仅可以研究当市场条件变动后，需求量和供给量变动的方向，而且可以分析需求量和供给量变动的大小。本节我们主要分析需求的价格弹性、收入弹性、交叉弹性和供给的价格弹性。

二、需求的价格弹性

（一）需求价格弹性的定义

需求的价格弹性，简称需求弹性（Elasticity of Demand），是指某种商品的需求量对其价格变动的反应程度，其弹性系数等于某种商品需求量变动的百分比除以该商品价格变动的百分比。假设蛋糕的价格上升 10%，使蛋糕的需求量下降了 15%，则需求的价格弹性系数等于15%除以 10%，即需求弹性系数为 1.5，它反映了需求量变动的比例是价格变动比例的 1.5 倍。

需求的价格弹性与计算

（二）需求价格弹性的计算

由需求价格弹性的定义可知需求价格弹性系数的公式：

$$E_d = \frac{\text{需求量变动的百分比}}{\text{价格变动的百分比}} = -\frac{\dfrac{\Delta Q_d}{Q_d}}{\dfrac{\Delta P}{P}} = -\frac{\Delta Q_d}{\Delta P} \cdot \frac{P}{Q_d}$$

公式当中的 E_d、P、Q 分别表示需求价格弹性系数、该商品的价格和需求量，ΔP、ΔQ 则分别表示价格的变动量和需求量的变动量。需要指出的是，由于需求量变动的方向与价格变动的方向一般是相反的，需求的价格弹性系数是负数。而经济学在研究需求价格弹性时，一般取其绝对值来研究，只关心 E_d 的大小，所以在公式中加上负号，使 E_d 变为正数。

1. 弧弹性

弧弹性主要是用来计算一条需求曲线上两点之间的弹性。

如图 2-16 所示，D 是某商品的需求曲线，假设在 a 点，当价格 P=4 美元时，需求量 Q_d=120，在 b 点，当价格 P=6 美元时，需求量 Q_d=80。我们如果利用 $E_d = -\dfrac{\dfrac{\Delta Q_d}{Q_d}}{\dfrac{\Delta P}{P}} =$

$-\dfrac{\Delta Q_d}{\Delta P} \cdot \dfrac{P}{Q_d}$ 的公式来计算时，会发现一个问题：涨价时，P 和 Q_d 取 a 点的数值，即 $P=P_1$=4 美元，$Q=Q_1$=120 时，弹性系数 E_d=0.66；降价时，P 和 Q_d 取 b 点的数值，即 $P=P_2$=6 美元时，$Q=Q_2$=80 时，弹性系数 E_d=1.5。这就意味着，在需求曲线的同一条弧上，虽然价格涨跌的幅度和需求量变动的幅度是一样的，但由于计算的基础和出发点不同，得出了两个不同的弹性系数。为了避免这个问题，我们通常是采用"中点法"来计算弧弹性，即 $P=(P_1+P_2)/2$，$Q=(Q_1+Q_2)/2$，因此，用"中点法"计算两点之间的弧弹性的公式为：

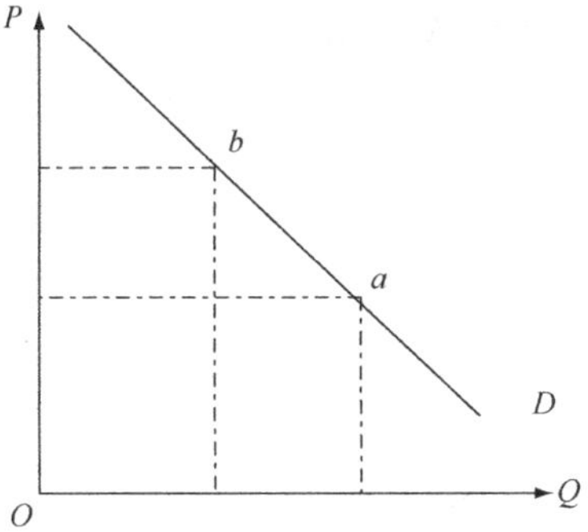

图 2-16　两点之间的弧弹性

$$E_d = -\frac{\dfrac{\Delta Q_d}{\dfrac{Q_{d1}+Q_{d2}}{2}}}{\dfrac{\Delta P}{\dfrac{P_1+P_2}{2}}} = -\frac{\Delta Q_d}{\Delta P} \cdot \frac{(P_1+P_2)/2}{(Q_{d1}+Q_{d2})/2}$$

这样，图中 a 点和 b 点两点之间的需求价格弧弹性为：

$$E_d = -\frac{\dfrac{\Delta Q_d}{\dfrac{Q_{d1}+Q_{d2}}{2}}}{\dfrac{\Delta P}{\dfrac{P_1+P_2}{2}}} = -\frac{\Delta Q_d}{\Delta P} \cdot \frac{(P_1+P_2)/2}{(Q_{d1}+Q_{d2})/2}$$

$$= -\frac{Q_2-Q_1}{P_2-P_1} \cdot \frac{P_1+P_2}{Q_{d1}+Q_{d2}}$$

$$= -\frac{80-120}{6-4} \cdot \frac{4+6}{120+80}$$

$$= 1$$

2．点弹性

当价格的变动量趋于无穷小时，实际上就是求需求曲线上某一点的弹性，即点弹性。点弹性的公式可用微分的方法导出：

$$E_d = \lim_{\Delta P \to 0} -\frac{\Delta Q}{\Delta P} \cdot \frac{P}{Q} = -\frac{dQ}{dP} \cdot \frac{P}{Q_d}$$

如果确定了一条需求曲线，已知需求函数，就可以求出曲线上各点的弹性系数。

例如：已知需求函数是 $Q=80-20P$，求 $P=2$ 时的弹性系数。这时我们就采用点弹性计算公式来计算：

$$E_d = -\frac{dQ_d}{dP} \cdot \frac{P}{Q_d} = -(-20) \times \frac{2}{80-20 \times 2} = 1$$

3．需求价格点弹性的几何测定

假设需求曲线是直线形的，在图 2-17 中，线性需求曲线分别与纵轴和横轴相交于 C 点和 D 点，A 点为需求曲线上的任意一点。

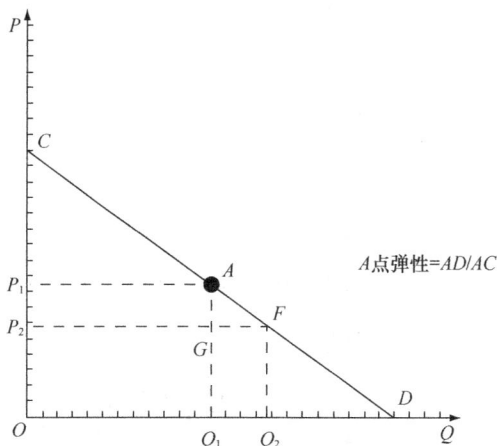

图 2-17　线性需求曲线上点弹性的测定

根据点弹性的公式，假设价格由 OP_1 降到 OP_2，需求量从 OQ_1 上升到 OQ_2，则 A 点的需求价格弹性为：

$$|E_d| = \frac{\Delta Q}{\Delta P} \cdot \frac{P}{Q} = \frac{Q_1 Q_2}{P_1 P_2} \cdot \frac{OP_1}{OQ_1} = \frac{GF}{GA} \cdot \frac{AQ_1}{OQ_1}$$

$$\because \Delta AGF \approx \Delta AQ_1 D, \therefore \frac{GF}{GA} = \frac{Q_1 D}{AQ_1}$$

$$\therefore |E_d| = \frac{Q_1 D}{AQ_1} \cdot \frac{AQ_1}{OQ_1} = \frac{Q_1 D}{OQ_1} = \frac{Q_1 D}{P_1 A}$$

$$\because \Delta CP_1 A \approx \Delta AQ_1 D$$

$$\therefore \frac{Q_1 D}{P_1 A} = \frac{AD}{AC}$$

$$\therefore |E_d| = \frac{AD}{AC}$$

因此，向右下方倾斜的需求曲线上的每一点的弹性都不同。CD 的中点的需求价格弹性系数的绝对值等于 1。C 点和中点之间的点弹性的绝对值大于 1，中点和 D 点之间的点弹性的绝对值小于 1，如图 2-18 所示。

如果需求曲线是非线性的，如图 2-19 所示，A 点是非线性需求曲线上的某一点，这点的需求价格弹性，可以过该点作一条切线，这条切线分别与纵轴和横轴相交于 C 点和 D 点，则 A 点的弹性系数是：

$$|E_d| = \frac{AD}{AC}$$

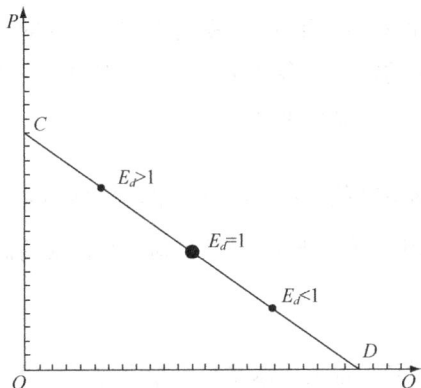

图 2-18　线性需求曲线上点弹性的大小　　　　图 2-19　非线性需求曲线上点弹性的测定

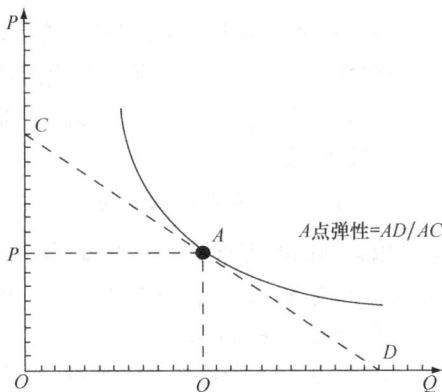

（三）用需求价格弹性对需求进行分类

一般来说，经济学家根据需求弹性系数的大小将需求分为富有弹性的需求和缺乏弹性的需求。此外，还有三种特例，即单位弹性需求、完全无弹性的需求和完全富有弹性的需求，如图 2-20 所示。

需求价格弹性的类别

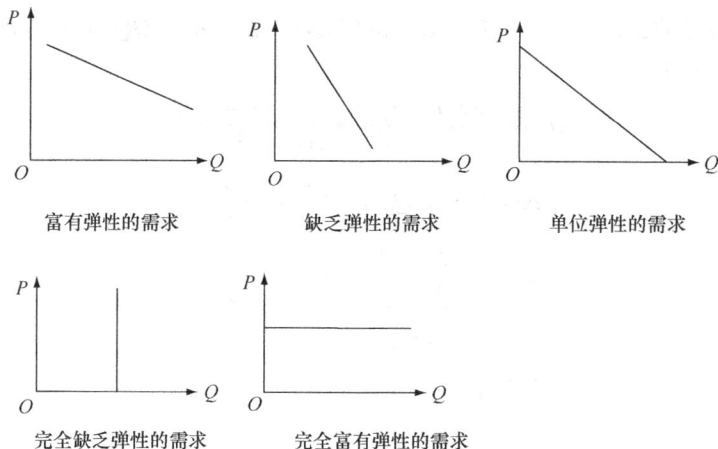

图 2-20　不同价格弹性的需求曲线

1．富有弹性的需求

当$|E_d|>1$，表明需求量的变动比率大于价格变动的比率。如果某种商品的价格上升22%，导致该商品的需求量减少67%，则需求弹性系数大于1，消费者对这种商品的需求就是富有弹性的。一般而言，奢侈品（如轿车等高级消费品）的需求大多是富有弹性的。在图形上，商品的需求价格弹性越大的，该商品的需求曲线越平坦。

2．缺乏弹性的需求

当$|E_d|<1$，表明需求量的变动比率小于价格变动的比率。如果某种商品的价格上升22%，导致该商品的需求量减少11%，则需求弹性系数小于1，消费者对这种商品的需求就是缺乏弹性的。一般来说，粮油等生活必需品的需求大多是缺乏弹性的需求。在图形上，商品的需求价格弹性越小的，该商品的需求曲线就越陡峭。

3．单位弹性需求

当$|E_d|=1$，表明需求量的变动比率等于价格变动的比率。某种商品的价格如果上升22%，导致该商品的需求量减少22%，则需求弹性系数等于1，消费者对这种商品的需求就是单位弹性需求。这种情况在现实中是少见的。

4．完全无弹性的需求

$|E_d|=0$，表明不管价格如何变动，消费者对该商品的需求量总是相同的，消费者对这种商品的需求是完全无弹性的需求。这种情况在现实中可以说是特例，比如治疗某种疾病的特效药。在图形上，完全无弹性的需求曲线为一条垂直线。

5．完全富有弹性的需求

$|E_d|=+\infty$，表明在一定的价格水平上，对该商品的需求量是无限的。该商品的需求变动对价格变动异常敏感，如果价格高一点点，需求量就会变为零，这也是一种极端的情况。在图形中，完全富有弹性的需求曲线为一条水平线。

（四）影响需求价格弹性大小的主要因素

在现实生活中有些商品的需求对价格的变动很敏感，有些却不敏感，也就说，有些需求弹性系数大，有些需求弹性系数小，这主要是受到下列因素的影响：

1．该商品相近替代品的数量及替代程度

一般而言，该商品相近替代品的数量及替代程度的高低与需求价格弹性正相关。该商品的相近替代品的数量越多，替代程度越高，该商品的需求价格弹性就越大，反之就越小。例如，食盐没有很好的替代品，即使是酱油对食盐的替代程度也不高，所以，人们对食盐的需求弹性是小的。

2．人们在生活中对该商品的依赖程度

一般而言，人们在生活中对该商品的依赖程度与需求价格弹性负相关。例如，人们对必需品的依赖性很大，需求较稳定，受价格变化的影响较小，所以必需品的需求价格弹性较小。人们对奢侈品的依赖性较小，需求较不稳定，受价格变化的影响较大，因而奢侈品的需求价格弹性较大。当然，一种物品是必需品还是奢侈品与消费者的偏好有关。

3．消费者对价格变动的反应时间

消费者对价格变动反应时间的长短与需求价格弹性正相关。反应时间越长，需求价格弹性越大；反之就越小。例如，当汽油的价格上升时，在短时间内，对汽油的需求量减少得不多。但随着时间的推移，人们有足够的时间进行调整。由于汽油价格高，人们会逐步转向更多地乘的士、地铁、公共汽车，或购买节油汽车，从而对汽油的需求量就会大幅度减少。

4．商品用途的广泛性

商品用途的多少与需求价格弹性正相关。一般来说，用途越广的商品，需求价格弹性越大，反之越小，因为一种商品如果用途很广，当它的价格提高时，消费者就会从多渠道减少对这种商品的需求。

此外，需求价格弹性还会受到消费习惯、产品质量和服务，以及该商品的支出在消费总支出中所占的比重等多种因素影响。

（五）价格弹性与总收益之间的关系

1．总收益

所谓**总收益**（用 TR 表示）是指厂商销售一定量产品所得到的收入总和，它等于某种商品的销售量与其价格的乘积，$TR = Q \times P$。

2．需求价格弹性与厂商总收益之间的关系

需求价格弹性可以使人们了解商品需求量对价格变化的反应关系。在现实经济生活中，有些商品的需求量对价格反应敏感，需求弹性大，有些则不敏感，需求弹性小。然而，对于需求弹性不同的商品，同样是涨价或降价，对消费者的总支出或厂商的总收益会产生不同的影响。下面，我们主要研究需求价格弹性与厂商总收益之间的关系。不过，厂商的总收益实际上就是消费者的总支出。厂商总收益的增加或减少实际上就是消费者总支出的增加或减少。

（1）对于需求缺乏弹性的商品，厂商的总收益与价格同方向变动。

假设食盐的需求价格弹性 $|E_d| = 0.5$，当价格为 $P_1 = 2$ 元时，与此对应的需求量为 $Q_1 = 100$。此时厂商的总收益为：$TR_1 = P_1 \times Q_1 = 2 \times 100 = 200$ 元。

现在价格提高 10%，新的价格 $P_2 = 2.2$ 元，由于 $|E_d| = 0.5$，则需求量将减少 $10\% \times 0.5 = 5\%$，新的需求量为 $Q_2 = 100 - 100 \times 5\% = 95$。此时厂商的总收益为：$TR_2 = P_2 \times Q_2 = 2.2 \times 95 = 209$ 元。

可见，食盐涨价后，厂商的总收益增加了。根据需求规律，价格上升时，需求量会减少，但由于食盐是需求缺乏弹性的商品，弹性系数小于1，需求量的减少幅度小于价格的上升幅度，这使得价格上升带来的收益的增加超过了因需求量减少所减少的收益，最终使总收益增加，如图 2-21 所示。同理，需求缺乏弹性的商品价格下降时，厂商的总收益将减少。

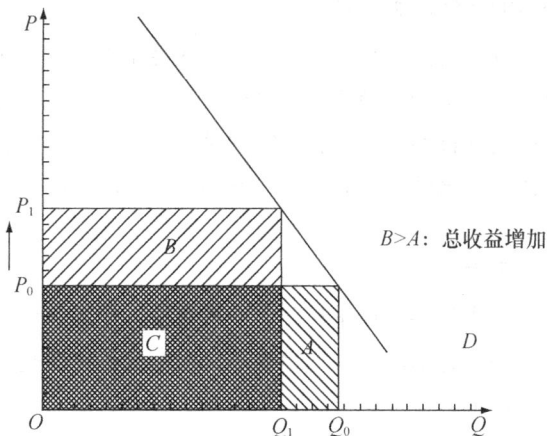

图 2-21　价格上升对需求缺乏弹性的商品的总收益的影响

（2）对于需求富有弹性的商品，厂商的总收益与价格反方向变动。

假设彩色电视机的需求价格弹性 $|E_d| = 2$，当价格 $P_1 = 1000$ 元，对应的需求量为 $Q_1 = 100$。此时厂商的总收益为：$TR_1 = P_1 \times Q_1 = 1000 \times 100 = 100000$ 元。

现在价格下降 10%，新的价格 $P_2 = 1000 - 1000 \times 10\% = 900$ 元，由于 $|E_d| = 2$，则需求量将增加 $10\% \times 2 = 20\%$，新的需求量 $Q_2 = 100 + 100 \times 20\% = 120$。此时厂商的总收益为：$TR_2 = P_2 \times Q_2 = 900 \times 120 = 108000$ 元。

可见，彩色电视机降价后，厂商的总收益反而提高。根据需求规律，价格下降时，需求量会增加，由于彩色电视机是需求富有弹性的商品，弹性系数大于1，需求量的增加幅度大于价格的下降幅度，这使得需求量上升带来的收益的增加超过了因价格下降所减少的收益，最终使总收益增加，如图 2-22 所示。同理，需求富有弹性的商品价格上升时，厂商的总收益将减少。

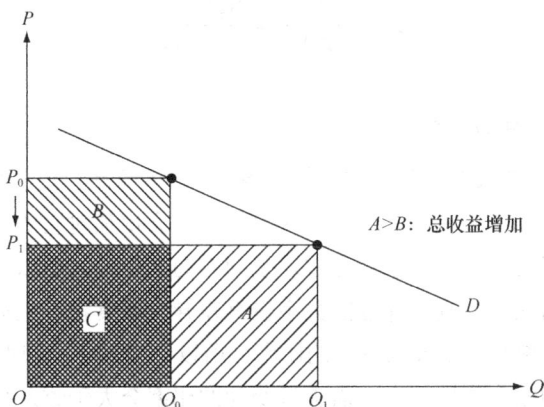

图 2-22　价格下降对需求富有弹性的商品的总收益的影响

　　综上所述，可以得出以下结论：对于需求缺乏弹性的商品，价格提高会使总收益增加，价格下降会使总收益减少，厂商的总收益与价格的变化方向是相同的；对于需求富有弹性的商品，价格提高会使总收益减少，价格下降会使总收益增加，厂商的总收益与价格的变化方向是相反的。

　　3. 谷贱伤农和薄利多销

　　根据上述结论，我们不难理解现实生活中的丰收悖论、谷贱伤农和薄利多销现象。因为，粮食丰收会使粮食的供给增加，而供给增加又会使粮食的市场价格下降，但粮食是需求缺乏弹性的商品，价格的下降并不会使粮食的需求量大增，所以价格下降最终会使农民的总收益减少，出现粮食增产而农民不增收和谷贱伤农的现象。

　　但对于一些需求富有弹性的商品，降价会使其需求量更大比率地增加，单位产品的"利"是"薄"了，但销量更大了，销量增加所增加的收益超过了降价所减少的收益，最终使厂商的总收益增加，即所谓薄利多销。所以，厂商想通过降价来增加总收益只适用于那些需求富有弹性的商品。

三、需求的收入弹性

（一）定义及计算公式

　　需求的收入弹性是用来衡量某种商品的需求量对消费者收入变动的反应程度，其反应程度的大小即需求的收入弹性系数等于某种商品需求量的变动比率与消费者收入的变动比率之比。如果用 M 和 ΔM 表示收入和收入的变动量，Q 和 ΔQ 表示需求量和需求量的变动量，E_m

收入弹性

表示需求的收入弹性系数，则需求的收入弹性公式为：

$$E_m = \frac{\dfrac{\Delta Q_d}{Q_d}}{\dfrac{\Delta M}{M}} = \frac{\Delta Q_d}{\Delta M} \cdot \frac{M}{Q_d}$$

（二）需求收入弹性的种类

1. 当需求的收入弹性系数是正数，即 $E_m>0$ 时，该商品为正常商品

因为，对于正常商品来说，人们的收入增加了，会增加对它的需求量，反之则会减少对它的需求量。正常商品的需求量与收入是同方向变化的，所以它的需求收入弹性系数是正数。在正常商品中，收入弹性的大小也有差异。像食物等生活必需品收入弹性较小，需求量变动的比率会小于收入变动的比率，所以，当 $0<E_m<1$ 时，该商品是必需品；而像轿车等奢侈品的收入弹性较大，需求量变动的比率会大于收入变动的比率，所以，当 $E_m>1$ 时，该商品是奢侈品。

2. 当需求的收入弹性系数是负数，即 $E_m<0$ 时，该商品为低档商品

因为对于低档商品来说，人们的收入增加了，反而会减少对它的需求量，去购买更好的商品；反之，收入减少则会增加对低档商品的购买。低档商品的需求量与收入是反方向变化的，所以它的需求收入弹性系数是负数。

总结如下：

$$\begin{cases} E_m > 0: \ 正常商品 \begin{cases} E_m < 1: \ 生活必需品 \\ E_m > 1: \ 奢侈品或高档商品 \end{cases} \\ E_m < 0: \ 低档商品或劣等品 \end{cases}$$

当然，正常商品与低档商品，必需品与奢侈品的区分也是相对的，会随着人们收入水平的变化而改变。

（三）收入弹性系数与恩格尔定律

德国统计学家恩格尔提出了恩格尔定律：随着家庭或国家的收入增加，食物支出在全部支出中所占的比重不断下降，即恩格尔系数是递减的。

恩格尔定律是可靠的，因为奢侈品的收入弹性大，生活必需品的收入弹性小。这个结论是经济学家根据长期的统计资料分析得出的。所以，随着社会经济的发展，收入的增加，对粮食等必需品的需求并不会大量增加，因此，从事农业的人口则会减少，人口将更多地从农村流向城市。如果这些调整不顺利，农业部门的人均收入将会低于非农业部门的人均收入。

恩格尔系数还可以反映一个国家或家庭的富裕程度。由于食物的收入弹性系数小，当收入越多，总支出越大，但食物支出增加的比例并不大，因而越有钱享受奢侈品。这说明恩格尔系数越低，生活的富裕程度就越高。反之，恩格尔系数越大，生活水平就越低。

四、需求的交叉价格弹性

（一）定义及计算公式

需求的交叉价格弹性是衡量某种商品的需求量对另一种商品的价格变动的反应程度。其弹性系数等于某种商品需求量的变动比率与另一种商品的价格变动比率之比。

如果 Y 商品的价格变动会引起 X 商品的需求量变动，则 X 商品的需求量对 Y 商品的价格变动的反应程度，即需求的交叉价格弹性系数为：

$$E_{XY} = \frac{\frac{\Delta Q_{dX}}{Q_{dX}}}{\frac{\Delta P_Y}{P_Y}} = \frac{\Delta Q_{dX}}{\Delta P_Y} \cdot \frac{P_Y}{Q_{dX}}$$

公式中的 E_{XY} 表示需求的交叉价格弹性系数，Q_{dX} 表示 X 商品的需求量，ΔQ_{dX} 表示 X 商品的需求量的变动量，P_Y 表示 Y 商品的价格，ΔP_Y 表示 Y 商品价格的变动量。

（二）交叉弹性与商品之间的关系

根据需求的交叉弹性的数值可以了解商品之间的关系。

1. 需求的交叉弹性的数值为正数，即 $E_{XY}>0$

这种情况表明 X 商品的需求量与 Y 商品的价格同方向变化，X 和 Y 应该具有替代关系，互为替代品，而且弹性系数越大，替代性越强。例如，馒头的价格上涨会引起花卷的需求量增加，交叉弹性系数为正数，馒头和花卷是替代品。

2. 需求的交叉弹性的数值为负数，即 $E_{XY}<0$

这种情况表明 X 商品的需求量与 Y 商品的价格反方向变化，X 和 Y 应该具有互补关系，是互补品。而且弹性系数越大，互补性越强。例如，汽油的价格上涨会引汽车的需求量减少，交叉弹性系数为负数，汽车和汽油是互补品。

3. 需求的交叉弹性的数值为零，即 $E_{XY}=0$

这种情况表明 X 商品的需求量与 Y 商品的价格变动没有关系，X 和 Y 应该是相对独立的商品。例如，馒头价格的上涨并不会直接引起电视机需求量的变化，馒头与电视机是相互独立的商品。

五、供给价格弹性

（一）定义和计算

供给价格弹性，简称供给弹性（Elasticity of Supply），是衡量某种商品的供给量对其价格变动的反应程度，其弹性系数等于某种商品的供给量的变动比率与价格的变动比率之比。如果某商品的价格上升 1%，引起供给量增加 2%，则供给弹性系数等于 2。

如果 E_s 表示供给价格弹性，P、Q_s、ΔP 和 ΔQ_s 分别表示该商品的价格、供给量、价格的变动量和供给量的变动量，则供给价格弹性系数的公式为：

供给弹性与计算

$$E_s = \frac{\text{供给量的变动比率}}{\text{价格的变动比率}} = \frac{\dfrac{\Delta Q_s}{Q_s}}{\dfrac{\Delta P}{P}} = \frac{\Delta Q_s}{\Delta P} \cdot \frac{P}{Q_s}$$

由于供给量的变动（ΔQ_s）与价格的变动（ΔP）正相关，因此，供给弹性系数大于零，即 $E_s > 0$。

与需求的价格弹性系数的计算一样，供给的价格弹性系数的计算也可以分为弧弹性和点弹性。

供给的弧弹性计算公式：$E_s = \dfrac{\dfrac{\Delta Q_s}{\dfrac{Q_{s1}+Q_{s2}}{2}}}{\dfrac{\Delta P}{\dfrac{P_1+P_2}{2}}} = \dfrac{\Delta Q_s}{\Delta P} \cdot \dfrac{P_1+P_2}{Q_{s1}+Q_{s2}}$

供给的点弹性计算公式：$E_s = \dfrac{\dfrac{\mathrm{d}Q_s}{Q_s}}{\dfrac{\mathrm{d}P}{P}} = \dfrac{\mathrm{d}Q_s}{\mathrm{d}P} \cdot \dfrac{P}{Q_s}$

（二）根据供给价格弹性对供给进行分类

一般来说，经济学家根据供给价格弹性的大小也将供给分为富有弹性的供给和缺乏弹性的供给。此外还有三种特例，即单位弹性供给、完全无弹性的供给和完全富有弹性的供给，如图 2-23 所示。

供给弹性的类别

1．富有弹性的供给

如果 $E_s > 1$，表明供给量的变动比率大于价格变动的比率，在图形上，供给曲线比较平坦。

2．缺乏弹性的供给

如果 $E_s < 1$，表明供给量的变动比率小于价格变动的比率，在图形上，供给曲线比较陡峭。

3．单位弹性的供给

如果 $E_s = 1$，表明供给量的变动比率等于价格变动的比率，这是一种特例，曲线如图 2-23 所示。

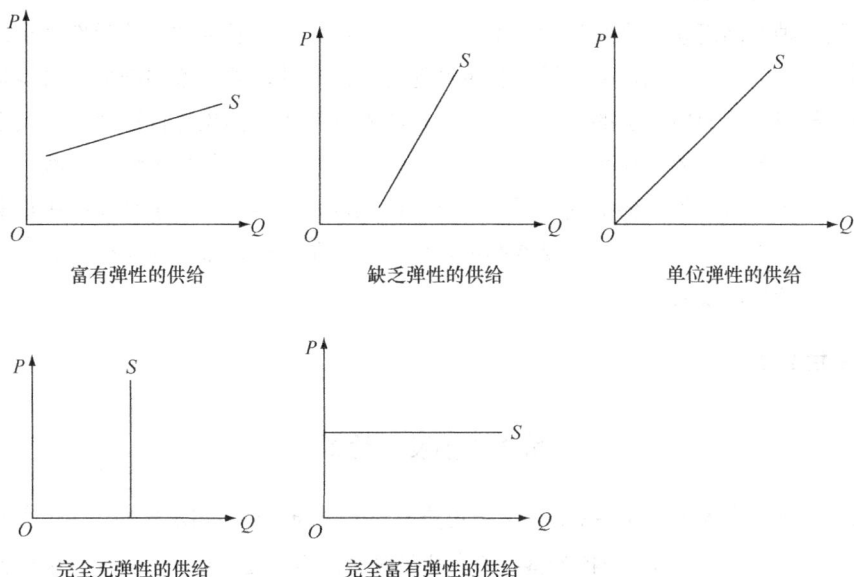

图 2-23　供给价格弹性不同的供给曲线

4．完全富有弹性的供给

如果 $E_s = +\infty$，表明在一定的价格水平上供给量是无限的。这也是一种极端的情况。只有在商品严重过剩时才类似于这种情况。该供给曲线为一条水平线，意味着价格发生微小的变化，供给量都会发生很大的变动。

5．完全无弹性的供给

如果 $E_s = 0$，表明不管价格如何变动，供给量始终不变。这又是一种极端的情况。像土地、文物等类似于无弹性的供给，该曲线为一条垂直线。

（三）影响供给价格弹性大小的主要因素

1．产品生产的难易程度

在一定时期内，越容易生产的产品，供给弹性越大，因为，价格变动后，厂商调整产量的速度比较快。越难生产的产品，价格变动后，厂商调整其产量越困难，因而供给弹性较小。

2．生产规模的大小

一般而言，当价格变动后，生产规模大的资本密集型企业改变生产规模比较难，调整的周期较长，因而供给价格弹性小。反之，规模较小的劳动密集型企业，对市场的反应速度较快，调整产量相对容易，因而供给价格弹性大。像重工、化工、电子、汽车等生产规模较大的行业，其产品的供给缺乏弹性，而规模较小的纺织行业，其产品的供给弹性较大。

3．时间的长短

对同一种产品而言，供给弹性也不是一成不变的，通常长期的供给弹性大于短期的供给弹性。因为，在短期，生产设备和生产能力是固定的，要想增加产量，只能是增加人力和原材料，因而所增加的产量有限的，供给弹性较小；如果在特短期，不仅生产设备和生产能力是固定的，而且人力和原材料也难以增加，即使价格大幅度上涨，厂商除了把库存投放到市场外，供给变动不大，所以即期内，供给弹性几乎是零；在长期，生产设备和生产能力及所有的生产要素都可以根据市场条件来调整，因而有足够的时间调整产量，供给弹性较大。

专栏2-3

价格干预及其后果

在纯粹的竞争性市场经济中，价格是由产品的需求和供给共同决定的。在供求力量的作用下，市场会自发地形成均衡价格，而在均衡价格的形成过程中，又会使需求和供给趋于均衡，达到需求量和供给量相等的市场出清状态。这种状态意味着市场上的产品既不存在过剩，也不存在短缺。所以，在市场经济中，价格是一只无形的手，协调着消费者和生产者的活动，使整个经济和谐而正常地运行。价格机制调节经济的作用是自发进行的，如果要消除这种自发性，人为地干预价格机制，价格则无法发挥作用了。当然，在现实生活中，价格调节的自发性也有其不可避免的缺陷，价格机制所调节出来的结果有时不一定符合整个社会的长远利益。例如供求关系引起的农产品价格波动，不利于农业长期稳定地发展。因此，需要通过价格政策来弥补价格机制的缺陷。在现实中，纯粹的竞争性市场经济也是不存在的。由于政治、经济、社会等原因，也会出现人为地控制价格的情况。如果决策者认为一种物品或劳务的市场价格对买者或卖者不公平，通常会实施价格控制，像支持价格、限制价格及税收都会直接或间接地影响价格。干预价格可能会提高某些群体的利益，然而控制价格的政策本身也可能会引起新的问题，通常会产生市场扭曲和导致无效率。

案例与拓展[1]

拓展资料：农产品保护价格与支持价格

资料来源：《工人日报》，2015年1月12日04版

国家粮食局门户网站，www.chinagrain.gov.cn。

一、收储市场主体多元化促进秋粮收购

在经济新常态下，国内粮食流通领域有何新特征？是否存在农民"卖粮难"的问题？

日前，在全国粮食流通工作会议召开之际，记者赴安徽合肥、芜湖等收储一线进行了采访。

安徽省粮食局巡视员戴绍勤告诉记者，随着国内粮食生产连年丰收，粮食需求增速放缓，作为粮食主产区，安徽省粮食收储压力日益加大。2013 年以来，国家通过启动政策性粮食竞价交易，释放政策性库存，为新粮收购腾库……

戴绍勤告诉记者："去年只有国企在进行政策粮收购，诸多民企都不敢入市，造成去年中晚稻收购数量不足。今年有所不同，不少民企加入收购大军，粮食收储市场的市场主体更加多元化，今年秋粮收购将会较好。"

不过，戴绍勤表示，在经济新常态下，粮食流通领域除了面临粮食收储压力之外，粮食生产成本"地板价"不断上升，三大谷物品种配额外进口（缴纳 65% 关税）的价格逼近"天花板"，导致粮食价格面临双重挤压与保护粮农利益的矛盾也日益突出。

那么，今年的粮食收购价格是多少，又是否存在"卖粮难"的情况呢？

6 日下午，巢湖市迎来了今冬以来的第一场大雪，但记者在安徽光明槐祥工贸集团看到，前来卖粮的农户依然不少。巢湖市坝镇种粮大户丁大伯在等了 5 分钟后，便将装了几十袋稻谷的货车开到了结算室门口的地磅上称重。

结算室内的大屏幕上显示，重量为 10960 千克。随后，丁大伯将货车开往粮食仓库，在稻谷卸了之后，再一次将车子停在了地磅上。这时，大屏幕上显示，重量为 3500 千克。扣除 112 千克的杂质，粮食净重为 7348 千克。

安徽光明槐祥工贸集团公司质量部部长李家丰告诉记者，丁大伯售卖的粳稻为二级，按照每千克 3.14 元的收购价格，丁大伯能拿到 23000 多元钱。

戴绍勤说，近年来粮食部门严格执行最低收购价和临时收储政策，坚持"五要五不准"收购守则，坚决防止出现农民"卖粮难"，绝不允许向售粮农民打"白条"，对维护粮食市场稳定起到了积极作用。

二、农产品的支持价格极其影响

上述资料是我国某地近期粮食收购的情况。在现实的经济社会中，许多国家都会对本国农产品实行保护价格，即对农产品规定一个高于市场均衡价格的最低价格。我国也采取价格干预手段，加强对粮食市场的调控，保持价格基本稳定。当粮食供求关系发生重大变化时，为保障市场供应、保护种粮农民利益，必要时可由国务院决定对短缺的重点粮食品种在粮食主产区实行最低收购价。在全球经济一体化的过程中，很多人关注农产品的自由贸易问题，要求政府取消对农产品的保护价格或出口价格补贴。但有些国家担心取消农产品保护价可能不利于本国农业的发展，会损害农民的利益，因此一般都会采取支持价格的策略。

1. 支持价格的含义极其影响

所谓**支持价格**是指政府对某种产品规定的高于市场均衡价格的最低价格。政府实施支持价格的目的一般是为了支持某个行业的发展，增加某些产业的生产者的福利，提高收入分配的公平程度。

政府实施支持价格对产品市场的影响可以用图 2-24 来分析。

如图 2-24 所示，该产品市场的均衡价格是 P_E，均衡产量是 Q_E。政府为了支持该行业的发展，会规定一个高于市场均衡价格的最低价格 P_f，从而使该产品的市场价格人为地上升了，这对该产品的生产者有利。然而，在 P_f 的价格水平上，需求量是 Q_D，供给量是 Q_S。显然，在高于均衡价格的支持价格下，必然出现产品供大于求的结局。产品过剩不仅浪费了资源，而且会带来其他新的问题。

支持价格 （Floor Price）

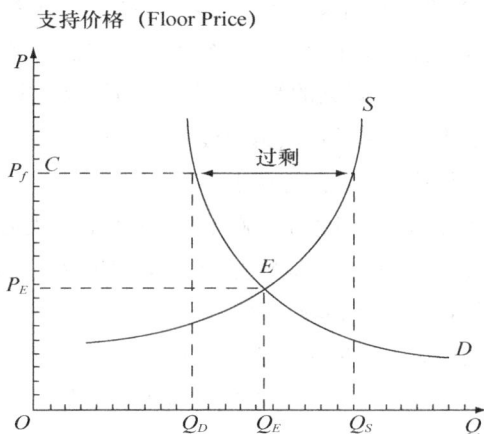

图 2-24　支持价格

2. 农产品保护价的影响

对农产品实行保护价格，既有积极影响，也有消极影响。

（1）农产品保护价的积极影响

农产品存在丰收悖论的现象。如果农业粮食丰收，粮食供给会增加，粮食的市场价格就会下降。而由于粮食是需求缺乏弹性的商品，需求量增加的幅度会小于价格下降的幅度，导致农民的总收益减少，出现谷贱伤农的现象，损害了农民的利益。

如果农民的收入减少，生产粮食的积极性会下降。然而粮食生产是关系到国计民生的一件大事。为了稳定农业生产，一些国家的政府会采取对农产品的支持价格，如图 2-24 所示，支持价格 P_f 是高于市场均衡价格 P_E 的最低价格，这样就使农民不会因为多生产粮食而减少收益，从而保护了农民利益，促进了农业投资，整体上有利于本国农业的发展。

（2）农产品保护价的消极影响

一是使政府背上了沉重的财政负担，许多国家的政府每年都要花费巨大的财政支出用于农产品的价格支持。

二是导致农产品的长期过剩。由于价格支持，会出现农产品供过于求。那些农产品过剩的国家都力图保护本国市场，而将产品打入他国市场，像欧美等发达国家常常会因此引发农产品的贸易争端。

三是受保护的农业竞争力会下降。特别是对于不发达国家，依靠价格支持来保护本国农业的发展，只是治标不治本，不利于从根本上改变农业的落后状况，提高农业本身的竞争能力。

➡ **案例与拓展**[2]

拓展资料："号贩子"与限制价格

资料来源：《法制日报》，2016 年 2 月 5 日第 008 版

一、号贩子"咋这么猖獗"的背后

2016 年春节前后，一段外地女孩痛斥北京"医院号贩子"的视频刷爆了微信朋友圈，再次引起广大民众、各路媒体及管理层的高度关注。

法制日报（2016.2.5）以"号贩子'咋这么猖獗'的背后"为题对此事件进行了新闻报道：近日，一段女孩痛斥北京某医院号贩子的视频备受关注。这名痛斥号贩子的女孩带着瘫痪的母亲从外地来北京看病，她们住在每天一百多元租金的地下室里，在冬季寒冷的夜晚排队挂号。已经排到窗口的第三个位置却依然挂不上号，而旁边的号贩子手里竟然有号，但是要买到需要支付 15 倍的价格。

民警说，对于大医院的号贩子，警方虽然一直在强化打击力度，但号贩子却不愿改行，这自然是因为利润丰厚，违法成本过低。从处罚力度上来说，根据现行法律，只能以治安管理处罚法来对医院号贩子进行惩处，根据号贩子的行为和情节严重程度处以一定期限的拘留和罚款。有民警坦言，有时抓获一名号贩子，也只能处以 5 天的治安拘留和 100 元的罚款。很多号贩子即便被抓也就是自认倒霉，拘留期满后继续从事这个非法职业。

号贩子之所以存在，必有其生存土壤。对于许多外地患者来说，到知名三甲医院求医无疑是他们最后一根救命稻草。一些知名大医院每天的门诊量基本都上万，这其中 80%都是外地患者。他们大老远赶来，大多是奔着专家，而专家号资源有限，这就形成了巨大的倒号利润。

二、从限制价格看"号贩子"现象

从经济学的角度如何看医院的"号贩子"现象？其实，"号贩子"并不是什么新鲜事，

即是所谓的"黄牛党"。"黄牛党"已有很长的发展史了。他们在解放前倒黄金，在"文革"时倒卖缝纫机、自行车、手表等各类票证。如今，开始倒大剧院戏票，春运期间的火车票，医院的专家门诊号等。众所周知，长期以来，"黄牛党"泛滥成灾。无论政府如何严打"黄牛党"，仍是屡禁不止，原因何在？供求模型和限制价格政策能帮助我们解释这个现象。

1. 限制价格的含义及其影响

所谓**限制价格**是指政府对某种商品规定的低于市场均衡价格的最高价格。限制价格的目的一般是为了让消费者以更低的价格买到该商品，保护消费者的利益，安定民心。

政府实施限制价格会带来怎样的影响呢？

限制价格

从图 2-25 可以看出，该产品市场的均衡价格是 P_E，均衡产量是 Q_E 政府为了让消费者买到更便宜的产品，会规定一个低于市场均衡价格的最高价格 P_C，从而将该产品的市场价格人为地压低了，消费者则以更低的价格买到了该商品，从中受益。

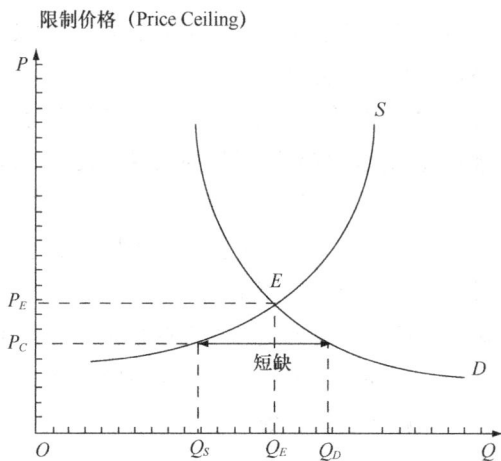

限制价格 （Price Ceiling）

图 2-25　限制价格

限制价格也有它的弊端。在 P_C 的价格水平上，需求量是 Q_D，供给量是 Q_S，显然，在低于均衡价格的限制价格水平，必然出现产品供不应求的结局，其直接影响就是产品短缺。要解决产品短缺问题，一是通过政府采取配给制，发放购物券来控制需求量；二是通过排队来解决，排在队伍后面的买者就无法买到产品，而排长队往往是耗费了人们的时间和精力，浪费了资源；三是容易出现黑市交易、腐败等行为；四是人为地压低价格将影响生产者增加供给的积极性，供不应求的局面很难改变。

2. 专家号的市场均衡价格

从市场供求关系来看，大城市里大医院的专家号的价格应当是很高的。

一方面，市场对大医院专家的需求巨大。有资料显示，我国医疗条件比较好和医疗水平比较高的医院基本上都位于北上广等大城市，目前全国 80%的医疗资源集中在这些大城市，其中的 30%又集中在这些城市的大医院。全国各地的病患者一旦久治不愈，或者患上了疑难杂症，就不得不往大城市的大医院跑。而且，中国老百姓很多人的就医习惯是，不信服小医院或社区医院，不相信普通医生，迷信专家，无论大病小病也都要找专家看，造成大城市里的大医院看病非常拥挤，导致"挂号难"和"看病贵"，特别是这些医院里的专家号，更是"一号难求"。

另一方面，大医院专家的供给又是很少的。要成为一名大医院专家不仅必须经过长期的学习培训，而且要具有丰富的临床工作经验和高超的医术。所以各大医院各个科室的专家也都寥寥可数。面对庞大的患者队伍，专家也是忙个不停。有的专家一个上午最多时要看近百人，少一点也要看 30～50 人，甚至不敢喝水，减少上厕所时间。为了保证看病质量，有的专家只有通过延长下班时间保证患者的就诊时间，有时甚至下午一两点才能吃上午饭。

由于市场上对专家号的需求巨大而供给很少，这就决定了由市场供求关系调节出来的专家号的均衡价格肯定是很高的。

3. 对专家号进行限价的影响

目前，为了让患者挂到更便宜的专家号，专家的挂号费实际上是被限制了的，也就是说被人为地压到由市场供求关系决定的均衡价格之下。

如图 2-25 所示，假定 P_E 是由市场供求关系决定的专家号的均衡价格。然而，政府规定专家挂号费为 P_C。P_C 就是政府所规定低于市场均衡价格的限制价格，这样患者支付的专家挂号费会更便宜。但从模型中我们可以清楚地看到，在限制价格 P_C 的水平，对专家号的需求量大于供给量，必然出现专家号供不应求的局面。

要解决专家号的短缺问题，或者是政府配给，或者是排长队挂号，或者是进行黑市交易。当人们既得不到政府配给，又不愿意浪费很多时间精力去排长队时，就有部分人可能到黑市上去买高价的专家号，号贩子也就应运而生。

所以，限制价格会导致专家号供不应求，号贩子只是市场上专家号供不应求的结果，而不是专家号供不应求的原因。

对专家号实行限制价格，过低的挂号定价未必便宜了患者，而是养肥了号贩子群体，而医生的价值却不能从医疗服务中得到体现。有些专家，甚至慨叹自己其实是在为号贩子打工，因为每挂一个号，号贩子赚的钱远超专家本人。这必然极大地遏制了医生的积极性，也压制了医疗供给。

现实中，要想铲除"黄牛党"困难重重。患者挂不到号，号贩子却总能挂到。如今，挂号早已有了电话、网络、实名制等与时俱进的预约方式，但道高一尺，魔高一丈，号贩子总能有缝可钻。根本原因仍在于专家医疗服务价值的扭曲，形成了过大的套利空间。唯有从需求侧和供给侧进行改革，弥合医疗服务供求缺口，让医疗挂号的价值回归，这样的漏洞和尴尬才有望从根本上消除。

案例与拓展[3]

拓展资料：弹性与税收归宿
资料来源：收集资料自编
　　政府对一种产品征税会对市场产生怎样的影响？谁最终支付税款呢？决定税收归宿的关键因素是什么？

税收归宿

一、关于税收

　　根据纳税人与税负人是否一致，可以将税收分成"直接税"与"间接税"两大类。如果税收直接由纳税人承担，这种税就是直接税，如所得税、财产税等；如果税收并不是由纳税人直接承担，而是可以将税收转嫁给他人的税收叫间接税，例如销售税等。

　　政府征收销售税的对象可以是厂商或消费者，征税的方式可以是从量税或从价税，但效应是一样的。从量税是按照商品的销售量征税，与商品的价格无关。从价税是按照商品的价格的一定比率征税。

二、政府对厂商征销售税对市场的影响

　　1. 销售税对市场均衡价格和均衡数量的影响
　　在征税前，某种产品的市场价格是由供求关系决定的。如图 2-26 所示，P_0 是该产品的均衡价格，Q_0 是均衡数量。如果政府对厂商征收从量税 T，厂商的生产成本将增加，供给会减少，供给曲线将向左移动到 S_1，移动的垂直距离是 T，均衡点从 E 移动到 E_1，市场价格从 P_0 上升到 P_1，均衡数量从 Q_0 减少到 Q_1。所以，政府对厂商征税后，均衡价格会上升，均衡数量会下降。

　　2. 税收的归宿
　　税收的归宿是指税收最终由谁承担。如图 2-26 所示，政府对厂商征收 T 的从量税后，厂商的总收益是 $TR=P_1 \times Q_1$，但厂商需从总收益中拿出一部分交税，税收是矩形 P_1ACE_1 的面积。但由于征税，消费者比原来多付的价格是 P_1-P_0，所以，矩形 $P_1P_0DE_1$ 的面积是消费者多出的部分，这部分实际是厂商将税收转嫁了一部分给消费者，而剩下的部分，即矩形 P_0ACD 的税收面积就是厂商自己承担的。

　　可见，政府对厂商征税，实际上是由厂商与消费者共同负担的，不过，他们各负担多少，取决于需求曲线和供给曲线的斜率。当需求曲线的斜率大于供给曲线的斜率，即需求弹性小于供给弹性时，厂商更容易通过提高价格来转嫁税收，消费者因此要承担更多的税收；反之，需求曲线的斜率小于供给曲线的斜率，即需求弹性大于供给弹性时，

厂商就不容易通过提高价格来更多地转嫁税收，因为，价格高了，消费者就会大量地减少购买，所以，厂商要承担更多的税收，税收与弹性的关系如图 2-27 所示。

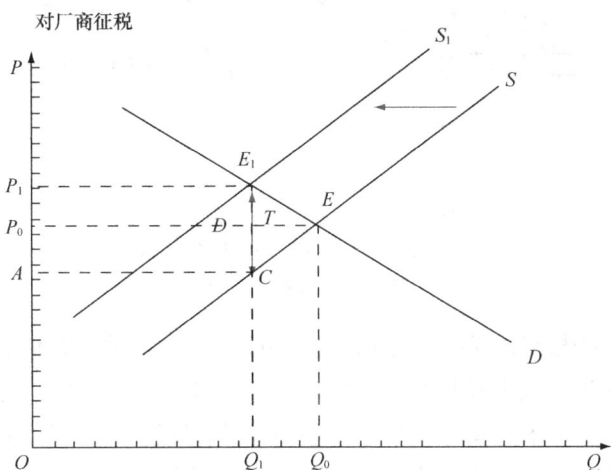

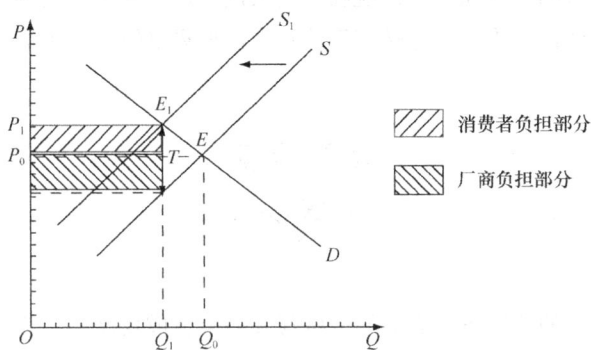

对厂商征税

图 2-26　税收对均衡的影响

消费者负担部分

厂商负担部分

(a) 税收负担

消费者负担部分

厂商负担部分

(b) 供给曲线相对陡峭，厂商税负较重

图 2-27　弹性与税收归宿

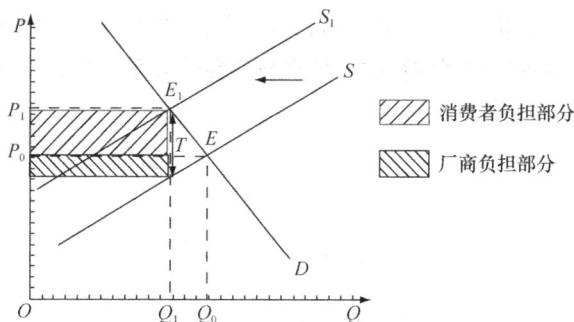

（c）需求曲线相对陡峭，消费者税负较重

图 2-27　弹性与税收归宿（续）

　　另外还存在一些极端情况：如果供给有无限弹性，供给曲线为水平线，则所有的间接税都由消费者负担，或者需求弹性为零，需求曲线为一条垂直线的情况亦是如此；如果需求有无限弹性，需求曲线为水平线，则所有的间接税都由厂商负担，或者供给弹性为零，供给曲线为一条垂直线，其税收也全部由厂商承担。

　　总之，税收归宿的一般原理是：税收归宿取决于需求和供给的相对弹性，如果需求相对于供给缺乏弹性，税收更多地转嫁于消费者，如果供给相对于需求缺乏弹性，税收则更多地由厂商承担。

本章要点

　　1. 需求规律

　　在其他条件不变的情况下，商品的价格与其需求量成反比。一般商品都会满足需求规律，但现实生活中也有例外情况，如吉芬商品和炫耀性物品。

　　2. 需求量的变动与需求的变动

　　需求量的变动是指其他因素不变，由某种商品价格变动引起的消费者对该商品需求数量的改变。在坐标图中，需求量的变动表现为在同一条需求曲线上点的位置移动。

　　需求的变动是指当某种商品的自身价格不变时，由其他因素变动引起的消费者对该商品需求数量的改变。在坐标图中，需求变动表现为需求曲线位置的移动。

　　3. 供给规律

　　其他因素不变的条件下，某种产品的供给量与该产品的价格存在正相关的关系。

　　4. 供给量的变动与供给的变动

　　供给量的变动是指当其他因素不变时，由于某种商品价格的变动引起的厂商对这种商品供给数量的改变。在图形中，供给量的变动表现为在同一条供给曲线上点的移动。

　　供给的变动是指当某种商品的价格不变时，由于其他因素变动引起的厂商对该商品供给数量的改变。在图形中，供给变动表现为供给曲线位置的移动。

5. 均衡价格

均衡价格是指消费者对某种商品的需求量等于生产者所提供的该商品的供给量时的价格。在市场经济条件下，供求关系决定了均衡价格。当供给大于需求，价格会自动下降；当供给小于需求，价格会自动上升，价格在需求和供给力量的共同作用下会自动地达到均衡水平，形成均衡价格。

6. 需求的价格弹性（简称需求弹性）及其计算公式

需求弹性是指某种商品的需求量对其价格变动的反应程度，其弹性系数等于某种商品需求量变动的百分比除以该商品价格变动的百分比。

需求的弧弹性公式：

$$E_d = -\frac{\frac{\Delta Q_d}{\frac{Q_{d1}+Q_{d2}}{2}}}{\frac{\Delta P}{\frac{P_1+P_2}{2}}} = -\frac{\Delta Q_d}{\Delta P} \cdot \frac{(P_1+P_2)/2}{(Q_{d1}+Q_{d2})/2}$$

需求的点弹性公式：

$$E_d = \lim_{\Delta P \to 0} -\frac{\Delta Q}{\Delta P} \cdot \frac{P}{Q} = -\frac{dQ}{dP} \cdot \frac{P}{Q_d}$$

7. 需求弹性的种类

当$|E_d|>1$，该物品的需求为富有弹性的需求；当$|E_d|<1$，该物品的需求为缺乏弹性的需求；当$|E_d|=1$，该物品的需求为单位弹性；当$|E_d|=0$，该物品的需求为完全无弹性的需求，其需求曲线为一条垂直线；当$|E_d|=+\infty$，该物品的需求为完全富有弹性的需求，其需求曲线为一条水平线。

8. 需求价格弹性与总收益的关系

对于需求缺乏弹性的商品，价格提高会使厂商的总收益增加，价格下降会使总收益减少，厂商的总收益与价格的变化方向是相同的；对于需求富有弹性的商品，价格提高会使厂商的总收益减少，价格下降会使总收益增加，厂商的总收益与价格的变化方向是相反的。

9. 需求的收入弹性（E_m）

需求的收入弹性是用来衡量某种商品的需求量对消费者收入变动的反应程度，其反应程度的大小即需求的收入弹性系数等于某种商品需求量的变动比率与消费者收入的变动比率之比。

$$\begin{cases} E_m>0: \text{正常商品} \begin{cases} E_m<1: \text{生活必需品} \\ E_m>1: \text{奢侈品或高档商品} \end{cases} \\ E_m<0: \text{低档商品或劣等品} \end{cases}$$

10. 交叉弹性系数（E_{xy}）

需求的交叉价格弹性是衡量某种商品的需求量对另一种商品的价格变动的反应程度。其弹性系数等于某种商品需求量的变动比率与另一种商品的价格变动比率之比。

（1）当 $E_{xy}>0$ 时，表明 x 与 y 两种商品之间有替代关系。

（2）当 $E_{xy}<0$ 时，表明 x 与 y 两种商品之间有互补关系。

（3）当 $E_{xy}=0$ 时，表明 x 与 y 两种商品无直接关系。

11. 供给价格弹性及其计算公式

供给弹性是衡量某种商品的供给量对其价格变动的反应程度，其弹性系数等于某种商品的供给量的变动比率与其价格的变动比率之比。

供给的弧弹性：$E_s = \dfrac{\dfrac{\Delta Q_s}{\dfrac{Q_{s1}+Q_{s2}}{2}}}{\dfrac{\Delta P}{\dfrac{P_1+P_2}{2}}} = \dfrac{\Delta Q_s}{\Delta P} \cdot \dfrac{P_1+P_2}{Q_{s1}+Q_{s2}}$

供给的点弹性：$E_s = \dfrac{\dfrac{\mathrm{d}Q_s}{Q_s}}{\dfrac{\mathrm{d}P}{P}} = \dfrac{\mathrm{d}Q_s}{\mathrm{d}P} \cdot \dfrac{P}{Q_s}$

12. 供给弹性的分类

当 $E_s>1$，该商品为富有弹性的供给；当 $E_s<1$，该商品为缺乏弹性的供给；当 $E_s=1$，该商品为单位弹性的供给；当 $E_s=+\infty$，该商品为完全富有弹性的供给，该供给曲线为一条水平线。当 $E_s=0$，该商品为完全无弹性的供给，该供给曲线为一条垂直线。

关键概念

需求　　需求的变动　　　需求量的变动　　　供给　　供给的变动
供给量的变动　　　　　需求价格弹性　　　需求的收入弹性
需求的交叉价格弹性　　供给价格弹性　　　均衡价格
支持价格　　　　　　　限制价格

习 题 二

一、选择题

1. 需求量和价格呈现反方向变动的原因是（　　）。

　A．替代效应的作用　　　　　　　　　B．收入效应的作用

C．上述两种效应同时发生作用　　　D．以上均不正确

2．以下哪种因素不会使某种商品的供给曲线移动（　　　）。

　　A．该商品价格下降　　　　　　　B．其他有关商品价格下降

　　C．技术进步　　　　　　　　　　D．原材料价格上升

3．培养蘑菇的工人工资提高将使（　　　）。

　　A．蘑菇的供给曲线左移并使蘑菇的价格上升

　　B．蘑菇的供给曲线右移并使蘑菇的价格下降

　　C．蘑菇的需求曲线左移并使蘑菇的价格下降

　　D．蘑菇的需求曲线右移并使蘑菇的价格上升

4．市场某种商品存在供不应求是由于（　　　）。

　　A．该产品价格超过均衡价格　　　B．该产品价格低于均衡价格

　　C．该产品生产太多了　　　　　　D．该产品是优质品

5．假如生产皮鞋所需原材料价格下降了，则皮鞋的（　　　）。

　　A．需求曲线向右方移动　　　　　B．需求曲线向左方移动

　　C．供给曲线向左方移动　　　　　D．供给曲线向右方移动

6．如果 x 和 y 两种产品的交叉弹性是 2，则（　　　）。

　　A．x 和 y 是互补品　　　　　　B．x 和 y 是正常商品

　　C．x 和 y 是劣质品　　　　　　D．x 和 y 是替代品

7．如果某商品是缺乏弹性的需求，则该商品价格下降（　　　）。

　　A．销售总收益可能增加也可能下降　　B．销售总收益增加

　　C．销售总收益下降　　　　　　　D．销售总收益不变

8．随着人们收入水平的提高，食物支出在总支出中所占比重将（　　　）。

　　A．大大增加　　　B．稍有增加　　　C．下降　　　　　D．不变

9．假定某商品的价格从 2 美元上升到 3 美元，需求量将从 11 单位下降到 9 单位，则厂商的总收益将（　　　）。

　　A．减少　　　　　B．增加　　　　　C．保持不变　　　D．无法判断

10．如果价格下降5%会使消费者的总支出增加3%，则这种商品需求价格弹性是（　　　）。

　　A．富有弹性　　　B．缺乏弹性　　　C．具有单元弹性　　D．不能确定

11．低档商品需求的收入弹性 E_m 是（　　　）。

　　A．$E_m>0$　　　B．$E_m=0$　　　C．$E_m<0$　　　D．$E_m<1$

12．如果粮食丰收导致粮食价格下降，下列说法正确的是（　　　）。

　　A．粮食供给量的减少引起需求上升

　　B．粮食供给的减少引起需求上升

　　C．粮食供给量的增加引起需求量上升

　　D．粮食供给的增加引起需求量上升

13. 假设某种商品的供给曲线与需求曲线有正常的正斜率和负斜率，如果政府对该厂商出售的商品每单位减税 10 美分，那么这种做法将引起该商品的（　　）。

    A．价格下降 10 美分　　　　　　　　B．价格的下降小于 10 美分

    C．价格的下降大于 10 美分　　　　　　D．不可确定

14. 已知某种商品的市场需求函数为 $Q_d=30-P$，市场供给函数为 $Q_s=3P-10$，如果对该商品实行征税，则市场均衡价格将（　　）。

    A．小于 10　　　　　B．等于 10　　　　　C．大于 10　　　　　D．无法判断

15. 如果政府实施支持价格，下列说法正确的是（　　）。

    A．产品过剩　　　　　　　　　　　　B．产品供不应求

    C．支持价格低于市场的均衡价格　　　D．对市场不会产生任何影响

二、计算题

1. 已知需求函数 $Q_d=17-2P$，供给函数 $Q_s=2+3P$，求该商品的均衡价格，以及均衡时的需求价格弹性和供给价格弹性。

2. 某商品的价格由 24 元上升到 30 元后，需求量相应减少 10%，问该商品的需求弹性是多少？该商品价格变化对总收益有何影响？

3. 假设彩色电视机的需求价格弹性系数 $E_d=1.2$，需求收入弹性系数 $E_m=3.0$，在其他条件一定的情况下，通过计算回答下列问题：（1）彩电价格提高 3% 以后对彩电销售的影响；（2）人们的收入增加 2% 以后对彩电需求的影响。

4. 甲公司与乙公司是两家竞争性企业，甲公司产品的需求曲线为 $P_X=1000-5Q_X$，现在的销售量是 100 单位的 X；乙公司产品的需求曲线是 $P_Y=1600-4Q_Y$，现在的销售量是 250 单位的 Y。求：（1）甲公司与乙公司当前的需求价格弹性；（2）若乙公司降价后，销售量增加到 300 单位，同时导致甲公司的销售量下降到 75 单位，求这两家公司商品的交叉价格弹性。

三、讨论题

1. 你认为影响我国商品房价格的主要因素是什么？如果对商品房采取限价措施有利于解决住房问题吗？

2. 根据弹性与总收益的关系，你认为航空公司为了增加总收益对飞机票是否应该进行打折销售？

3. 如果政府规定彩色电视机的生产商每卖一台电视机就要支付 100 元的税收，这项措施将对厂商和消费者产生怎样的影响？

4. 1990 年，美国国会通过了一项对游艇、私人飞机、珠宝等征收新的奢侈品税的规定，目的是想向富人收税以补助低收入者。但该项税收实施之后，反对者不是富人，而是生产这些奢侈品的厂商和工人，其中大部分是这项税收所要帮助的低收入者。因此，1993 年美国国会被迫取消了大部分的奢侈品税。请运用税收的归宿原理对此加以解释。

消费者行为理论 | 第三章

上一章分析了需求和供给是如何决定均衡价格的。本章我们将进一步从需求方面对价格理论进行展开研究。需求源于消费者的消费行为。我们是否留意到，消费者每天都要就如何配置资源如金钱和时间做出选择，比如早晨是应该按时起床吃早餐，还是舒舒服服睡个大懒觉？午饭是吃红烧肉还是吃红烧鱼？晚上是留在家里看电视，还是去电影院看大片？我们赚的钱是全部花掉还是留一部分来储蓄以备日后使用？消费者的欲望是很多的，然而时间、精力及收入等资源是有限的，消费者应该如何平衡各种各样的需求或欲望以实现满足程度的最大化？本章将揭示这些隐藏在消费者选择和消费者行为背后的基本机理。

第一节 | 选择与效用理论

消费者消费的目的是什么？欲望和效用是主观概念还是客观概念？基数效用论和序数效用论在分析方法上有何区别？

一、选择

消费者每天都要作出选择，都要平衡各种需求或欲望。在一个自由的市场经济中，政府通常让人们自主决定如何花费其货币收入，对自己的生活方式作出选择。

经济学假设消费者在消费时都是理性的，假如某些人想买昂贵的汽车而另一些人想买昂贵的房子，那么我们假定他们都知道什么对自己最有益，政府应尊重他们的选择。消费者在收入等资源一定的时候，总是会选择那些能给他带来最大满足程度的商品或服务，在选择商品消费的组合时也是选择能给自己带来最大满足程度的组合。消费者行为理论就是要研究在有限的资源条件下，消费者如何进行选择消费以实现满足程度最大化的问题。

二、欲望

消费者在消费商品或服务时所感觉到的满足程度与人的欲望有关。欲望或需要是指人们缺乏某种东西但又想得到它的心理状态，它是不足之感与求足之愿的统一，二者缺一不可。

从人的本性来看，人类的欲望或需要是多样性的，而且是无限的。根据马斯诺的需要层次理论，人的需要是多层次的，最基本的需要是生理的需要，当人的旧的需要满足了，又会产生新的需要。也就是说，当生理的需要满足了，又会逐步产生安全需要、社交需要、尊重的需要，以至自我实现的需要。

在清人胡澹庵编辑的《解人颐》一书中收录了一首《不知足》诗：

"终日奔波只为饥，方才一饱便思衣。衣食两般皆具足，又想娇容美貌妻。娶得美妻生下子，恨无田地少根基。买得田园多广阔，出入无船少马骑。槽头拴了骡和马，叹无官职被人欺。县丞主簿还嫌小，又要朝中挂紫衣。若要世人心里足，除是南柯一梦西。"该诗也生动地刻画了人的欲望本性是无限的。

如果按欲望无限的本性来看的话，人永远都不能得到完全的满足。然而，经济学假设在某个特定时候，人的欲望是有限的。也就是说，假设欲望一定时，消费者总是力图用有限的资源去获得最大的满足。

三、效用

1. 效用的含义

经济学用"**效用**"（Utility）来表示满足。所谓"效用"是指消费者在消费某种物品或劳务时所感觉到的满足程度。消费者在消费某种物品或劳务时感觉到满足程度大，效用就大，满足程度小，效用就小。消费该商品时如果感觉到痛苦就是产生了负效用。

效用

2. 效用具有主观性

因为客观的东西是不以人的意志为转移的，而效用却会因人而异。不同的人由于对商品的偏好不同，对同一种商品会产生不同的满足感，即效用不同。消费同一种物品，有些人效用大，有些人效用小，有些人则是负效用。例如香烟对烟民会带来满足，特别是对吸烟上瘾的人，他的感觉可能是"饭后一支烟，赛过活神仙"，可见满足感极大，效用极大。而对不喜欢香烟味的人，吸烟则会给他们带来痛苦。

不仅如此，即使同一个人在不同的时空条件下，消费同一物品也会产生不同的效用。例如，让一个人在饥肠辘辘时吃馒头和酒足饭饱后吃馒头所带来的效用也是不同的。所以，效用不仅会因人而异，而且会因时因地而不同，效用是消费者对物品满足自己欲望的能力的一种主观评价。

3. 效用理论的发展

消费者行为理论要研究消费者满足程度最大化的问题，实际上就是要研究欲望一定时，人们如何配置其有限的收入从而获得效用的最大化问题，经济学中研究消费者行为的理论实际上就是效用理论。

从效用理论的历史来看，其理论的根源是功利主义。1700 年数理概率学的基本理论发展后不久，"效用"的概念就产生了，后来英国哲学家杰里米·本瑟姆（Jeremy Bentham）将效用概念引入社会科学领域，提出"效用是任何客体所具有的可以产生满足、好处或幸福，或者可以防止……痛苦、邪恶或不幸……的性质。"根据杰里米·本瑟姆的理论，所有立法都应该按照功利主义原则来制定，从而促进"最大多数人的最大利益"。这些观点在 200 多年以前是非常具有革命性的。因为，以往制定政策的正当理由和依据是基于传统、君主的意志或宗教教义，而本瑟姆强调的是社会和经济政策的制定应当能够取得一定实际效果，这些观点对后来许多政治思想家都产生了较大影响。新古典经济学家威廉·斯坦利·杰文斯推广了本瑟姆的效用概念，并用效用论来解释消费者的行为。[①]在效用论的发展过程中，西方经济学家先后提出了基数效用论和序数效用论，并在此基础上，形成了两种分析消费者行为的方法，基数效用论者用的是边际效用分析方法，序数效用论者用的是无差异曲线的分析方法。

第二节 基数效用分析

消费者在消费一种商品的时候是不是多多益善？消费者在消费时会受到什么条件约束？消费者如何把有限的货币收入分配在各种商品的购买中以获得最大的满足？

效用是主观的，主观的东西本来是不可以计量的，但基数效用论假设效用可以用基数来计量，这是早期西方经济学家普遍采用的分析消费者行为的效用理论。

基数效用论者认为，正如可以用 1 米、2 米等来衡量长度，用 1 千克、2 千克等来计量重量一样，消费者消费某种商品时所感觉到的满足程度即效用，我们假定也可以用 1、2、3 等基数来衡量它的大小，并可以加总求和。假设某人吃一块巧克力感觉到的满足感为 5 个效用单位，看一场电影感觉到的满足感是 10 个效用单位，那么，他看一场电影，吃一块巧克力所感觉到的总满足程度则是 15 个效用单位。在这样的假设基础上，基数效用论是用边际效用分析方法来解释消费者的行为。

一、总效用与边际效用的含义

（一）总效用（用 *TU* 表示）

总效用（Total Utility）是指消费者消费一定数量的商品所获得的满足程度总和，如

---

① 保罗·萨缪尔森、威廉·诺德豪斯：《微观经济学》. 华夏出版社，2002，第 64 页。

果消费者对一种商品的消费数量为 Q，则总效用函数为：

$$TU = f(Q)$$

（二）边际效用（用 MU 表示）

边际量的一般含义是指自变量增加一个单位所引起的因变量的变化量。其公式为：

$$边际量 = \frac{因变量的变化量}{自变量的变化量}$$

在西方经济学中，引入"边际"的概念，常常是指"新增"的意思，边际分析方法是经济学最基本的分析方法之一，边际效用是本书出现的第一个边际概念。所谓**边际效用**（Marginal Utility）是指消费者在一定时间内每增加一单位某种物品的消费所增加的总效用，因此，边际效用函数是：

$$MU = \frac{\Delta TU}{\Delta Q}$$

例如：某人面包的消费量从一个增加到两个，总满足程度从 5 个效用单位增加到 8 个效用单位，则边际效用是 3 个效用单位。

当商品的增加量趋于无穷小，即当 $\Delta X \rightarrow 0$ 时，则边际效用函数可写成：$MU = \dfrac{\mathrm{d}TU}{\mathrm{d}Q}$

二、边际效用递减规律

1. 边际效用递减规律的基本含义

经济学家在分析效用时提出了边际效用递减规律。所谓**边际效用递减规律**是指：在一定时间内，在其他条件一定的时候，随着消费者对某种商品消费量的增加，消费者从该商品连续增加的每一单位的消费中所得到的满足程度越来越小，即边际的效用量是递减的。

边际效用递减规律

由于存在边际效用递减，我们将某人吃馒头的边际效用作一张表（如表 3-1 所示），并根据该表作出一条曲线，如图 3-1 所示，MU 曲线就是边际效用曲线，它反映出边际效用会随着连续消费某种商品数量的增加呈现出递减的规律，而且数量增加到一定时候，边际效用是负数。

表 3-1　　　　　　　　　　　　　某人吃馒头的边际效用

消费量 Q	边际效用 MU
0	0
1	30
2	20
3	10
4	0
5	−10

边际效用递减规律和我们日常生活的体验是一致的。例如，当一个人饥肠辘辘的时候，吃第一个馒头可能会狼吞虎咽，吃完后饥饿感有所减轻，所以第一个馒头给他带来的满足感往往非常大。于是，他接着吃第二个馒头，由于还没吃饱，第二个馒头仍然会给他增加满足感，但由于这时已没有刚才那么饿了，所以第二个馒头增加的满足感会比第一个有所下降。这样，随着这个人所吃的馒头数量连续增加，每增加一个馒头给他带来的效用增量即边际效用越来越小。如果他吃第四个馒头时已经吃饱了，此时还去吃第五个馒头，则第五个馒头就会让他感到难受，再继续吃，难受程度就会越来越大。当他感到难受的时候，增加的这个馒头实际上给他带来的效用就是负的。生活中，我们连续消费某种商品的数量时所呈现出的这种感觉实际上就是边际效用递减规律的体现，所以，再好吃的东西也不要无节制地消费下去。

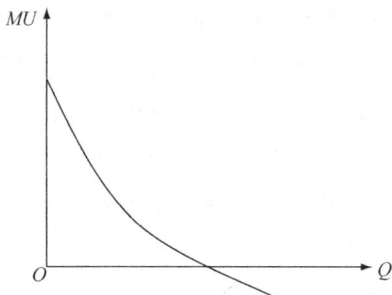

图 3-1　边际效用曲线

2. 边际效用递减的原因

首先，在生理上，人的大脑神经元对外界连续的等量刺激的反应敏感度是越来越小的。所以，消费者从连续增加的每一单位商品的消费中所感受到的满足程度就会递减；

其次，在心理上，人的本性往往是"物以稀为贵"，所以随着连续消费某种商品的数量越来越多，越往后就越不觉得珍贵，效用就越来越小；

最后，当一种商品有几种用途时，消费者总是将第一单位的消费品用在最重要的用途上，第二单位的消费品用在次重要的用途上，以此类推，这样，消费品的边际效用便随着消费品用途重要性的逐步下降而递减。

3. 货币的边际效用

基数效用论者在分析消费者行为时，通常假定货币的边际效用是不变。但实际上，货币可以用来购买消费者所需要的商品和劳务，如同商品一样，也可以给人带来满足，因而也具有效用。商品的边际效用递减规律也就同样适用于货币。

对于一个消费者来说，随着货币数量的不断增加，每增加一元钱给该消费者所增加的满足感会越来越小，即货币的边际效用是递减的。所以增加一元钱给低收入者所带来的满足感比给高收入者所带来的满足感要大。但是，在一般情况下，消费者的收入是给定的，而且，单位商品的价格只占消费者总货币收入量中的很小部分，所以，当消费者对某种商品的购买量发生很小的变化时，所支出的货币的边际效用的变化是非常小的，因此，我们在分析消费者的行为时，可以忽略这种微小的货币的边际效用的变化，假定其是既定的。

专栏 3-1

发展冰雪旅游警惕冰雪产品边际效用递减

边际效用是指在一定的时间消费者消费一定数量的商品每增加一个单位商品所带来效用的增量。边际效用有一个递减的规律，所以，好吃的东西一定吃鲜，或者换一个时间吃。旅游中欣赏美景，第一次见："哇塞，太美了！"再看一会儿，对美的感受就不如第一次见强烈了，再过一会儿，就更减一分，最后熟视无睹。旅游消费美景也有一个边际效用递减问题。

记得2007年10月笔者刚到江苏沭阳的时候，参观从县政府附近的虞姬公园到颜集乡这一条旅游景观带。沭阳是花海之乡，这里人们以种植花木为特色农业。20公里沿路全是树，绿化非常好。我很赞叹，精神也很满足。随后我就发现了问题，这条景观带不可能带来旅游，也不可能当作主要旅游品，因为是一个颜色，旅游者走着走着就会不感兴趣了，欣赏的边际效用递减，最后觉得没有意思了。而且来过后来第二次的可能性也很小。

具体到黑龙江以打造冰雪产品为主要特色的冰雪旅游要警惕冰雪产品边际效用递减。冰雪产品的边际效用递减具体表现有：黑龙江所辖各地区冰雪活动、冰雪景区、冰雪作品千篇一律，没有独特性，那么去过一个地区的旅游者便不会去其他地区。一个地区冰雪活动、冰雪景区、冰雪作品千篇一律，没有特色，也会使到过这个地区的旅游者旅游兴趣递减，不会来第二次或长时间在该地区停留。一个景点的冰雪作品表现相同、主题类似，也会使旅游者的兴趣由兴奋逐渐减淡，最后感觉厌倦。

破解旅游者对冰雪产品边际效用递减的方法有：黑龙江各地区冰雪产品要有所侧重，防止形式、主题、品种等的雷同化，最好让旅游者有一种一个地区一个地区旅游或一年去一个地区旅游的冲动与意念。一个地区的冰雪产品要注意利用旅游线路上的冰雪产品的先后顺序的变换不断给旅游者带来新鲜旅游兴趣刺激，利用冰雪产品层次、结构的不同给去一个地区的旅游者以新鲜的旅游刺激。一个景区的冰雪产品要注意转化消费冰雪产品内容、形式等途径，适时提起旅游者旅游的兴趣。

大量旅游者是发展冰雪旅游的最大支持者。而旅游者对冰雪产品生厌，容易有满足感是发展冰雪旅游的障碍，经济学理论解释就是冰雪产品的边际效用递减规律在起作用。这是应该引起政府有关部门高度注意的一个问题。

节选自：高国兴，《发展冰雪旅游警惕冰雪产品边际效用递减》，

黑龙江经济报，2014年1月13日

三、总效用与边际效用之间的关系

由于存在边际效用递减规律，假定一个人饥肠辘辘的时候开始吃馒头，在其他条件一定的时候，随着消费馒头数量的增加，不仅边际效用会递减，总效用也会与边际效用发生对应的变化。效用的变化如表 3-2 所示：

总效用与边际效用
的关系

表 3-2   某商品的效用表

商品数量 （1）	边际效用 （2）	总效用 （3）
0	0	0
1	30	30
2	20	50
3	10	60
4	0	60
5	-10	50

为了更加直观地看出总效用和边际效用的变化规律，根据表 3-2 可以绘制总效用曲线和边际效用曲线，如图 3-2 所示。

图中的横轴表示商品的数量，纵轴表示效用水平，图 3-2（a）中的 *TU* 曲线是总效用曲线，图 3-2（b）中的 *MU* 曲线是边际效用曲线。

图 3-2 总效用曲线和边际效用曲线

从图中我们可以总结出总效用和边际效用的关系：在其他条件一定时，消费者连续消费某种商品，边际效用是递减的。当边际效用大于零，即 $MU > 0$ 时，总效用递增；当边际效用等于零，即 $MU = 0$ 时，总效用达到最大；当边际效用小于零，即 $MU < 0$ 时，总效用递减。

四、消费者均衡

（一）消费者均衡的含义

1. 消费者均衡的基本含义

消费者均衡是研究在收入和商品价格一定的时候，消费者如何把有限的货币收入分配在各种商品的购买中以获得最大的满足。只有当消费者达到满足最大化时，才既不想再增加，也不想再减少任何商品的购买数量，从而维持这种收入配置以使总效用达到最大化的状态。这是一种相对静止的状态，也就是实现了消费者均衡的状态。

2. 消费者均衡的约束条件

消费者想获得最大的效用，并不是可以无限地购买商品，因为要受到各种商品的价格和消费者的货币收入的限制。假定消费者用既定的收入 M 只购买 X 与 Y 两种商品，X 与 Y 两种商品的价格分别为 P_X 与 P_Y，这两种商品的购买数量分别是 X 和 Y，则消费者均衡的约束条件可以表示为：

$$M \geqslant P_X \cdot X + P_Y \cdot Y$$

假定没有储蓄，消费者将收入全部用于消费，约束条件就可写为：

$$M = P_X \cdot X + P_Y \cdot Y$$

该约束条件反映了收入和价格一定的时候，消费者所能购买的 X 与 Y 两种商品的最大数量组合。如果增加了 X 商品的购买数量，就必须减少一定的 Y 商品的购买数量。

假设某人用全部收入购买巧克力和音乐唱片这两种商品，当收入和商品价格一定时，购买巧克力和音乐唱片的数量及效用如表 3-3 所示：

表 3-3　　　　　　　　　　　　商品的不同组合与总效用

音乐唱片		巧克力		音乐唱片和巧克力的总效用
购买数量	总效用	购买数量	总效用	
0	0	10	291	291
1	50	8	260	310
2	88	6	225	313
3	121	4	181	302
4	150	2	117	267
5	175	0	0	175

由于受到收入和价格的限制，如果增加了一定的巧克力的消费数量，就必须减少一定的唱片的消费数量，反之亦然。如果消费者在消费商品时没有达到饱和，则随着巧克力消费数量的增加，巧克力给消费者带来的总效用会递增，而随着唱片消费数量的减少，唱片给消费者带来的总效用会递减。从表 3-3 可知，消费者购买 2 张音乐唱片和 6 块巧克力的组合给消费者带来的总效用是 313，该组合是在收入和价格一定时，两种商品最大数量的各种组合中使消费者实现了效用最大化的一种组合，即实现了消费者均衡的组合。消费者因此会选择购买 2 张音乐唱片和 6 块巧克力，从而获得满足的最大化。

（二）消费者均衡的条件

由于存在边际效用递减规律，消费者不会无休止地消费某一种商品，况且人对商品的需求也是多样的。在商品价格和消费者收入一定时，消费者要从所消费的物品中获得最大的效用，就必须将有限的收入分配到他所需要消费的各种物品中去。

消费者均衡的条件

1. 等边际法则

消费者如何把有限的收入配置到他所需要的各种物品上去才能获得最大的满足？西方经济学为此提出了等边际法则：我们应该这样安排自己的消费，即在每一种物品上所支出的最后 1 元钱，都能给我们带来相等的边际效用。也就是说，在价格和消费者收入一定时，当花费在任何一种物品上的最后一元钱所得到边际效用正好等于花费在其他任何一种物品上的最后一元钱所得到边际效用时，该消费者就达到了满足程度的最大化或效用的最大化，这种等边际准则就是实现了消费者均衡的条件。

假定：消费者用既定的收入 M 购买 n 种商品。P_1，P_2，$\cdots$，P_n 分别为 n 种商品的既定价格，X_1，X_2，$\cdots$，X_n 分别表示 n 种商品的数量，MU_1，MU_2，$\cdots$，MU_n 分别表示 n 种商品的边际效用，则上述的消费者效用最大化的均衡条件可以用公式表示为：

$$\frac{MU_1}{P_1} = \frac{MU_2}{P_2} = \cdots = \frac{MU_n}{P_n} = \lambda$$

该公式表示消费者应选择的最优的商品组合的条件是：使得自己花费在各种商品上的最后一元钱所带来的边际效用相等，且等于货币的边际效用 λ。

如果消费者只购买 X 和 Y 两种商品，消费者均衡的条件的公式可简化为：$\frac{MU_X}{P_X} = \frac{MU_Y}{P_Y} = \lambda$。

2. 数学证明

消费者均衡条件的数学证明如下：

设效用函数为

$$TU = f(X, Y)$$

消费者的目标是获得总效用 TU 最大

约束条件为

$$M = P_X \cdot X + P_Y \cdot Y$$

从数学角度看，该问题是有约束的极值问题，可以利用拉格朗日方法求解。

为了保证 TU 在既定约束条件下的极大，要求 $Z = f(X, Y) + \lambda(M - P_X \cdot X - P_Y \cdot Y)$ 对 X、Y 的一阶偏导数等于零，即：

$$Z_X = \frac{\partial f(X, Y)}{\partial X} - \lambda P_X = 0 \Rightarrow MU_X = \lambda P_X \; ; \; Z_Y = \frac{\partial f(X, Y)}{\partial Y} - \lambda P_Y = 0 \Rightarrow MU_Y = \lambda P_Y$$

从而有：

$$\frac{MU_X}{MU_Y} = \frac{P_X}{P_Y}, \quad 即 \frac{MU_X}{P_X} = \frac{MU_Y}{P_Y}$$

专栏 3-2

消费者最优决策的规律是什么？

假设消费者在收入一定时，购买鸡蛋和西装两种商品，他并不希望所购买的最后一个鸡蛋和最后一件西装所带来的边际效用相同，因为一件西装的价格远远高于一个鸡蛋的价格。假设鸡蛋和西装的边际效用都是100个效用单位，一个鸡蛋的价格是0.5元，一件西装的价格是100元，这意味着最后一块钱购买鸡蛋得到的边际效用是200个效用单位（$MU/P=100/0.5=200$），而最后一块钱购买西装得到的边际效用是1个效用单位（$MU/P=100/100=1$），这时，最后1元钱购买鸡蛋所得到的边际效用大于最后1元钱购买西装所得到的边际效用。

当最后1元钱购买鸡蛋所得到的边际效用大于最后1元钱购买西装所得到的边际效用时，钱就会从西装的花费中转移到鸡蛋上面去，消费者会减少西装的购买数量，增加鸡蛋的购买数量。而随着鸡蛋的购买数量增加和西装的购买数量减少，鸡蛋的边际效用会递减，西装的边际效用会递增。这种调整过程会一直持续到花费在西装上的最后一元钱所带来的边际效用正好等于花费在鸡蛋上的最后一元钱所带来的边际效用。反之，如果最后1元购买鸡蛋所得到的边际效用小于西装所得到的边际效用，钱就会从鸡蛋的花费中转移到西装上面去，消费者会减少鸡蛋的购买数量，增加西装的购买数量，直到花费在两种商品上的最后一元钱所提供的边际效用相等为止，这就是等边际法则。

五、边际效用理论与需求曲线

前面已经学习了需求曲线，该曲线向右下方倾斜，斜率是负的，究其原因，可以作如下解释：

1. 受边际效用递减规律的影响

消费者在一定时期内对一定量的某种商品所愿意支付的最高价格取决于该商品的边际效用。该商品的边际效用越大，消费者为购买这一单位的商品所愿意支付的最高价格就越高；反之，消费者所愿意支付的最高价格就越低。由于存在边际效用递减规律的影响，随着消费者对某一种商品消费数量的连续增加，该商品的边际效用会越来越小，即满足程度越来越低，相应地，消费者为购买这种商品所愿意支付的最高价格也就越来越低。随着消费者对某一种商品消费数量的不断减少，该商品的边际效用会越来越大，即满足程度越来越高，相应地，消费者为购买这种商品所愿意支付的最高价格也就越来越高。因此，消费者所愿意支付的价格与需求量呈反方向变动，需求曲线向右下方倾斜。

2. 由消费者均衡条件所决定

消费者的均衡条件是 $\frac{MU_X}{P_X} = \frac{MU_Y}{P_Y} = \lambda$，该公式表明消费者购买 X 和 Y 两种商品，其效用最大化的条件应该是使最后一元钱购买两种商品所带来的边际效用相等，且和所付出的这一元钱的货币的边际效用相等。假设 λ 是固定不变的，从上式中可见，如果 X 的消费量不变，X 的边际效用 MU_X 不变，当 X 的价格 P_X 上升时，则 $\frac{MU_X}{P_X} < \frac{MU_Y}{P_Y} = \lambda$，意味着一元钱购买 X 商品得到的边际效用就会低于 Y 物品每一元钱得到的边际效用，因此，消费者就会减少 X 商品的消费量，从而提高 X 商品的边际效用，使 MU_X 上升，直到最后一元钱购买该种商品所带来的边际效用等于所付出的这一元钱的货币的边际效用。因此，一种物品价格的上升降低了消费者对该种物品所希望的消费量，反之，价格下降则提高了消费者对该种物品所希望的消费量。所以，需求量与价格反方向变动，需求曲线向右下方倾斜。

可见，边际效用递减规律与消费者追求总效用最大化的理性行为共同决定了需求曲线向右下方倾斜。实际上，需求曲线上任何一点所对应的需求量，均是在一定的价格水平上能使消费者获得最大效用的购买量。

消费者剩余

六、边际效用理论与消费者剩余

需求曲线反映了消费者对每一单位商品所愿意支付的最高价格，它取决于这一单位商品的边际效用。由于商品的边际效用是递减的，所以，消费者对某种商品所愿意支付的最高价格随着商品消费数量的增加而递减。然而，消费者在购买商品时是按实际的市场价格支付的，这样，消费者购买一定数量的商品所愿意支付的最高价格总额与其实际支付的价格总额之间的差额就是**消费者剩余**。消费者剩余根源于边际效用递减规律。

根据边际效用递减规律，假设消费者在消费水的时候，每杯水的市场价格是 3 元，消费者在消费第一杯水时效用是极大的，它能够消除极度的干渴，消费者愿意为它支付 7 元，但他实际上是按市场价格 3 元来支付的，这样，第 1 杯水消费者就获得了 4 元的消费者剩余，即图 3-3 中（a）的阴影部分的面积。由于边际效用递减，消费者对以后每增加一杯水所愿意支付的价格会递减，第 2 杯水、第 3 杯水、第 4 杯水、第 5 杯水、第 6 杯水分别愿意支付的价格为 6 元、5 元、4 元、3 元、2 元，而市场价格都是 3 元，这样他购买第 2 杯、第 3 杯、第 4 杯水时分别得到 3 元、2 元、1 元的消费者剩余，分别是图 3-3 中（b）（c）（d）的阴影部分的面积。第 5 杯水他愿意支付的价格和实际支付的价格都是 3 元，就没有消费者剩余。第 6 杯水他愿意支付的价格是 2 元，而市场价格是 3 元，消费者剩余是负的，他就不会买这第 6 杯水。该消费者购买五杯水的消费者剩余总和就是 4+3+2+1=10 元。图 3-3 中阴影部分的面积（a+b+c+d）就是消费者购买五杯水所获得的消费者剩余的总和。

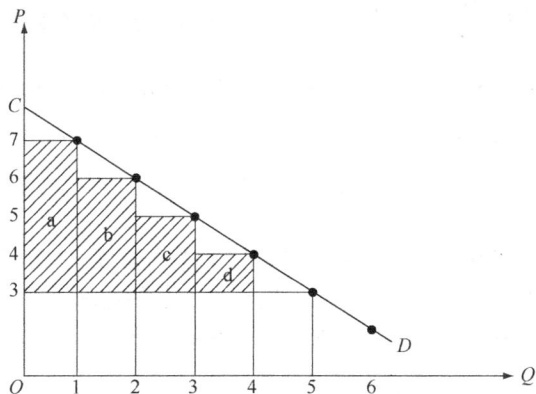

图 3-3　消费者剩余

假如商品的数量是无限可分的话，消费者剩余可以用几何图形来表示，如图 3-4 所示，假设 D 是某种商品的市场需求曲线，P_0 是市场价格。因为需求曲线反映了消费者对不同的商品的消费量所愿意支付的价格，所以，需求曲线之下的总面积代表了消费者所愿意支付的价格总额，用消费者所愿意支付的价格总额减去消费者实际支付的市场价格总额（P_0 是市场价格，$P_0 \times Q_0$ 即矩形 P_0OQ_0B 的面积是消费者实际支付的市场价格总额），剩下的阴影部分面积即三角形 AP_0B 的面积就是消费者剩余。简言之，消费者剩余是消费者需求曲线以下、市场价格线之上的面积，如图 3-4 中所示的阴影部分面积。

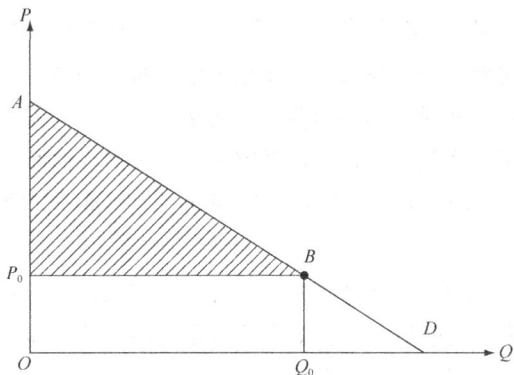

图 3-4　消费者剩余

需要注意的是，消费者对一件商品效用的评价完全是主观的，所愿意支付的最高价格也是主观的，所以消费者剩余只是消费者心理上满足的感觉，并不意味着消费者增加了实际的货币收入，消费者剩余为负数也不是实际货币收入的减少。而且，这些主观特性也使得购买同样一种物品，不同的消费者得到的消费者剩余也不同。最后，消费者剩余反映了消费者通过消费商品时所感受到的状态的改善，因此，消费者剩余常被用来度量和分析消费者得到的经济福利的大小。

第三节　序数效用分析

序数效用论是如何运用无差异曲线来分析消费者行为的？

序数一词和基数一样，也是来自数学。但序数与基数不同，它既不能衡量大小也不能加总求和。它是指第一、第二、第三……只是用来表示顺序或等级，至于第一、第二和第三本身各自的数量具体是多少，是没有意义的。

一、序数效用论的基本观点及假定

（一）序数效用论的基本观点

到了 20 世纪 30 年代，大多数西方经济学家普遍采用序数效用的理论来研究消费者行为。序数效用论者认为，效用是主观的，类似于香、臭、美、丑等概念。而主观的东西是无法具体衡量的，所以消费者在消费商品时感觉到的满足程度的高低也无法用"1、2、3……"等基数来计量它的大小，更不能求和。但可以对满足程度的高低通过排序来比较，即用"第一、第二、第三……"来表示满足程度的高低。序数效用论回答的是消费者偏好哪一种消费，哪一种消费的效用排第一，哪一种消费的效用排第二。或者是说，要回答的是消费者宁愿看一场电影大片，还是宁愿去听一场音乐会。序数效用论者反对将不可计量的效用附着于普通物品的消费上，还认为，与现代需求理论有关的只是序数效用的原则，即使不用基数效用的理论也很容易推导出需求曲线。因此，序数效用论者在分析消费者行为时，考察的是商品组合的偏好顺序，回答的问题是"A 组合是否比 B 组合值得偏好？"

基数效用论和序数效用论是两种研究消费者行为的理论。但在现代微观经济学里，通常使用序数效用论来进行研究。序数效用论者是运用无差异曲线的分析方法来分析消费者的偏好和选择，并运用这一工具推导消费者行为的主要结论。

（二）序数效用论对偏好的假定

序数效用论者提出了消费者偏好的概念，考察的是消费者对商品组合的偏好顺序。所谓偏好，就是爱好或喜欢的意思。序数效用论者认为，给定 A、B 两种商品组合：A 是 1 单位食品和 5 单位衣服的组合，B 是 2 单位食品和 3 单位衣服的组合。如果 A 组合给该消费者带来的满足程度大于 B 组合，那么某消费者对 A 商品组合的偏好程度就大于 B 商品组合，即这个消费者认为 A 组合的效用水平大于 B 组合的效用水平。

序数效用论者在研究消费者偏好时，对消费者偏好作了三个基本的假定：

第一，偏好完全性的假定。偏好是主观的，是因人而异的。不同的消费者对不同商品的组合，偏好可能不同。正如前面所提到的，如果 A 组合给消费者甲带来的满足程度大于 B 组合，那么甲对 A 商品组合的偏好程度就大于 B 商品组合；如果 A 组合给消费者乙带来的满足程度小于 B 组合，那么乙对 B 商品组合的偏好程度就大于 A 商品组合。这种偏好可以通过人们的选购行为反映出来。但序数效用论者认为，同一个消费者对不同商品组合的偏好总是可以比较和排列顺序的，例如，对于 A 和 B 两个商品组合，消费者总是可以做出偏好的判断：要么对 A 的偏好大于对 B 的偏好，要么对 A 的偏好等于对 B 的偏好，要么对 A 的偏好小于对 B 的偏好。上面三种偏好选择，消费者总能够选择其中的一种，把自己的偏好评价准确地表达出来，这就是偏好的完全性。偏好完全性的假定保证了消费者对于偏好的表达方式是完备的。

第二，偏好可传递性的假定。为了保证消费者偏好的一致性，序数效用论者认为，消费者偏好具有可传递性。例如，消费者对于若干个商品组合 A、B、C……如果该消费者对 A 组合的偏好大于对 B 组合的偏好，对 B 组合的偏好又大于对 C 组合的偏好，则消费者对 A 组合的偏好一定大于对 C 组合的偏好。

第三，偏好非饱和性的假定。按基数效用论来看，由于存在边际效用递减规律，随着商品消费数量的连续增加，边际效用是递减的，而且到一定时候还会由正数变为零乃至负数，当边际效用等于零时，总效用达到最大，说明消费者消费商品的时候达到了饱和状态，再继续增加消费量的话，边际效用就会变为负数，总效用反而下降。但序数效用论假设，消费者对每一种商品的消费都没有达到饱和状态，因而对于任何一种商品，消费者总是认为数量多比数量少好。在不同的商品组合中，总是偏好含有商品数量较多的那个商品组合。当然，都是针对"好的东西"而言，而不涉及"坏的东西"。

无差异曲线及特征

二、无差异曲线

（一）无差异曲线的含义

无差异曲线（Indifference Curve）是指在一定的条件下，能给消费者带来相同效用水平的两种商品不同组合的曲线。

在生活中，消费者需要购买不同的商品或劳务，如猪肉、牛肉、苹果、梨、衣服、鞋等来满足自己的欲望，很多商品之间有一定的替代性，有些替代性强，而有些替代性弱，比如，猪肉和牛肉都能满足人们对肉味的需要，替代性强些。猪肉和苹果虽然不如猪肉和牛肉之间的替代性强，但也都能满足人们对吃的需要，因而也有一定的替代性。为了简单起见，现在假设消费者只购买香蕉和苹果两种商品。如表 3-4 所示，A 组合是10 只香蕉和 1 个苹果，B 组合是 6 只香蕉和 2 个苹果，C 组合是 4 只香蕉和 3 个苹果，D 组合是 2.5 只香蕉和 4 个苹果，A、B、C、D 虽然是香蕉和苹果的不同数量组合，但假设它们给消费者带来的满足程度是相同的。从表 3-4 中可见，多消费一定数量的苹果，而少消费一定数量的香蕉，或者少消费一定数量的苹果，而多消费一定数量的香蕉，可以让消费者获得相同的满足程度。

表 3-4　　　　　　　　　　　　效用相同的不同商品的数量组合

组合	香蕉（Y）	苹果（X）
A	10	1
B	6	2
C	4	3
D	2.5	4

下面，我们根据表 3-4 来画一张图，如图 3-5 所示，图中的横轴和纵轴分别表示苹果的数量和香蕉的数量，将表中所列的 A、B、C、D 关于香蕉和苹果的不同数量组合在图形上找到对应的点，然后将这些点连成一条曲线，该曲线就是无差异曲线。无差异曲线代表苹果和香蕉两种商品的数量组合虽然不同，但带给消费者的满足程度是相同的，效用是无差异的。它意味着消费者对该曲线上各点的偏好是相同的。

（二）无差异曲线的特征

第一，无差异曲线向右下方倾斜，斜率为负。无差异曲线存在的前提是线上各点的总效用相同。从 A 点到 B 点增加了一定数量的 X（苹果），如果不减少一定数量的 Y（香蕉）的话，B 点的总效用就会大于 A 点的总效用。为了使 A 点和 B 点的总效用不变，增加了一定的 X，同时就必须减少一定的 Y，因此无差异曲线向右下方倾斜。

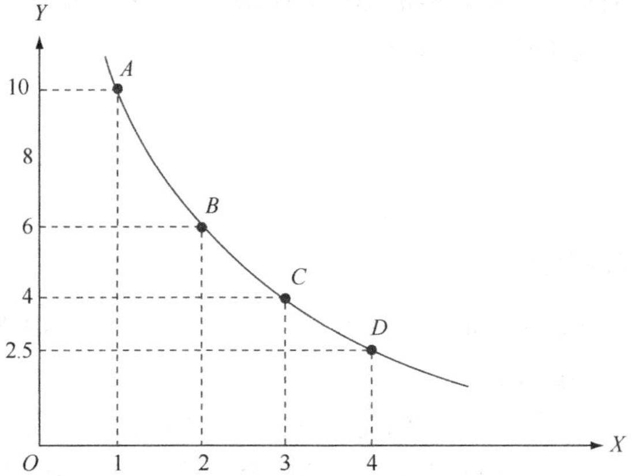

图 3-5　无差异曲线

第二，无差异曲线是凸向原点的。无差异曲线不仅向右下方倾斜，而且凸向原点，即无差异曲线的斜率的绝对值是递减的。无差异曲线之所以具有凸向原点的特征，主要是因为商品的边际替代率存在递减规律。关于边际替代率递减的规律，后面再进行详细的分析。

第三，在同一平面图中，有无数条无差异曲线，离原点越远的无差异曲线代表的效用水平越高。反之，离原点越近的无差异曲线代表的效用水平越低。

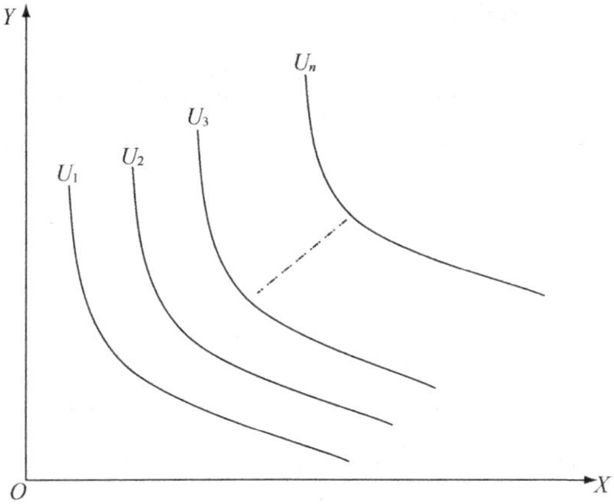

图 3-6　无数条的无差异曲线

由于序数效用论者假设消费者在消费商品时未达到饱和状态，这说明对商品的消费多多益善，因此，我们将图上 X 和 Y 两种商品组合数量不同，但给消费者带来效用相同的点连成一条线，这样的线可以画出无数条，见图 3-6 中的"U_1、U_2、U_3，…，U_n"，越是远离原点的无差异曲线意味着有更多的 X 和 Y 商品数量的组合，效用更大。反之，效用更小。因此，$U_1<U_2<U_3<\cdots<U_n$。

第四，同一平面图上的任意两条无差异曲线不会相交。在图 3-7 中，假设两条无差异曲线相交，就会出现自相矛盾的情况。假设两条无差异曲线 U_1 和 U_2 相交于 a 点，a、b 两点在同一条无差异曲线上，则 a、b 两点的效用相同，都是 U_1，a、c 两点也在同一条无差异曲线上，则 a、c 两点的效用水平也相等，都是 U_2。根据偏好可传递性的假定，b 点的效用等于 a 点的效用，a 点的效用等于 c 点的效用，那么，b 点的效用就应该等于 c 点的效用。但 c 点在 U_2 上，b 点在 U_1 上，$U_1<U_2$，所以 c 点的效用水平应大于 b 点的效用水平。这样一来，如果两条无差异曲线相交，就会造成矛盾：该消费者一方面认为 b 点和 c 点的偏好相同，是没有差异的，另一方面，又认为 c 点的偏好大于 b 点的偏好，显然存在矛盾，违背了偏好的完全性假定。所以，同一平面图上的任意两条无差异曲线不能相交。

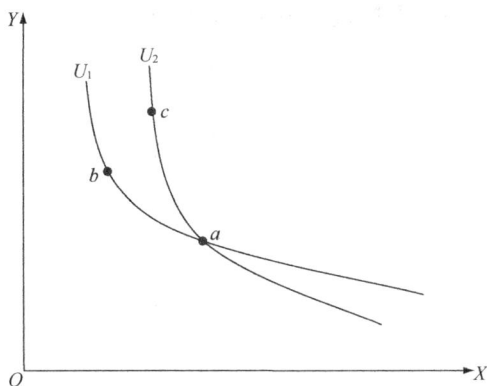

图 3-7　假定无差异曲线相交

（三）无差异曲线的特殊形状

一般情况下，无差异曲线向右下方倾斜，凸向原点，但不会与横轴和纵轴相交。这说明，为了保持相同的效用水平，可以增加一部分某种商品的消费数量去替代一部分另一种商品的消费数量，但某种商品的消费数量无论怎样增加也不能完全替代另一种商品的消费。这两种商品只能是一定程度的相互替代，但不能完全相互替代。这种情况是现实中普遍存在的。但也存在两种特殊的情况：

1. 商品之间具有完全相互替代的关系

如果两种商品没有差异，它们就可以完全相互替代。例如，不同品牌的电脑之间，或者不同牌子的铅笔之间，如果没什么差异，对消费者来说就是可以完全替代的商品。消费者为了获得相同的总效用，可以用一种牌子的电脑或铅笔去全部替代另一种牌子的电脑或铅笔。那么，这种情况的无差异曲线就是向右下方倾斜的直线，其边际替代率是不变的。如图 3-8（a）所示。

2. 商品之间具有完全互补的关系

完全互补品必须按固定不变的比例同时被使用，相互之间是根本不能被相互替代的。例如，左脚的一只皮鞋必须和右脚的一只皮鞋配合在一起，才能成为完整的一双皮鞋。再比如，一副眼镜的镜架必须和它的两块眼镜片配合在一起，才能成为一副完整的眼镜。所以，左鞋和右鞋不能相互替代，镜架和眼镜片也是不能相互替代的。因此，完全互补品的无差异曲线是直角形的。

如图 3-8（b）所示，它意味着，如果两种商品是完全互补品，为了保持相同的效用水平，其中一种商品的消费数量无论怎样增加，另一种商品的消费数量都不可能减少。只有在无差异曲线的直角点上，两种互补商品是按固定比例被消费，也就是说一副镜架要配 2 块镜片，两副镜架需要 4 块镜片，镜架和镜片总是按照 1∶2 的比例来增加。同样，左脚的鞋和右脚的鞋总是按照 1∶1 的比例来增加。所以，在任何一条关于完全互补品的无差异曲线的直角点上，两商品的边际替代率为常数。

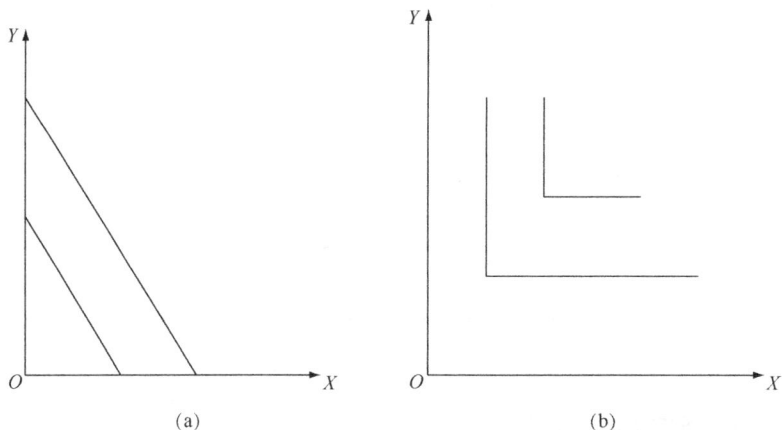

(a)　　　　　　　　　　　　　　　(b)

图 3-8　完全代替品和完全互补品的无差异曲线

三、边际替代率递减规律

边际替代率递减规律是指，在总效用水平不变的前提下，随着某种商品消费量的连续增加，消费者为了增加一单位该商品的消费数量所愿意放弃的另一种商品的消费数量越来越少。

从图 3-9 中可知，无差异曲线上各点的效用是相同的。为了保持各点的总效用不变，从 A 点到 B 点，消费者愿意用一单位 X 商品去替代 4 个单位 Y 商品，A 点和 B 点连线的斜率的绝对值是 4。从 B 点到 C 点，消费者愿意用一个单位 X 去替代 2 个单位 Y，B 点和 C 点连线的斜率的绝对值是 2。从 C 点到 D 点，消费者愿意用一个单位 X 去替代 1.5 个单位 Y，C 点和 D 点连线的斜率的绝对值是 1.5。

　　可见，沿着无差异曲线向右下方移动，无差异曲线的斜率的绝对值，也就是边际替代率（Marginal Rrate of Substitution）是越来越小的。因为，随着 X 商品数量越来越多，Y 商品数量越来越少，则 X 商品的边际效用会越来越小，而 Y 商品的边际效用会越来越大，所以每增加一个单位 X 商品所能替代的 Y 商品的数量就越来越少。边际替代率递减也就决定了无差异曲线具有凸向原点的特征。

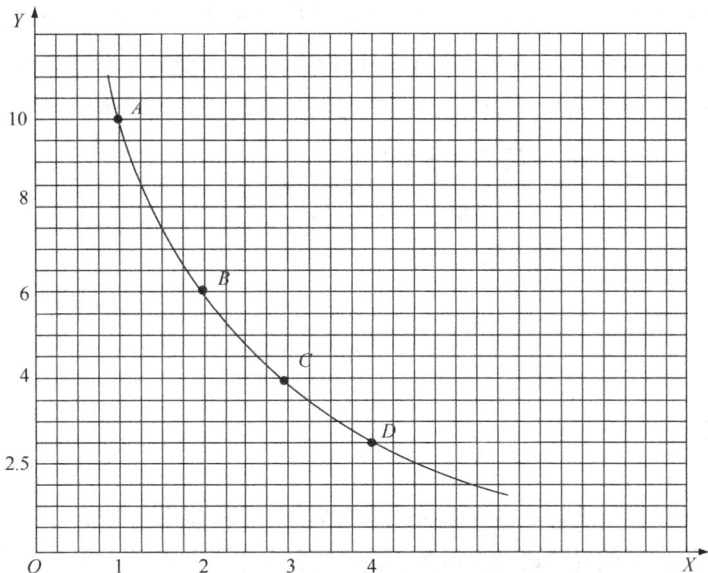

图3-9　边际替代率递减

专栏 3-3

边际替代率

　　在无差异曲线上，两种商品的数量组合不同，但效用水平保持不变。这意味着，在保持效用水平不变的前提条件下，消费者每增加一种商品的消费数量，同时就必须放弃一部分另一种商品的消费数量，即是用增加一部分某种商品的消费数量来替代一部分另一种商品的消费数量。为了反映这种替代关系的变化规律，经济学家提出了商品的边际替代率（英文缩写为MRS）的概念。

　　所谓边际替代率是指在偏好与效用水平既定不变的条件下，消费者增加一单位某种商品的消费数量时所要放弃的另一种商品的消费数量。假设从图3-9的 A 点移动到 B 点，增加了一定数量的 ΔX，同时减少了一定数量的 ΔY，但 A 点和 B 点的总效用不变，则边际替代率的公式是：

$$MRS_{XY} = -\frac{\Delta Y}{\Delta X}$$

公式中ΔX和ΔY的变动方向相反，$\Delta Y/\Delta X$为负数，但一般取其正值来比较MRS_{XY}的大小，所以就在公式中加了一个负号。边际替代率实际上也就是无差异曲线斜率的绝对值。如果$\Delta X\to 0$时，边际替代率的公式则可以写为：

$$MRS_{XY}=-\frac{\mathrm{d}Y}{\mathrm{d}X}$$

另外，边际替代率也是可以写成两种物品的边际效用之比。因为A点和B点的总效用一样，B点比A点增加了ΔX，但减少了ΔY，增加X商品的消费数量会增加相应的总效用，所增加的总效用是$TU_X=MU_X\cdot\Delta X$，减少Y商品的消费数量会减少相应的总效用，减少的总效用是$TU_Y=-MU_Y\cdot\Delta Y$，TU_X应该等于TU_Y，

$$MRS_{XY}=-\frac{\Delta Y}{\Delta X}=\frac{MUX}{MUY}$$

即$MU_X\cdot\Delta X=-MU_Y\cdot\Delta Y$，所以

$$MRS_{XY}=-\frac{\Delta Y}{\Delta X}=\frac{MU_X}{MU_Y}$$

四、预算线

消费者总是偏好于选择更多的商品数量的组合，但多多益善只是消费者的偏好，这种偏好要还受到消费者自己的收入水平和市场上商品价格的限制，家庭预算线就是反映家庭消费的这种限制。

预算线

（一）预算线的含义

预算线（Budget Line）是指在既定的收入以及价格水平下，消费者所能购买的两种商品最大数量组合的轨迹。

假设某人的收入是$M=600$元，全部用来购买X和Y两种商品。其中X的价格是$P_X=2$元，Y的价格是$P_Y=1$元，那么他用600元全部购买X商品，最多可以买300个单位；如果购买200个单位X商品，则最多购买200个单位的Y商品；如果购买100个单位X商品，则最多购买400个单位的Y商品；如果全部购买Y商品，最多购买600个单位的Y商品。如表3-5所示：

表3-5 收入一定时所能购买的X和Y的最大数量组合

组合方式	X的购买数量（X）	Y的购买数量（Y）
A	300	0
B	200	200
C	100	400
D	0	600

根据表3-5来作一个图，如图3-10所示，横轴代表X商品的购买数量，纵轴代表Y

商品的购买数量，将表中 X 和 Y 的各种组合在图中找到对应的点，将这些点连成一条线 AD 线，这条线就是预算线。这条线反映了在既定的收入以及价格水平下，消费者所能购买的两种商品最大数量的组合。线内的任何一点都是目前能够购买的数量，但消费者的全部收入在购买线内任何一点的商品组合以后还有剩余。线外的任何一点都是目前无法实现的购买数量。所以，预算线实际上也叫预算边界。

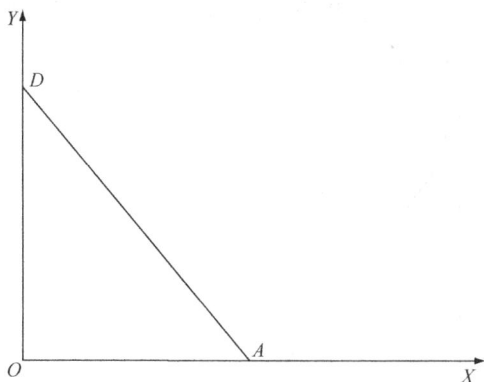

图 3-10　预算线

假定以 M 表示消费者的既定收入，以 P_X 和 P_Y 分别表示商品 X 和商品 Y 的价格，以 X 和 Y 分别表示商品 X 和商品 Y 的数量，那么，相应的预算线方程为 $M = P_X \cdot X + P_Y \cdot Y$ 或者 $Y = \dfrac{M}{P_Y} - \dfrac{P_X}{P_Y} \cdot X$ 。

该式表示：消费者的全部收入等于他购买商品 X 和商品 Y 的总支出。而且，$\dfrac{M}{P_X}$ 和 $\dfrac{M}{P_Y}$ 分别是预算线的横截距和纵截距,表示全部收入购买商品 X 或全部收入购买商品 Y 的数量。

从预算线方程 $Y = \dfrac{M}{P_Y} - \dfrac{P_X}{P_Y} \cdot X$ 告诉我们，预算线的斜率为 $-P_X / P_Y$ ，即是两种商品的价格之比。

（二）消费者预算线的移动

既然预算线是在消费者的收入和商品的价格一定的条件下，消费者所能购买到的两种商品的最大数量组合的轨迹，那么，如果消费者的收入和商品的价格发生了变化，消费者所能购买到的两种商品的最大数量组合也会发生相应变化，预算线也会因此发生位置的改变。下面主要介绍一下预算线平行移动和预算线旋转的情况：

1. 预算线的平行移动

第一种情况：预算线平行向右上方移动

如图 3-11 所示，如果预算线从 AB 平行向右上方移动到 A_1B_1 ，则意味着消费者可以购买 X 和 Y 两种商品更多数量的组合，而且预算线的斜率 $-P_X / P_Y$ 不变。而消费者能够购买到的商品数量与消费者的收入和商品的价格有关。

当 X 和 Y 两种商品的价格一定，消费者的收入 M 增加时，消费者就能购买到更多的 X 商品和 Y 商品，而且由于 P_X 和 P_Y 不变，意味着预算线的斜率 $-P_X/P_Y$ 保持不变，所以预算线会平行向右上方移动。

当消费者的收入一定，两种商品的价格 P_X 和 P_Y 同比例下降时，消费者也能购买到更多的 X 商品和 Y 商品，而且由于 P_X 和 P_Y 同比例下降，并不影响预算线的斜率 $-P_X/P_Y$，所以预算线也会平行向右上方移动。

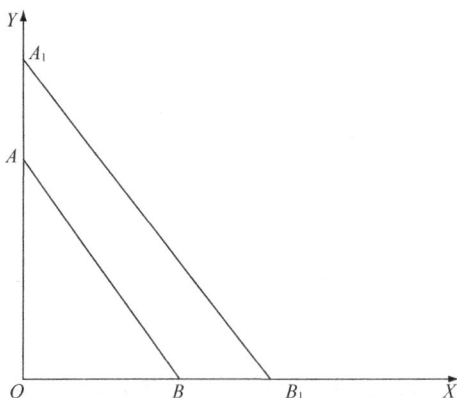

图 3-11　预算线平行移动

第二种情况：预算线平行向左下方移动

如图 3-11 所示，如果预算线从 A_1B_1 平行向左下方移动到 AB，则意味着消费者所能购买的 X 和 Y 两种商品的数量会更少，而且预算线的斜率 $-P_X/P_Y$ 也不变。

当 X 和 Y 两种商品的价格一定，消费者的收入 M 减少时，消费者所能购买的 X 商品和 Y 商品会减少，而且由于 P_X 和 P_Y 不变，意味着预算线的斜率 $-P_X/P_Y$ 保持不变，所以预算线是平行向左下方移动。

当消费者的收入 M 一定，两种商品的价格 P_X 和 P_Y 同比例上升时，消费者所能购买的 X 商品和 Y 商品也会减少，而且由于 P_X 和 P_Y 同比例上升，并不影响预算线的斜率 $-P_X/P_Y$，所以预算线也会平行向左下方移动。

2. 预算线的旋转

第一种情况：当消费者的收入 M 不变，商品 Y 的价格 P_Y 保持不变，而商品 X 的价格 P_X 发生变化。这时，预算线的纵截距 M/P_Y 保持不变，但预算线的斜率 $-P_X/P_Y$ 会发生变化，预算线的横截距 M/P_X 也会发生变化。

如果商品 X 的价格 P_X 下降，预算线的横截距 M/P_X 会增大，意味着消费者将收入全部用于购买 X 商品的数量会更多。预算线会从 AB 旋转到 AB_1，如图 3-12 所示。

如果商品 X 的价格 P_X 上升，预算线的横截距 M/P_X 会变小，意味着消费者将收入全部用于购买 X 商品的数量会更少。预算线会从 AB 旋转到 AB_2，如图 3-12 所示。

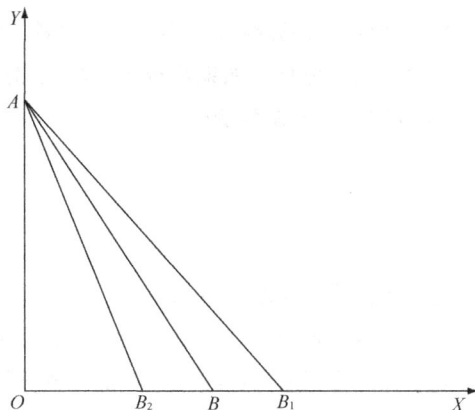

图 3-12　预算线的旋转

第二种情况：当消费者的收入 M 不变，商品 X 的价格 P_X 保持不变，而商品 Y 的价格 P_Y 发生变化。这时，预算线的横截距 M/P_X 保持不变，但预算线的斜率 $-P_X/P_Y$ 会发生变化，预算线的纵截距 M/P_Y 也会发生变化。

如果商品 Y 的价格 P_Y 下降，预算线的纵截距 M/P_Y 会增大，意味着消费者将收入全部用于购买 Y 商品的数量会更多。预算线会从 AB 旋转到 A_1B，如图 3-13 所示。

如果商品 Y 的价格 P_Y 上升，预算线的纵截距 M/P_Y 会变小，意味着消费者将收入全部用于购买 Y 商品的数量会更少。预算线会从 AB 旋转到 A_2B，如图 3-13 所示。

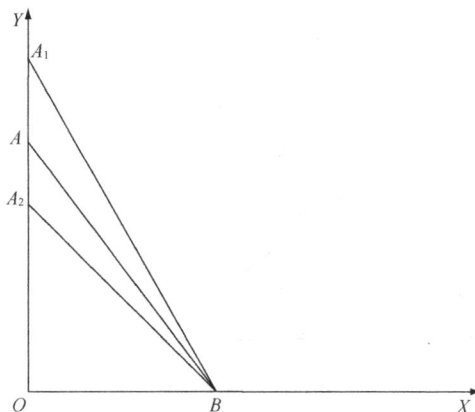

图 3-13　预算线的旋转

3. 预算线位置保持不变

如果消费者的收入 M 与两种商品的价格 P_X 和 P_Y 都同比例增加，预算线位置不发生变化。因为，消费者的收入 M 增加，消费者就能购买到更多的 X 商品和 Y 商品，P_X 和 P_Y 都同比例增加，消费者又会相应减少 X 商品和 Y 商品的购买数量，由于收入 M 与两种商品的价格按相同的比例增加，此时预算线的斜率 $-P_X/P_Y$，以及预算线的横截距 M/P_X 和

纵截距 M/P_Y 都不会发生变化。所以，预算线位置不变，消费者的全部收入用来购买任何一种商品的数量都未发生变化。同样道理，如果消费者的收入 M 与两种商品的价格 P_X 和 P_Y 都同比例减少，预算线位置也不会发生变化。

五、消费者均衡

前面我们分别介绍了无差异曲线和家庭消费预算线。无差异曲线表述了消费者偏好的特征，预算线则表明了在消费者收入和商品价格既定之下消费者选择的限制条件。将无差异曲线和家庭消费预算线结合在一起，可以用来分析消费者在预算线约束的前提下对最优商品组合的选择，即一定收入水平获得了满足最大化的消费选择。

消费者均衡

如图 3-14 所示，AB 是消费者的预算线，AB 线上的不同点是 X 和 Y 两种商品不同数量的组合，但每种组合花费的钱是一样的。而在同一个平面图上有无数条无差异曲线，每一条无差异曲线表示，线上的各点是两种商品数量组合不同但效用相同。如果把预算线和无数条无差异曲线放在同一个平面图上会形成三种关系：有的无差异曲线与预算线相交，有的无差异曲线与预算线相切，有的无差异曲线与预算线相离。为了简化起见，分别以 U_0、U_1、U_2 代表这三种情况。

在图 3-14 中，消费者会选择哪种商品的组合呢？

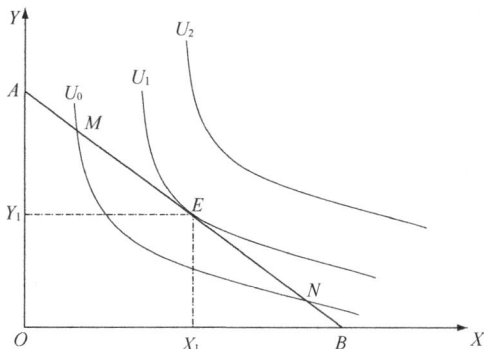

图 3-14　消费者均衡

首先，作为理性的消费者肯定不会选择预算线以内即预算线左下方区域中的任何一个商品组合，因为，该区域内的任何一种商品组合，消费者的收入都负担得起但未花完。消费者应该将其全部收入都花完以实现更大的效用。

其次，理性的消费者肯定也不会选择预算线以外即预算线右上方区域中的任何一个商品组合，因为在收入和商品价格既定的条件下，要购买该区域的任何一个商品组合都会超出消费者的收入，因而都是不可能实现的。

最后，理性的消费者必定在预算线上选择最优的购买组合，而且这个最优的购买组合只能是无差异曲线与预算线的切点所对应的商品组合。

从图 3-14 可见，M 点、N 点和 E 点都在 AB 预算线上，意味着 X 和 Y 两种商品的数量组合虽然不同，但它们都是将所有的收入花完，即所花费的钱是一样的。理性的消费者肯定是选择花同样的钱带来满足程度最大那个组合。M 点、N 点在 U_0 上，E 点在 U_1 上，$U_1 > U_0$，所以 E 点的商品组合给消费者带来的效用即满足程度大于 M 点、N 点的商品组合。虽然 $U_2 > U_1$，U_2 的效用更大，但 U_2 上各点的商品组合都是消费者现有条件下无力购买的。所以，无差异曲线与预算线的切点所对应的商品组合即 X_1 和 Y_1 能够使消费者在收入和价格一定时获得最大的效用，是消费者愿意维持的一种均衡状态，因而也就是消费者均衡的条件。

专栏 3-4

关于消费者均衡的两种分析方法比较

在西方经济学中，对于消费者均衡的研究，基数效用论用的是边际效用分析法，序数效用论用的是无差异曲线分析法。

基数效用论分析消费者均衡的条件是 $\dfrac{MU_X}{P_X} = \dfrac{MU_Y}{P_Y}$，即每一元钱无论购买X商品还是购买Y商品所带来的边际效用都是相等的。

序数效用论则认为，无差异曲线与预算线的切点所对应的商品组合能够使消费者在收入和价格一定时获得最大的效用，即是消费者均衡的状态。

这两种分析方法在结论上其实是一致的，因为，根据无差异曲线分析法，在均衡点切点上，无差异曲线的斜率和预算线的斜率是相等的。无差异曲线的斜率的绝对值实际上是商品的边际替代率 $MRS_{XY} = -\dfrac{\Delta Y}{\Delta X} = \dfrac{MU_X}{MU_Y}$。而预算线的斜率的绝对值等于两种商品的价格之比，即 P_X/P_Y。消费者的均衡条件是无差异曲线的斜率应该等于预算线的斜率，即 $MRS_{XY} = -\dfrac{\Delta Y}{\Delta X} = \dfrac{MU_X}{MU_Y} = \dfrac{P_X}{P_Y}$。

而 $\dfrac{MU_X}{P_X} = \dfrac{MU_Y}{P_Y}$ 或 $\dfrac{MU_X}{MU_Y} = \dfrac{P_X}{P_Y}$ 正是基数效用论分析消费者的均衡条件。可见，序数效用论和基数效用论虽然用了两种不同的方法来研究消费者的行为，但其分析结论是一致的。

案例与拓展[1]

拓展资料：车牌靓号拍卖与消费者剩余

资料来源：根据《南方日报》《羊城晚报》的新闻报道进行整理汇编。

一、90万元能买什么？

都说在广州车位比车还贵，但也有车主独爱"心水"车牌。

据《南方日报》记者报道，在广州市第36期小汽车吉祥号牌号码公开竞价会上，100个吉祥号车牌全部被拍出。其中，粤A8888Y以60.9万元的落槌价成为最贵靓号。当天，保时捷、玛莎拉蒂、法拉利……聚集竞拍会现场，有的车主提前一个多小时登记入场。拍卖会还没开始，一些车主就已经在闲聊中"刺探敌情"。在拍卖师宣读完注意事项之后，激烈的竞价氛围就紧随而至。粤AV666V在30秒内就应价20次，高出底价20倍。当粤A8888Y出现后，"5万元、10万元、16万元、18万元、24万元……"应价一路跃升至28万元，经过车主们30多个来回的"拉锯战"，竞拍价最终突破50万元大关。138号车主和116号车主仍不罢休，两人再次展开争夺。当138号买家喊出"60万"试图一锤定音时，116号车主再次举牌并以60.9万元最终拍得心水之选。

值得一提的是，这次拍卖现场并不是竞争最激烈的，60.9万元也并非史上最高标王！《羊城晚报》也曾报道，在广州举行的34期靓号拍卖现场，拍卖更是异常火爆，在离竞拍开始还有一个小时，报名大厅外已挤满了等待人群。拍卖开始，珠江宾馆会议中心座无虚席。拍卖师每宣布一个靓号，最少都有五个人举牌，至少要经过三四十轮的竞价，花落谁家才见分晓。最后经过近四个小时的竞价，100个靓号被全部抢光，总成交价高达1470.8万元，创出历史新高。其中8888V、9999V、6666V分别以90.1万元、88万元、59.1万元的高价成为三甲。靓号自然配豪车，据悉，此次拍卖状元8888V配劳斯莱斯幻影、"探花"6666V配保时捷帕纳美纳，而"榜眼"9999V却是配一辆二手车，并且无型号，显得神秘莫测。90万元可以买什么？可以买一辆中档奔驰车，可以买市区几十平方米左右的房子，而一个车牌号就拍了90万元！

类似的拍卖活动还有很多。如某市公开拍卖4241平方米住宅用途土地使用权，底价200万元，27家国内外企业竞买，最后以2000万元成交，折合楼面地价2597元/平方米，这个价格按照当时建住宅的市场行情来看肯定是亏损的。但后来竞买人称拍卖价格比他们预期的还低25%。原来该企业有许多外国专家，长期以来一直租住高档宾馆，费用很高，竞买该地建专家楼比租住宾馆更合算。

二、拍卖对买者和卖者意味着什么？

一般来讲，买者在拍卖前都会确定自己竞买的最高出价，即"心理价格"。心理价格是由买者对某件物品的市场价格和增值潜力的判断，以及个人的偏好程度等几方面因素形成的，这些因素和心理价格成正比关系。每个人对竞买品的效用大小衡量是不同的。如果竞买者认为效用大，心理价格就高。竞价时，感觉到消费者剩余多，就会屡出高价。

从竞价技巧来讲，在拍卖场上，竞买者应冷静观察场上的竞价情况，稳定自己的心态，守住心理价格，竞价时尽可能地增加自己的消费者剩余。当价格接近心理价位时应谨慎，避免受拍卖场上竞价气氛的影响，盲目超出心理价位的界限。

然而，在竞买现场，虽然每个竞买人都理智地对拍品有理性的估价，但拍卖是一个与其他竞买者博弈的过程，当对方报出一个价格后，必须在极短的时间做出决定，而该决定可能没有经过深思熟虑，甚至可能是受其他竞买者的举动影响而盲动的，结果可能是使卖方获得了更多的消费者剩余。

案例与拓展[2]

拓展资料：从盼春晚到吐槽春晚与边际效用递减规律
资料来源：收集资料自编

一、从观众视角看春晚

央视春晚在 1983 年第一次进行现场直播后，人们欢呼雀跃，晚会的节目成为全国老百姓在街头巷尾和茶余饭后津津乐道的题材。之后，一家人守在电视机前看一场央视春晚成为老百姓每年除夕夜的视听盛宴，更成了华人的年夜饭。

然而，随着时间的推移，春晚已走过了三十多个年头，其自身的吸引力在逐年下降。人们对春节联欢晚会的评价也越来越差。有数据显示，2010 年虎年春晚总收视率为38.26%，2012～2015 年则一直呈下降趋势。

2016 年春晚前，央视在地铁上打起了广告，宣传"CCTV 微视"手机 APP。CCTV 微视在直播春晚的同时设有聊天室供网友评论。有人认为，这是以另一种方式——"吐槽"来吸引观众看春晚，将其当成维持春晚收视率的手段之一。

微博作为网友围观讨论春晚的主要平台，在 2016 年除夕夜玩出新花样。微博联合企业、明星连续 14 天给网友发红包，并推出全球华人共迎新春的全民红包活动。除夕当天，还特别邀请 100 多位段子手和明星名人，在微博上讨论春晚。在春晚直播期间实时发布视频点评，用户也可以发图片聊春晚。为了鼓励网友"吐槽"的热情，微博拿出百万巨奖，奖励春晚"神点评"。在微博"吐槽"春晚，已经成为网友必不可少的年夜饭。2016年羊年春晚直播期间，3470 万网友参与微博互动，总互动量达到 6941 万，讨论春晚的微博达到 4505 万条，相关话题总阅读量达到 41.5 亿。不少人的除夕之夜都是在狂点红包中度过的。

看来，从观众视角看，人们已从盼春晚到渐渐吐槽春晚，要改变春晚遭吐槽的命运似乎已成了一块难啃的骨头。

二、从经济学视角看春晚

从经济学的角度来看，春晚现象与边际效用递减规律有关，即在其他条件不变的前提下，当一个人在消费某种物品时，随着消费量的增加，由于生理和心理的原因，消费者从中得到的边际效用也就是增加的满足感是越来越少的，这是一种普遍存在的现象。因此，我们也就不难理解，第一届春节联欢晚会能让我们欢呼雀跃，但举办次数多了，由于刺激反应弱化，春晚给人们增加的满足感就越来越小了。

春晚年复一年地办下来，投入的人力物力越来越大，技术效果越来越先进，场面设计越来越宏大，节目种类也越来越丰富。但发展到了一定水平，要再创新难度加大。在春晚内容和形式没有多少创新空间的情况下，观众从中增加的满足感逐渐下降，评价自然也会越来越差。也难怪一些网络评论家们每年也都宣布"今年的春晚最难看"。

其实，以现在的眼光看，第一届春晚应该是一台"土"到雷人的晚会：在 600 平方米的演播室，所有的工作人员加起来不到 60 人，演员少、穿着俭朴。李谷一个人就演唱了 7 首歌，摄像机找不到焦点，一段并不精彩的相声……

但这样的第一届晚会为什么能给当时的观众带来极大的满足呢？原因是，第一届春晚开创了一个新时代：在形式上，它是我国第一次现场直播、第一次观众参与点播互动、第一次设立晚会主持人；在内容上，春晚现场解禁"靡靡之音"。在那个年代，大部分是鼓舞人们斗志的雄壮歌曲，李谷一的一曲《乡恋》抒发了人们的个人情怀，舒缓了人们压抑已久的情感，可以去想个人的幸福，也可以有个人的追求。这样一台完全以欢歌笑语为核心的晚会，颠覆了人们传统的习惯，给人耳目一新的感觉。因此，第一届春晚无论在内容还是形式上都是一种突破。

随着观看次数的不断增加，如何让观众从"春晚"中再增加满足感呢？经济学告诉我们，只有通过不断创新：一是对产品内容和形式创新。即使是同类产品，只要有独到之处，就不会引起边际效用递减。二是要多开发新产品。因为当消费者持续消费一种商品时，它带给消费者的边际效用就在递减，从中增加的满足感就会下降。

▶ **案例与拓展**[3]

拓展资料：水与钻石的"价值悖论"在经济学上的解释

资料来源：保罗·萨缪尔森，威廉·诺德豪斯. 微观经济学[M]. 北京：华夏出版社，2002. 70～71 页.

一、"价值悖论"的困惑

200 多年前，亚当·斯密在《国富论》中提出了价值悖论：没有什么能比水更有用，然而水很少能交换到任何东西。相反，钻石几乎没有任何实际使用价值，但却经常可以交换到大量的其他物品。换句话说，为什么对生活如此必不可少的水几乎没有价值，而只能用作装饰的钻石却索取高昂的价格？这一悖论当年困惑着亚当·斯密，今天，我们还会为此困惑吗？

二、"价值悖论"在经济学上的解释

1. 从供求关系来看

如果按价格理论，最简单的答案就是，水的供给和需求曲线相交于很低的价格水平，而钻石的供给和需求曲线决定了它的均衡价格是十分昂贵的。但为什么水的供给曲线和需求曲线相交于如此低的价格，而钻石的供给曲线和需求曲线又相交于那么高的价格？我们又会回答，那是因为钻石十分稀缺，得到钻石的成本很高；而水相对丰裕，在世界上许多地区只需花费很低的成本就可以得到它。

2. 从边际效用理论来看

美国著名经济学家保罗·萨缪尔森认为，要回答水与钻石的"价值悖论"，还必须再加上一条真理，即水在整体上的效用并不决定它的价格或需求。相反，水的价格取决于它的边际效用，取决于最后一杯水的有用性。

对于水而言，人在非常干渴的时候，喝第一杯水的时候，边际效用最大，此时水对他来说是必需品，是维持生命所必需的。喝第二杯的时候，边际效用就会降低，因为他对水的要求不会那么迫切了，接下来再喝的话，水的边际效用就更低了。虽然，水给我们带来的总效用是巨大的，没有水，我们无法生存，但我们用的水是很多的，最后一单位水所带来的边际效用就微不足道了。由于有如此之多的水，所以最后一杯水的边际效用很低，只能以很低的价格出售。即使最初的几滴水相当于生命自身的价值，但最后的一些水仅仅用于浇草坪或洗汽车。

消费者所愿意支付的价格取决于最后一单位的边际效用，边际效用大，消费者所愿支付的价格高，边际效用小，消费者所愿支付的价格低。在一定时间内，在其他商品的消费数量保持不变的情况下，随着消费者对某种商品消费数量的增加，消费者从该商品连续增加的每一消费单位中所得的效用增量即边际效用是递减的，因此，消费者随着商品消费数量的增多，所愿意支付的价格越来越低。

3. 从消费者均衡条件来看

根据消费者均衡的条件，消费者为了获得效用最大化，会使得自己花费在各种商品

上的最后一元钱所带来的边际效用相等，且等于货币的边际效用 λ，即

$$\frac{MU_X}{P_X} = \frac{MU_Y}{P_Y} = \lambda$$

所以，在其他条件一定时，某商品的价格是由边际效用决定的，即由 $P_X = \dfrac{MU_X}{\lambda}$ 决定的。由于水相对于钻石而言如此丰富，所以最后一杯水的边际效用（MU_X）很低，只能以很低的价格出售。而钻石相对于水的数量很少，边际效用很大，所以以很高的价格出售。正是巨额的数量使某种商品的边际效用大大减少，因而降低了某些重要物品的价格。这也是为什么必不可少的物品，如空气，却成为了免费物品。

本章要点

1. 效用

效用是指消费者在消费某种物品或劳务时所感觉到的满足程度。效用具有主观性，是消费者对物品满足自己欲望的能力的一种主观评价。

2. 基数效用论和序数效用论

基数效用论和序数效用论是两种研究消费者行为的理论。基数效用论者假设效用是可以衡量并加总求和的，在这样的假设基础上，基数效用论用边际效用分析方法来解释消费者的行为；序数效用论者认为，效用既不能衡量大小也不能加总求和，效用只能排序。序数效用论者运用无差异曲线的分析方法来分析消费者的偏好和选择，并运用这一工具推导出消费者行为的主要结论。

3. 边际效用递减规律

所谓边际效用递减规律是指：在一定时间内，在其他条件一定的时候，随着消费者对某种商品消费量的增加，消费者从该商品连续增加的每一单位的消费中所得到的满足程度越来越小，即边际的效用量是递减的。

4. 总效用 TU 和边际效用 MU 的关系

在其他条件一定时，消费者连续消费某种商品，边际效用是递减的。当 $MU > 0$ 时，TU 递增；当 $MU = 0$ 时，TU 达到最大；当 $MU < 0$ 时，TU 递减。

5. 消费者剩余

消费者购买一定数量的商品所愿意支付的最高价格总额与其实际支付的价格总额之间的差额就是消费者剩余。消费者剩余只是消费者心理上满足的感觉，并不意味着消费者增加了实际的货币收入，消费者剩余为负数也不是实际货币收入的减少。

6. 无差异曲线及其特征

无差异曲线是指在一定的条件下，能给消费者带来相同效用水平的两种商品不同组

合的曲线。无差异曲线的特征是：无差异曲线向右下方倾斜，斜率为负；无差异曲线是凸向原点的；在同一平面图中，有无数条无差异曲线，离原点越远的无差异曲线代表的效用水平越高；同一平面图上的任意两条无差异曲线不会相交。

7. 边际替代率递减规律

所谓边际替代率是指在偏好与效用水平既定不变的条件下，消费者增加一单位某种商品的消费数量时所要放弃的另一种商品的消费数量。在总效用水平不变的前提下，随着某种商品消费量的连续增加，消费者为了增加一单位该商品的消费数量所愿意放弃的另一种商品的消费数量越来越少。边际替代率的公式：$MRS_{XY} = -\dfrac{\Delta Y}{\Delta X} = \dfrac{MU_X}{MU_Y}$

8. 预算线

预算线表示在既定的收入以及价格水平下，消费者所能购买的两种商品的最大数量组合。它反映了家庭在消费商品时要受到收入和商品价格的约束。

9. 消费者均衡

消费者均衡是研究在收入和商品价格一定的时候，消费者如何把有限的货币收入分配在各种商品的购买中以获得最大的满足。

基数效用论是用边际效用分析方法来研究消费者均衡，其均衡的条件是：在价格和消费者收入一定时，当花费在任何一种物品上的最后一元钱所得到边际效用正好等于花费在其他任何一种物品上的最后一元钱所得到边际效用时，该消费者就达到了满足程度的最大化或效用的最大化，这种等边际准则就是实现了消费者均衡的条件，即

$$\frac{MU_1}{P_1} = \frac{MU_2}{P_2} = \cdots = \frac{MU_n}{P_n} = \lambda$$

序数效用论者运用的是无差异曲线的分析方法来研究消费者均衡，把无差异曲线和预算线画在同一个平面坐标系中，预算线必与无数条无差异曲线中的一条相切，这一切点所对应的商品组合就是能够使消费者在收入和价格一定时获得最大效用的商品组合，是消费者愿意维持的一种均衡状态。

关键概念

效用	边际效用	总效用	消费者均衡	消费者剩余
无差异曲线	预算线	边际替代率		

习 题 三

一、选择题

1. 总效用曲线递增时，（   ）。

A. 边际效用曲线达到最大点　　　　　B. 边际效用为零

C. 边际效用大于零　　　　　　　　　D. 边际效用小于零

2. 同一条无差异曲线上的不同点意味着（　　　）。

A. 效用水平不同，两种商品的组合比例也不相同

B. 效用水平相同，但所消费的两种商品的组合比例不同

C. 效用水平不同，但所消费的两种商品组合比例相同

D. 效用水平相同，两种商品的组合比例也相同

3. 无差异曲线上任一点上商品 X 和 Y 的边际替代率是等于它们的（　　　）。

A. 数量之比　　　　　　　　　　　　B. 边际效用之比

C. 边际成本之比　　　　　　　　　　D. 总效用之比

4. 如果收入不变，商品 X 和 Y 的价格按相同的比率下降，预算线（　　　）。

A. 向右上方平行移动　　　　　　　　B. 向左下方平行移动

C. 不变动　　　　　　　　　　　　　D. 向左下方或右上方平行移动

5. 在消费者均衡点上预算线的斜率（　　　）。

A. 大于无差异曲线的斜率　　　　　　B. 小于无差异曲线的斜率

C. 等于无差异曲线的斜率　　　　　　D. 以上都有可能

6. 已知消费者的收入是 100 元，商品 X 的价格是 3 元，商品 Y 的价格是 5 元。这时所购买商品 X 和 Y 的边际效用分别是 30 和 10，如要获得最大效用，他应该（　　　）。

A. 减少 X 的购买量，增加 Y 的购买量　B. 增加 X 的购买量，减少 Y 的购买量

C. 同时增加 X 和 Y 的购买量　　　　D. 同时减少 X 和 Y 的购买量

7. 若无差异曲线上任何一点的斜率等于-1/3，这意味着消费者有更多的 X 时，他愿意放弃（　　　）单位 X 而获得一单位 Y。

A. 1/3　　　　　　B. 1　　　　　　C. 3　　　　　　D. 2

二、计算题

1. 已知某消费者的收入为 540 元，该消费者的效用函数 $U=3XY$，两种商品的价格分别为 $P_X=20$ 元，$P_Y=30$ 元，求消费者获得的最大效用时两种商品的购买量各是多少？该消费者所能获得的最大效用是多少？

2. 已知消费者的收入为 80 元，X 商品的价格是 20 元，Y 商品的价格是 10 元，X 和 Y 两种商品不同数量的边际效用如下表所示，求消费者均衡时所购买的 X 商品和 Y 商品的数量各是多少？均衡时货币的边际效用是多少？

Q_X	MU_X	Q_Y	MU_Y
1	16	1	10
2	14	2	8
3	12	3	7.5
4	5	4	7

续表

Q_X	MU_X	Q_Y	MU_Y
5	2	5	6.5
6	1	6	6
		7	5.5
		8	5
		9	4.5
		10	4

3．已知消费者对两种商品的的效用函数是 $U=XY$，预算约束方程是 $M=P_XX+P_YY$（M 为消费者的收入，X 和 Y 分别是两种商品的数量，P_X 和 P_Y 是两种商品的价格），求证：在效用最大化条件下对这两种商品的需求函数分别是 $X=M/2P_X$ 和 $Y=M/2P_Y$。

三、讨论题

1．亚当·斯密在《国富论》中提出了价值悖论：没有什么能比水更有用，然而水很少能交换到任何东西。相反，钻石几乎没有任何实际使用价值，但却经常可以交换到大量的其他物品。换句话说，为什么对生活如此必不可少的水几乎没有价值，而只能用作装饰的钻石却索取高昂的价格？请运用经济学知识解释这一价值悖论。

2．如果将高工资人员的一部分收入转移给低工资人员，这一措施能否增加全社会的总效用？请根据边际效用递减规律（假定货币的边际效用也递减）加以分析说明。

3．假如你只有有限的可利用时间，为了使你在各门功课中获得的知识量最大化，你应该在每一门功课上花费相同的学习时间吗？

第四章 生产理论

现代经济拥有丰富多彩的生产活动。农民使用土地、劳动、化肥和种子，将它们变成大米或小麦。企业投入能源、机器设备、原材料和劳动，生产出汽车、冰箱、洗衣机或面包。航空公司使用飞机、燃油、计算机网络订票系统及劳动，可以向旅客提供便捷的航班服务。它们拥有一定数量的投入时能够得到多少产出呢？其投入量与产出量之间究竟具有怎样的关系？再比如，假设你在学校拥有经营食品的特许权，向学生出售热狗、豆浆、红豆沙等甜品，你需要投入什么？如果热狗的需求下降，你在短期能够采取什么措施来降低产量？如果是长期呢？我们通过学习生产理论，能够更清晰地认识和回答这些问题。经济学假设企业都是理性的，厂商生产的目标都是为了实现利润最大化，总是力求做到最有效率的生产，即在投入量一定的时候，试图生产出最大的产量，或在产量一定的时候使投入量最小。生产理论通过研究生产中投入量和产出量的关系，揭示出了短期的边际报酬递减规律和长期的规模报酬变化的规律，帮助企业在短期生产中寻找一种可变生产要素的最佳投入，在长期生产中实现生产要素的最优组合和最佳生产规模。生产理论中的许多规律是对现实的生活和生产的经验总结，认识和把握这些规律对我们理解许多经济现象，指导我们自觉地按经济规律办事，少走弯路具有重要的意义。

第一节 企业及其目标

企业的生产经营目标是什么？企业承担社会责任与追求利润最大化的目标矛盾吗？

一、企业及其组织形式

企业即生产者或厂商（Firm），是一种投入生产要素并生产出产品或劳务的生产经营性组织。

企业存在有许多理由，企业可以利用大规模生产提高效益、筹集资金和组织生产；企业可以有效地组织工人，购买生产要素，协调生产过程。市场经济中的生产活动就发生在多种多样的企业组织之中。当今世界上，企业的组织形式主要有三种：个人业主制、合伙制和公司制。

（一）个人业主制

个人业主制是只有一个所有者的企业，是一种单个人独资经营的厂商组织。不存在所有权和经营权相分离，该业主往往既是所有者又是经营管理者。他可以获得全部的利润，也要承担所有的亏损，能真正"自主经营、自负盈亏"。该种形式的企业，规模一般较小，便于管理。典型的个人业主制如个体工商户、个人开业的医生或艺术家。个人业主制的缺点主要是在债务上具有"无限责任"，企业要用自己的全部财产承担其所有债务，即业主的一切财产，除了极少量之外，都可以而且必须被用来抵偿企业的债务。而且，由于规模较小，竞争力较弱，容易破产。

（二）合伙制

合伙制是两个人或两个人以上合资经营的厂商组织。合伙制必须在管理体制、利润分享等方面达成一致意见。与个人业主制相比，合伙制企业的规模要大些，专业化分工与合作得到加强，竞争力有所提高。但合伙制企业的主要缺点是无限连带责任，如果某一合伙人在合伙制企业中的份额是1%，当企业失败时，应该赔偿1%的亏损，其他合伙人赔偿99%。但如果其他合伙人无力偿还的话，该合伙人就要承担起所有的债务，从而可能导致倾家荡产，所以风险较大。而且，合伙人之间的契约关系欠稳定，如果合伙人退出会引起资本短缺。再有，多个所有者参与管理，达成一致意见缓慢而昂贵，存在如何协调和统一的问题。合伙制企业的资金和规模有限，在一定程度上会限制生产的进一步发展。

（三）公司制

公司制企业指按公司法建立和经营的具有法人资格的厂商组织。公司的最大优点是享有"有限责任"的权利，即每一个公司所有者对公司承担的责任严格地限于其出资的数量，这样会使风险降低。公司比较容易通过发行股票、出售公司债券、向银行贷款等方式募集大量的资金，使公司制企业可以以较低的成本得到大量资本，因而资金往往比较雄厚，有利于采用现代技术设备，进行专业化分工和协作，满足企业大规模生产的需要。在管理体系上，公司管理权和所有权相分离。所有权属于股东，从原则上讲，股东控制公司，按照他们所拥有的股票量来分取红利，并选举董事会成员，对许多重要问题进行投票表决。但由于大公司的股东太分散，往往不能左右由董事会聘请的拥有经营权的经理们，因此，股东并不能真正控制公司。关于公司生产什么和如何生产等制定公司决策的合法权利，由公司的经理和董事会控制与掌握。管理权和所有权相分离，使大公司的管理也比个人业主制复杂而严密，专业化的管理可以超越所有者能力的限制，提高管理的水平，提高企业生产的效率。所以，公司是一种重要的现代企业组织形式。该组织形式相对稳定，有利于公司的长期稳定发展。

但公司组织如果规模过于庞大，也会给内部的管理协调带来一定的困难；公司所有权和管理权的分离，也容易出现管理者与所有者意愿不一致甚至冲突等一系列的问题。

二、企业的经营目标

微观经济学的一个基本假定是完全理性的经济人的假定，即假设所有经济活动的参与者都是力图用最小的代价去获得最大的利益。这一假定在生产理论中的具体化就是，假定厂商的目标都是追求利润的最大化。

假定厂商的目标是追求利润的最大化，这对于业主制和合伙制企业来说是毫无疑问的。但对于公司来说，情况就会变得更为复杂，似乎存在目标多元化的倾向。由于公司的所有者与管理者的分离，以及信息的不完全性，有时会出现经营者与所有者目标的偏离。公司股东追求的是红利的最大化，企业盈利最大化。管理者更关心的则是个人效用的最大化，他们也可能为了追求自己的业绩，提高自己的收入和社会影响力，关注的是如何把企业规模做大，扩大产品销售的市场份额，可能会为了企业的短期利益而牺牲了企业的长期利润目标。而企业员工关心的是个人收入的最大化。

但是，公司目标的多元化倾向只是表面的或暂时的，因为最终都要受到利润最大化目标的制约。从长期来看，企业如果不以利润最大化为目标的话，终将被市场竞争所淘汰。管理者要把企业规模做大，扩大产品销售的市场份额，最终都必须建立在盈利的基础上，否则缺乏效益，盲目扩大生产规模和市场份额是不能长久的。经理也可能因经营不善遭到董事会解雇，更谈不上个人效用的最大化。因此，经理对利润最大化目标的偏离会受到制约。而企业员工收入的最大化目标更是与企业的经济效益密切相关，离开了企业利润最大化这个基础，提高员工收入就是一句空话。所以，在现实中，企业家的经营活动也许有不同的目标，但我们在分析生产者行为时，假设厂商生产的目标都有一个共性，就是追求利润的最大化。

三、企业的社会责任

随着现代经济社会的发展，许多有识之士普遍认为，企业以利润最大化为目标，但不能忘了企业应承担的社会责任。"企业社会责任"的概念最早由西方发达国家提出，但随着国际间经济文化的交流，企业应承担社会责任的思想在我国也已深入人心。虽然学术界对什么是企业社会责任众说纷纭，但总结起来，企业的社会责任大体应包含以下几个方面：

（一）对消费者的责任

现实中，一些企业不能正确解决企业与消费者的矛盾。他们往往唯利是图，自私自利，为消费者提供不合格的服务产品或虚假信息，大肆生产假冒伪劣产品，欺骗消费者，不正当地攫取消费者的利益，使消费者的财产、健康乃至生命受到损害。这是企业严重缺乏社会责任感的表现。企业作为生产经营性组织，它的目标是获得利润最大化，这是毫无疑问的。但同时，企业决不能忽视自己所应承担的社会责任。企业首要的社会责任就是为社会创造财富，提供合格的物质产品和劳务，不断改善人民的生活水平，对消费者负责，努力按照《中华人民共和国消费者权益保护法》《中华人民共和国产品质量法》的规定维护消费者的利益。

（二）对企业员工的责任

企业员工是企业大家庭的一员，是企业开展生产经营活动的主力军，为企业的生存和发展做出了重要贡献，企业理所当然应对员工承担起相应责任。除了按法律的规定支付薪酬之外，还应自觉遵守《中华人民共和国劳动法》、SA8000 认证等规定的强制性和道义性劳动标准，切实承担起保障职工的生活福利、生产安全、职业健康、技能培训、社会保险等社会责任，维护企业员工的合法权益。

（三）对保护生态环境的责任

随着工业文明的发展，生态环境加剧恶化，保护生态环境的责任业已凸显为企业社会责任的核心内容。从客观上来看，企业作为社会的最主要的经济实体，在为社会生产产品、提供服务的同时，又不可避免地会排出废气、废水、废渣等副产品，给社会生态环境带来了不良后果。从主观上来看，一些企业生态责任严重缺失又是生态危机严峻化的主要根源。因此，生态环境持续恶化的原因尽管是复杂的，但不可否认，企业是生态危机的主要责任者。

（四）对社会公益和慈善事业的责任

企业发展的成功离不开社会的支持，企业的财富来源于社会，因此，企业理应承担对社会公益和慈善事业的责任。应该以合乎道德的行动回馈社会。同时，企业关心社会公益和慈善事业也是现代商业文明和构建和谐社会的要求。企业在追求利润的同时，兼顾社会发展目标，对于缩小贫富差别、缓和社会矛盾、促进社会的稳定与和谐都有积极意义。

从表面上和短期来看，企业承担社会责任将实实在在地增加企业的成本支出，包括维护消费者权益及改善员工待遇和福利的成本、环境责任成本，以及公益慈善捐赠所增加的社会成本等，会导致企业利润的减少。

从本质上和长远来看，企业承担社会责任与追求利润的最大化并不矛盾。首先，企业对消费者负责，就要为消费者提供充分的好的产品，这样的产品才能在市场上卖出好价格，企业的"利"自然也就在其中。如果企业生产出假冒伪劣产品坑害消费者，企业最终会被市场所抛弃，甚至受到法律的制裁，哪里还有利润最大化可言。其次，企业对员工负责，关心员工的利益和各种合法权益，更能激发员工的生产积极性，提高劳动的效率，从而为企业创造更多的财富。再次，企业承担保护生态环境的责任，节约资源，提高对资源的利用效率，低碳排放，按最优化原则利用和配置资源，从长远来看，有助于降低企业的生产成本，有利于改善生态环境，使企业获得可持续的发展，从而获得更多的利润。最后，如果企业在谋求经济利益的同时，自觉履行道德义务，担负社会责任，积极推动和参与济困、助学、赈灾、扶贫等各类社会公益事业，回报社会，就可以树立企业良好的社会形象，从而提高企业产品和服务的声誉，为未来利润的增长拓展新的空间。

专栏 4-1

利润最大化与企业责任不冲突

虽然这场数十年来最严重金融危机的影响已经逐渐消褪，但关于全球经济基本面的争论还远未结束。事实上，关于公司应该把利润还是公共利益放在第一位的议题，正掀起新一轮讨论热潮。

成功的管理者认识到企业既是经济实体又是社会实体，因此没有任何一个利益相关者可以被忽视。正如我四十多年前所写，一个公司"就像一个器官……依赖于几条动脉"，如果希望实现自身的生存和成长，就必须维持所有这些血管的健康。

这听起来简单，但有时当公司股东需求与员工、客户或者当地社区的利益相冲突时，则会变得棘手。但好消息则是在任何这样的冲突中，存在着一个明确的、统一的目标——确保公司长期兴旺发展。这首先要求公司盈利，但盈利不仅限于盈利本身，而且是帮助管理者确定最有效利用资源和评估公司竞争力和生命力的工具。因此相比于仅仅支付股息，公司应该使用利润来支撑自身的长期生存能力。

盈利能力、增长和风险防范，对巩固一个公司的长期兴旺发展态势至关重要。但是如果说这三个因素构成了公司的"硬实力"，那公司还需要"软实力"——以实现公司的社会责任来赢得公众的信任和接受。只有当一个公司获得了公众的信心——它的"经营许可"，那它的管理者才可以为所有利益相关者创造长期价值，包括股东。

简而言之，真正的冲突不是利润最大化和社会责任之间的矛盾，而是短线和长线思维之间的抉择。在某种意义上这是一个更容易解决的冲突。毕竟一个目光短浅的操作手法不仅削弱了公司的前景，还会威胁到整个经济。事实上2008年把全球金融体系推向崩溃边缘的危机，在很大程度上正是源自于经理人为了实现自身奖金分红的最大化，而不负责任地奋力推高股东的短期利益。

为了使公司的运营能满足所有利益相关者的长远利益，企业决策必须考虑一个公司生存的四个先决条件：盈利能力、增长、风险防范以及公众的信任。鉴于满足这些先决条件中的一个往往会增加其他三者的成本，就需要对这个系统进行不断的调整和妥协。

我们曾遇到这样的情形，企业面对满足股东期望的压力，要支持盈利能力和增长，却面临承担过度风险和失去公众信心的问题。如今企业需要通过满足所有的利益相关者的合法期望来努力减少风险和建立信任，包括减少它们的活动对环境的负面影响和创造高质量的就业机会。

企业社会责任不仅限于公司如何做生意，企业应该使用他们的核心竞争力来解决当今最紧迫的社会问题。幸运的是，越来越多的企业具备社会责任感。通过与政府、国际组织、公民社会合作，企业开始协助处理如社会融合这类的重大挑战，创建必要的体系为最急需帮助的人提供教育和医疗资源。这些公司正在微观和宏观层面上实施利益相关者的概念，回应员工、客户、社区的要求，从而强化它们自身的品牌。通过这些手段，这些公司有力地回应了自身应当在社会中扮演何种角色的问题。更重要的是，它们也向其他企业展示了推动公共利益的事业是值得的。

节选自：克劳斯·施瓦布，《利润最大化与企业责任不冲突》，
中国证券报，2014年12月19日。（作者系世界经济论坛创始人兼执行主席）

第二节　生产函数

企业生产要素的投入量对产出量会产生怎样的影响？生产的短期与长期是不是一个确切的自然时间跨度？其特定的经济含义是什么？

一、生产的含义及生产的要素

1. 生产的含义

所谓**生产**是指一切能够创造或增加效用的人类活动。企业的生产过程也就是把投入转变为产出的过程。

2. 生产的要素

企业在生产过程中所需投入的生产要素包括劳动、资本、土地和企业家才能四大类，统称为"生产四要素"。其中，劳动是指劳动力的数量与质量，包括体力劳动和脑力劳动；土地是一个广义的概念，不仅仅指泥土地，而是泛指一切自然资源，如山川、河流、矿藏、森林等；资本是指厂房、设备、机械、工具等资本品；企业家才能是指其创新与经营管理企业的能力。在生产的四要素中，企业家往往才能起着至关重要的作用，是生产好坏的关键因素。通过对生产要素的组合与运用，厂商可以为市场提供各种实物产品和劳务。

二、生产函数及其表达形式

1. 生产函数

企业对生产要素的投入量会对产出量产生相应的影响，因此，生产过程中对劳动、资本、土地和企业家才能等生产要素的投入量和产品的产出量之间存在函数关系，这种产品产出量与为生产该产品所需投入的要素量之间的关系就是**生产函数**（Production Function）。

生产函数

2. 生产函数的表达形式

如果用 Q 代表产出量，L、K、N、E 分别代表生产中所投入的劳动、资本、土地和企业家才能，则生产函数的表达形式可写为 $Q = f(L, K, N, E)$，为了简化起见，微观经济学在分析生产函数时，一般又假定技术不变，土地和企业家才能是一定的，则产出量就是一定的劳动和资本投入的函数，生产函数的一般表达式也就可以简写为 $Q = f(L, K)$。该生产函数式表明，在一定的技术水平条件下，生产 Q 的产量，需要一定的劳动数量和资本数量的组合。或者已知劳动与资本的数量组合时，也可以推算出最大的产量。

3. 齐次生产函数

生产函数反映了产量与要素投入量之间的关系。如果生产要素的投入量变化 λ 倍，产量也同方向变化 λ^n 倍，这样的生产函数为齐次生产函数。如果 $n=1$，则为线性齐次生产函数。

在齐次生产函数中，柯布—道格拉斯生产函数是其中一种著名的生产函数。该生产函数是由数学家柯布和经济学家道格拉斯在20世纪30年代初提出来的。他们根据1899～1922年美国的工业生产统计资料，得出了这一时期美国的生产函数为：

$$Q = AL^\alpha K^\beta$$

公式当中的 Q 为产量；L 和 K 分别为劳动和资本投入量；A、α 和 β 为三个参数，A 代表技术水平，$\alpha + \beta = 1$，α 和 β 分别表示劳动和资本在生产过程中的相对重要性，α 为劳动所得在总产量中占的份额，β 为资本所得在总产量中所占的份额。柯布和道格拉斯通过对有关经济资料的分析计算出，A 为 1.01，α 约为 0.75，β 约为 0.25。这样，柯布—道格拉斯生产函数的具体形式是：$Q = 1.01 L^{0.75} K^{0.25}$。

柯布—道格拉斯生产函数被认为是一种很有用的生产函数，因为该函数以其简单的形式描述了经济学家所关心的一些性质。该生产函数中的 $\alpha + \beta = 1$，显示了规模报酬不变的性质。此外，根据参数 α 与 β，还可以判断规模报酬的其他情况。若 $\alpha + \beta > 1$，则为规模报酬递增；若 $\alpha + \beta < 1$，则为规模报酬递减。有关规模报酬的问题在本章最后一节将做专门的介绍。

一家发电厂、一家饭馆、一所学校或医院都必然具有一个各自的生产函数。但任何生产函数都以一定时期内生产技术水平不变作为前提条件的。如果生产技术水平发生了改变，原来的生产函数也会发生变化，代之以新的生产函数。新的生产函数意味着相同的生产要素投入量可能生产出更多或者更少的产出量。所以，不同的生产函数代表了不同的生产方法和技术水平。当今世界，科学技术飞速发展，像通信和生化技术等，随着时间的推移，原来的生产函数很快就会被淘汰。还有些生产函数只适用于特定的地点如医学实验室，若换个地方也就变得毫无用处。但无论如何，经济学家们还是发现，在特定条件下，生产函数对于描述企业生产能力还是十分有用的。

三、生产的技术系数

（一）技术系数的含义

生产过程中各种生产要素之间的配合比例叫做技术系数。如果在生产中劳动需要 3 个单位，资本需要 1 个单位，劳动和资本的配合比例是 3：1，这就是技术系数。在不同行业中，各种生产要素的配合比例是不同的。即使是同一个行业在不同的时期的生产要素的配合比例也可能不同。

（二）技术系数的种类

技术系数可以分为两种基本类型：可变技术系数和固定技术系数。

1. 可变技术系数

可变技术系数是指生产产品时所需的各种生产要素的配合比例能够变动，这种技术系数可以改变的生产函数称为可变配合比例生产函数。可变技术系数又有两种情况：

第一种情况：在其他生产要素投入量不变的情况下，不断地增加某一种生产要素的投入量。假如资本的投入量不变，不断地增加劳动的投入量，则劳动和资本的配合比例就是可变的。像在一定的耕地面积上不断地增加劳动就属于这种情况。在微观经济学中，对该种可变配合比例生产函数所要研究的问题主要是，在其他生产要素不变的情况下，增加某一种生产要素对产量的影响，以及该种可变生产要素的投入量多少是合适的。

第二种情况：生产某种产品所需的生产要素之间具有某种替代性，如果减少某种生产要素的投入量，可以通过增加另一种生产要素的投入量来替代，但产量仍维持不变，那么，这两种生产要素的配合比例就是可以变动的。对于许多产品的生产而言，劳动和资本在一定程度上是可以互相替代的，既可以多用资本少用劳动，也可以少用资本多用劳动。例如，在发达国家，挖一条沟渠，可以用一台现代化的挖掘机和两个工人的劳动。而在一个发展中国家挖一条同样的沟渠，可能需要 50 个工人的劳动，每个人用一把锄头。在微观经济学中，对该种可变配合比例生产函数所要研究的问题主要是，这两种可变比例的生产要素按什么比例配合最好，即研究生产要素最适组合的问题。

2. 固定技术系数

固定技术系数是指生产产品时所需的各种生产要素的配合比例不能改变，要变动产量，各种要素必须同比例变动。例如，在生产中，如果一辆卡车需要配一位司机，那么两辆卡车就需要配两位司机。当一种生产要素的数量不能变动时，另一种生产要素的数量再多，也不能增加产量。这种技术系数不可以改变的生产函数称为固定配合比例生产函数。如果两种或多种生产要素按原来的技术系数增加，也就是生产规模的扩大。在微观经济学中要研究两种生产要素的合理投入按多大的生产规模是最适宜的，这就是规模经济的问题。

四、生产的短期和长期

生产函数除了在技术系数上有区别，在时间的长短上也有区别，即生产函数有短期与长期的不同。短期与长期并不是一个确切的自然时间跨度，而是有其特定的经济含义。

生产的短期和长期

（一）生产的短期

所谓**短期**指生产者只能调整部分生产要素的数量，来不及调整全部生产要素的数量，至少有一种生产要素的数量是固定不变的时间长度。假设企业只投入劳动和资本这两种生产要素，那么，短期资本是不变的，生产函数的形式则是：$Q=f(L)$。它表明在短期，在资本 K 一定时，产量会随着劳动投入数量的变动而变动。

例如，某种产品的市场需求量突然增大时，厂商可以通过增加劳动的投入，让工人加班加点，增加原材料等生产要素来增加产量，但有一部分生产要素如厂房、机器和设备等生产要素来不及随产量的增加而增加。反之，如果市场突然萧条，厂商就可以通过减少劳动和原材料的投入量来减少产量，厂房、机器和设备等要素也来不及随产量的减少而减少。所以，在短期，生产规模是来不及调整的。生产要素可以区分为固定生产要素和可变生产要素。固定生产要素是指短期内其投入数量不随产量变动而变动的要素，如厂房、设备、机器及高级管理人员等。可变生产要素是指短期内其投入数量随产量的变动而变动的要素，如劳动、原材料等。

（二）生产的长期

所谓**长期**指生产者可以调整全部生产要素的数量的时间长度。长期生产函数的形式是：$Q=f(L, K)$。它表明：在长期，不仅劳动 L 的投入数量可以改变，资本 K 的投入数量也是可以调整的，产量会随着劳动和资本投入数量的变动而变动。

例如，如果某种产品的市场景气时间比较长，厂商不仅可以通过增加劳动和原材料等生产要素来增加产量，而且也来得及增加厂房、机器和设备等生产要素，也就是说来

得及扩大生产规模，提高生产能力来增加产量。反之，如果市场长期萧条，厂商就不仅可以通过减少劳动和原材料的投入量来减少产量，而且厂房、机器和设备等生产要素也来得及减少，即可以通过缩小生产规模来减少产量。所以，在长期，所有的生产要素都是可以调整的，生产规模是可以变动的，生产要素也就没有固定要素与可变要素的区分。

可见，短期和长期的划分是以厂商能否变动全部要素投入的数量，即改变生产规模作为标准的，并没有一个确定的时间长度。对于不同的产品生产，短期和长期的界限会不同。譬如，改变一家汽车制造厂的规模可能需要 3 年的时间，而改变一家理发店的规模可能仅需要 2 个月的时间。这样前者的短期和长期的划分界线为 3 年，而后者仅为 2 个月。所以短期和长期的区分会因不同的行业或具体情况的不同而有差异。微观经济学通过分析短期生产函数和长期生产函数来揭示短期和长期生产当中存在的经济规律。

第三节 短期生产函数

生产的短期为什么会存在边际报酬递减规律？在生产的短期，劳动的投入越多，产量就越大吗？合理的劳动投入应该是怎样的？

短期生产函数 $Q=f(L)$ 表明，在短期内，资本是不变的，不断追加劳动要素的投入量，产量会随之发生变化。这里劳动和资本的配合比例是可变的。在短期，我们重点要研究的问题是，在技术水平一定时，如果资本不变，不断地增加劳动的投入量，产量的变化有什么规律，以及劳动的投入数量多少是最适合的。

一、总产量、平均产量与边际产量

要研究在技术水平一定时，如果资本不变，劳动的投入数量多少是最适合的问题，先要了解几个有关概念及其曲线。

总产量、平均产量与边际产量的关系

（一）总产量、平均产量和边际产量的含义

总产量（Total Product）指一定的某种生产要素的投入量所生产出来的全部产量。总产量用 TP 表示，$TP = Q = f(X)$，式中 X 代表某种生产要素的投入数量。

平均产量（Average product）是指平均每单位某种生产要素所生产出来的产量。平均产量用 AP 表示，$AP = \dfrac{TP}{X}$。

边际产量（Marginal Product）是指每增加一单位某种生产要素投入所增加的产量。

边际产量用 MP 表示，$MP = \dfrac{\Delta TP}{\Delta X}$ 或者 $MP = \dfrac{\mathrm{d}TP}{\mathrm{d}X}$ 。

（二）总产量、平均产量和边际产量曲线

已知总产量函数，则可以求出平均产量函数和边际产量函数。

例如，当 $TP = Q = f(X) = 27X + 12X^2 - X^3$，则：

$$AP_X = TP / X = 27 + 12X - X^2$$

$$MP_X = \lim_{\Delta X \to 0} \Delta TP / \Delta X = \mathrm{d}TP / \mathrm{d}X = 27 + 24X - 3X^2$$

假定生产某种产品需要资本和劳动两种生产要素，当短期资本不变，$K=10$ 时，不断地增加劳动量，根据上面的产量函数，产量会随着劳动的投入数量而变化，这样可以计算出总产量、平均产量和边际产量，如表 4-1 所示。

表 4-1 总产量、平均产量和边际产量

K	L	ΔL	TP_L（Q）	AP_L（Q/L）	$MP_L = \Delta Q / \Delta L$	$MP_L = \mathrm{d}Q/\mathrm{d}L$
10	0	0	0			
10	1	1	38	38	38	48
10	2	1	94	47	56	63
10	3	1	162	54	68	72
10	4	1	236	59	74	75
10	5	1	310	62	74	72
10	6	1	378	63	68	63
10	7	1	434	62	56	48
10	8	1	472	59	38	27
10	9	1	486	54	14	0
10	10	1	470	47	−16	−33

根据上表中的数据，可以做出总产量、平均产量和边际产量的曲线图，如图 4-1 所示。

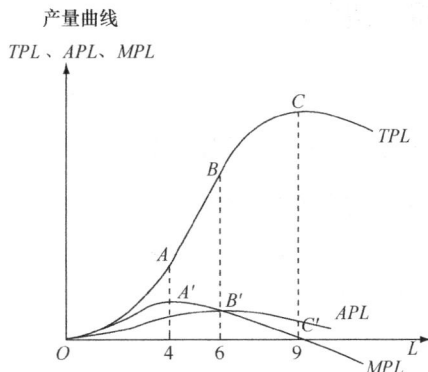

图 4-1 总产量、平均产量和边际产量的曲线

图 4-1 的前提条件是技术水平不变，资本不变，不断地增加劳动这种生产要素。图 4-1 中的横轴代表劳动的投入数量，纵轴代表产量，包括总产量、平均产量和边际产量。

TP 曲线代表总产量曲线，*AP* 曲线代表平均产量曲线，*MP* 曲线代表边际产量曲线。从图4-1 中，我们可以看出总产量曲线、平均产量曲线和边际产量曲线的变化特点：

1. 曲线呈倒 U 型特征

在资本一定时，随着所投入的劳动数量不断增加，边际产量、平均产量和总产量开始都先递增，但分别增加到一定程度后会开始递减。当 *L*=4 时，边际产量 *MP* 开始递减；当 *L*=6 时，平均产量 *AP* 开始递减；当 *L*=9 时，总产量 *TP* 开始递减。这是要素报酬递减规律造成的。有关要素报酬递减规律将在后面专门详述。

2. 总产量与边际产量的关系

（1）当劳动的投入量在 0～4，边际产量大于零，并且是递增的，此时总产量以递增的速度增加，总产量迅速增长。

（2）当劳动的投入量在 4～9，边际产量大于零，但呈现出递减的趋势，此时总产量以递减的速度增加，总产量增长趋缓。

（3）当劳动的投入量等于 9 时，边际产量等于零，此时总产量达到最大。

（4）当劳动的投入量大于 9 时，边际产量继续递减，并且小于零，此时总产量呈现出递减的趋势，总产量会绝对减少。

3. 边际产量与平均产量的关系

（1）当劳动的投入量在 0～6，边际产量大于平均产量，平均产量呈现出递增的趋势，因为，只要增加一个单位劳动所增加的边际产量比平均产量要大，就会使平均产量提高。

（2）当劳动的投入量为 6 时，边际产量与平均产量会相交，并且相交于平均产量的最高点，此时平均产量达到最大。

（3）当劳动的投入大于 6 时，边际产量小于平均产量，平均产量呈现出递减的趋势，因为，只要增加一个单位劳动所增加的边际产量比平均产量要小，就会使平均产量下降。

二、边际报酬递减规律

在资本一定时，随着所投入的劳动数量不断增加，边际产量、平均产量和总产量都是先递增，但分别增加到一定程度后会开始递减，这是由短期边际报酬递减规律所引起的。

边际报酬递减规律

（一）边际报酬递减规律的基本含义

边际报酬递减规律又称生产要素报酬递减规律，或边际收益递减规律，这是短期生产中一条重要的经济规律。

所谓**边际报酬递减规律**是指，在技术水平不变的条件下，将一种可变的生产要素投入到另一种或几种不变的生产要素中时，随着这种可变生产要素的连续增加，最初会使产量增加，到一定的时候，增加的产量会开始递减，最后会使产量绝对下降。

（二）边际报酬递减规律发生作用的前提条件

1. 技术水平不变

众所周知，技术水平是在不断进步的，技术变革的步伐也在不断加快。所谓技术变革是指生产物品的过程与劳务过程的改进，旧产品的革新，或新产品的发明。生产过程的创新可以使企业用相同的要素投入量获得更大的产出量，或者获得相同的产出量所需的生产要素的投入量更少。也就是说，生产过程的技术进步会改变生产函数。例如，随着传统农业转变为现代农业，技术水平从人力和简单的工具向农业机械化、电气化、化学化转变，就会使相同的农业投入获得的产出量更大。所以边际报酬递减规律必须建立在技术水平不变的条件下，假定在一定时期内，在生产中所使用的技术水平没有发生重大变革，则边际报酬递减规律就是成立的。

2. 将一种可变的生产要素投入到其他不变的生产要素中去

在短期，生产要素分为固定生产要素和可变生产要素。在短期某些生产要素是不变的，不断地增加另一种可变的生产要素，即技术系数是可变的，这是边际报酬递减规律发生作用的另一个条件。例如，在一定的技术条件下，在农业生产中，当土地等生产要素一定时，不断地增加劳动的投入，或在工业生产中，当厂房、机器设备等生产要素的投入一定时，不断地增加劳动力，都会出现边际报酬递减。

3. 所增加的生产要素在每个单位上的性质都是相同的

如果增加的第二个单位的生产要素要比第一个单位的生产要素更加有效，则边际报酬不一定递减。

（三）边际报酬递减规律所揭示的产量变化的三个阶段

在一定的技术水平下，在其他要素不变的时候，不断地增加某一种可变的生产要素，对产量的影响分三个阶段，如图 4-1 所示。

第一个阶段，边际产量递增，总产量迅速增加。这是因为，在短期，相对于固定的生产要素而言，可变要素投入太少，使固定的生产要素没有得到充分利用，此时增加可变的生产要素会使固定的生产要素得到充分利用，所以，所增加的产量会递增，总产量也会迅速增长。

第二个阶段，边际产量递减且为正数，总产量增长趋缓。这一阶段，由于固定生产要素已接近充分利用，继续增加可变生产要素也会增加边际产量，但所增加的边际产量随着固定生产要素逐渐地接近充分利用会出现递减的趋势，从而总产量的增长开始趋缓。

第三个阶段，边际产量递减为负数，总产量开始递减。这是因为，随着可变生产要素继续增加，到某一个点时，固定生产要素已经得到充分利用，边际产量不再增加，总产量达到了最大。此时，如果再继续增加可变生产要素，固定生产要素就会被过度利用，反而会降低生产效率，使边际产量变为负数，总产量开始绝对下降。

边际报酬递减规律是在工业生产、农业生产以及日常生活当中普遍起作用的一条经济规律。例如，在生产中，当资本一定时，劳动力投入过多，反而会降低生产效率。"大跃进年代"盲目推广水稻密植，以及一些地区不顾客观情况将原本的两季稻改为三季稻，反而使粮食减产。再比如，行政机关太庞大，人员太多，容易出现官僚作风，降低办事效率。这些都证明，在其他条件一定时，可变生产要素的投入并不是多多益善，在任何一种产品的短期生产中，随着一种可变要素投入量的增加，到一定的时候，边际报酬必然会开始递减。

三、一种生产要素的合理投入区域

由于存在边际报酬递减规律，显然在一定的技术水平下，当资本一定时，劳动的投入数量并不是越多越好。那么劳动的投入量多少是合适的呢？要解决这个问题，我们先将总产量曲线、平均产量曲线和边际产量曲线分成三个阶段来进行分析，如图4-2所示。

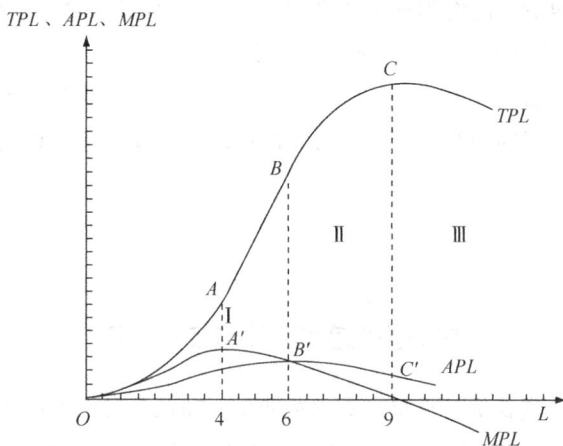

图 4-2　生产要素的合理投入区域

第 I 阶段：平均产量递增阶段。当可变生产要素劳动的投入数量在 0～6 之间，即 $0 < L < 6$ 时，边际产量大于平均产量，平均产量处于上升阶段。

这意味着，在该阶段，每增加一个单位劳动，都会使平均产量增加。因为，对于固定的资本而言，该阶段劳动的投入量太少，如果增加劳动，会提高对资本的利用水平，使平均产量上升。所以，该阶段厂商增加劳动的投入是有利的，理性的厂商不会把可变生产要素劳动的投入数量局限在这个阶段。否则，固定资本没有被充分利用起来，是很不经济的。

第 II 阶段：平均产量递减且边际产量大于零的阶段。当可变生产要素劳动的投入数量在 6～9 之间，即 6<L<9 时，边际产量小于平均产量，平均产量递减。

这意味着，在该阶段，每增加一个单位劳动，都会使平均产量下降。但在这一阶段，边际产量虽然递减但却大于零，意味着增加劳动量仍可使总产量增加，但增加的比率是递减的，所以，该阶段的总产量仍是递增，只是增长的趋势变缓，直到边际产量为零时，总产量递增到了最大值。

第Ⅲ阶段：边际产量小于零且总产量下降的阶段。当可变生产要素劳动的投入数量大于 9，即 L>9 时，边际产量为负数，总产量呈现递减趋势。

这说明，在该阶段每增加一个单位可变的劳动要素反而会使总产量绝对下降，而减少劳动的投入反而增加总产量。因为，与固定的资本要素投入相比，可变的要素劳动投入太多，使资本被过度利用，因而劳动投入到这一阶段也是不经济的。理性的厂商也不会将劳动投入到这个阶段。

综上所述，理性的厂商在技术水平一定和资本一定时，可变要素劳动的投入数量既不会停留在第Ⅰ阶段，也不会在第Ⅲ阶段。因为相对于固定的要素资本而言，第Ⅰ阶段劳动的投入数量太少，固定生产要素的作用不能充分发挥。第Ⅲ阶段劳动的投入数量又太多，造成资源的浪费，因而都是不经济的。合理的劳动投入数量应该在第Ⅱ阶段。如果劳动的投入为 6，即 L=6 时，平均产量达到最大；如果 6<L<9，平均产量虽然下降，但总产量仍在增加；如果劳动的投入为 9，即 L=9 时，总产量就达到了最大。至于劳动的投入量在第二个区域的哪个点，就要看厂商追求的具体目标。总之，第Ⅱ阶段是一种可变生产要素投入的合理区域。

专栏 4-2

边际报酬递减规律与技术进步

红河油田自然递减较快，很难形成效益开发，2012年实施大规模开发后，第一年的递减率高达45%以上。如果照此递减下去，耗巨资建设的油田，两三年后就没有产量了。对此，华北油气分公司采油一厂采取调参配产、注水增能、调剖堵水等措施，油田综合递减率下降16%，注水井区实现了增产。

该厂生产以前以产量论英雄，油井容易因超负荷生产影响寿命。今年，他们把效益放在首位，没有效益的产量坚决不要。他们不断在生产实践中总结经验，发现油田要想实现长期稳产，油井的配产至关重要。

"如果一口油井正常情况下日产油5吨，你却让它产油8吨，就可能造成油井产能透支，加速能量下降，油层裂缝快速闭合，深部的油来不及流出，导致油田递减更快。"梁承春说。

"今年初，我厂调动所有部门，从源头上统筹优化，研究所提供油井生产能力及潜力分析数据，集输队提供集输情况，技术装备科提供生产动力类型，大家逐口井分析，并根据每口井的生产状况制定措施。"该厂党委书记雷进喜说。该厂将80多口油井的日产量进行了下调。尽管当月油井产量一下子减少了50余吨，但是递减速度却慢了下来，基本稳产在日产200多吨。

该厂还按产量逐井测算边际效益，有的井进集输，接电网，虽然产量低，但是可以换来效益，就继续生产；否则就干脆关停。目前，该厂共优化调整70余口井，节约了可观的生产成本。

注水增能是油田有效开发的必要手段之一，也是遏制低渗油田自然递减的良方。该厂自去年开展"直井注水、水平井采油"、"水平井注水、水平井采油"等试验以来，见效明显。一口水平井注水可以对应两口水平油井，对有条件的井采取段间接替注水、分段注水、分段采油的措施，就能吃干榨净每一段油层，让致密油实现长期有效益的稳产。

节选自：马献珍，《打破油田递减不可控"魔咒"》，

中国石化报，2015年9月21日。

第四节 长期生产函数

在生产的长期，厂商只使用资本和劳动这两种生产要素时，这两种生产要素按什么比例配合最好呢？生产要素最适组合的原则是什么？

在长期，所有的生产要素都是可以调整的。如果厂商在生产中只使用资本和劳动这两种生产要素，那么，生产者为了获得利润的最大化，应该如何把既定的成本分配于这两种生产要素的购买与生产上？为了解决这个问题，西方经济学在分析长期生产函数时引进了等产量线和等成本线。

一、等产量曲线

（一）等产量曲线的含义

所谓等产量曲线（Isoquant Curve）是指在技术水平不变的条件下，能给厂商带来相同产量水平的两种要素各种可能组合的轨迹。

假定某厂商生产某种产品需要投入一定的资本和劳动，表4-2是资本和劳动不同数量的组合，但这几种组合方式得到的产量是相同的。

等产量线及其特征

表 4-2 产量相同的要素组合

组合方式	资本 K	劳动 L
A	6	1
B	3	2
C	2	3
D	1	6

我们根据上表作出图 4-3。用横轴代表劳动投入的数量，纵轴代表资本投入的数量，将表中 A、B、C、D 各种组合在图中找到对应的点，并将这些点连成一条线，该曲线 Q 上各个点代表资本和劳动数量的不同组合，但所得到的产量相同，故称等产量曲线。

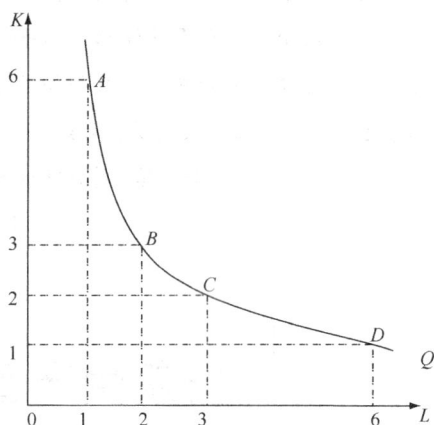

图 4-3 等产量线

（二）等产量曲线的特征

1. 等产量曲线一般向右下方倾斜，斜率为负

如图 4-3 所示，等产量曲线上各点的总产量相同。从 A 点到 B 点增加了一定数量的劳动，如果不减少一定数量的资本的话，B 点的总产量就会大于 A 点的总产量。为了使 A 点和 B 点的总产量不变，增加了一定的 L，同时就必须减少一定的 K，因此等产量曲线向右下方倾斜。

2. 等产量曲线是凸向原点的

等产量曲线不仅向右下方倾斜，而且凸向原点，即等产量曲线的斜率的绝对值是递减的。等产量曲线之所以具有凸向原点的特征，主要是因为边际技术替代率存在递减规律。关于边际技术替代率递减的规律，后面再进行详细的分析。

3. 在同一平面图中，有无数条等产量曲线

在同一平面图中，有无数条等产量曲线，离原点越远的等产量曲线代表的产量水平越高。反之，离原点越近的等产量曲线代表的产量水平越低。

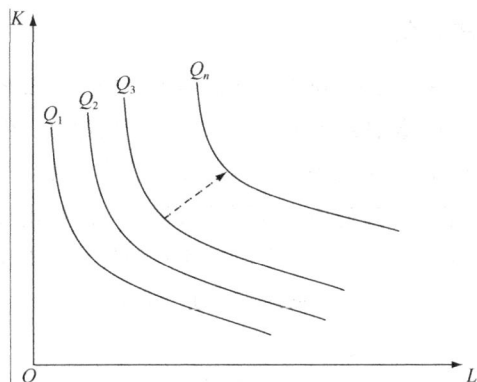

图 4-4 无数条等产量线

如图 4-4 所示，我们将图上 L 和 K 两种生产要素数量组合不同，但带来产量相同的点连成一条线，这样的线可以画出无数条，所以，在同一平面图上有无数条等产量曲线（Q_1、Q_2、Q_3、…、Q_n），越是远离原点的等产量曲线意味着有更多的 L 和 K 的组合，产量更大。反之，越是靠近原点的等产量曲线意味着有更少的 L 和 K 数量的组合，产量更小。因此，$Q_1 < Q_2 < Q_3 < \cdots < Q_n$。

4. 同一平面图上的任意两条等产量曲线不会相交

在图 4-5 中，假设两条等产量曲线相交，就会出现自相矛盾的情况。假设两条等产量曲线 Q_1 和 Q_2 相交于 a 点，a、b 两点在同一条等产量曲线上，则 a、b 两点的产量相同，都是 Q_1，a、c 两点也在同一条等产量曲线上，则 a、c 两点的产量水平也相等，都是 Q_2。由于 b 点的产量等于 a 点的产量，a 点的产量等于 c 点的产量，那么，b 点的产量就应该等于 c 点的产量。但 c 点在 Q_2 上，b 点在 Q_1 上，$Q_1 < Q_2$，所以 c 点的产量应该大于 b 点的产量。这样一来，如果两条等产量曲线相交，就会造成矛盾：一方面 c 点的产量大于 b 点的产量，另一方面，b 点和 c 点的产量又相同，显然存在矛盾。所以，同一平面图上的任意两条等产量曲线不能相交。

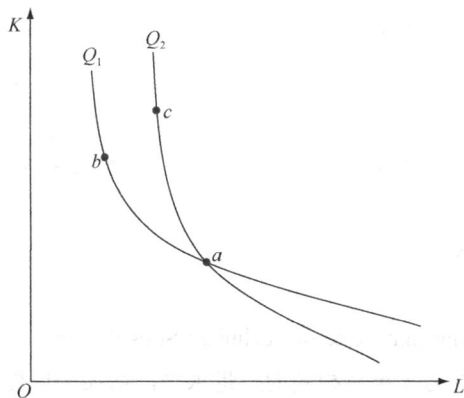

图 4-5 假设等产量曲线相交

（三）特殊形状的等产量曲线

等产量曲线的形状表明在维持产量不变的前提下一种生产要素对另一种生产要素的替代情况。一般情况下，**等产量**曲线向右下方倾斜，凸向原点，但不会与横轴和纵轴相交。这说明，为了保持相同的产量水平，可以增加一部分某种生产要素的数量去替代一部分另一种生产要素的数量，但某种生产要素的数量无论怎样增加也不能完全替代另一种生产要素。这两种生产要素只能是一定程度的相互替代，但不能完全相互替代。这种情况在生产中是普遍存在的。但也存在两种特殊的情况：

1. 固定技术系数的等产量曲线

如果两种生产要素投入完全不能替代，只要其中一种生产要素投入固定不变，另一种生产要素的投入不论怎样增加，产量都不会增加。要增加产量，就必须按原来的比例同时增加这两种生产要素的投入。如图 4-6 所示，投入 1 单位劳动和 2 单位资本时，生产的产量是 100 单位。如果想生产 200 单位的产量，投入也要相应增加，但劳动和资本必须按原来的比率增加，比如投入 2 个单位劳动，就需要投入 4 个单位资本。这种固定技术系数的等产量曲线呈直角形状。

2. 两种生产要素可以完全替代的等产量曲线

这种情况的等产量曲线就是向右下方倾斜的直线，其边际技术替代率是不变的。该曲线意味着可以用一种生产要素完全替代另一种生产要素，如图 4-7 所示。

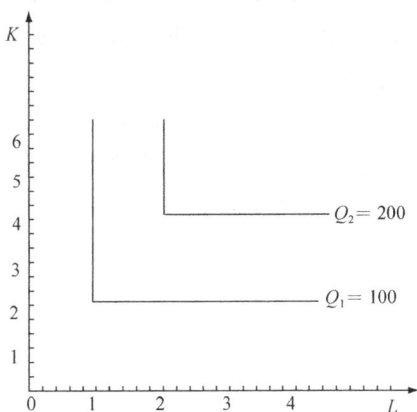

图 4-6 固定技术系数的等产量曲线

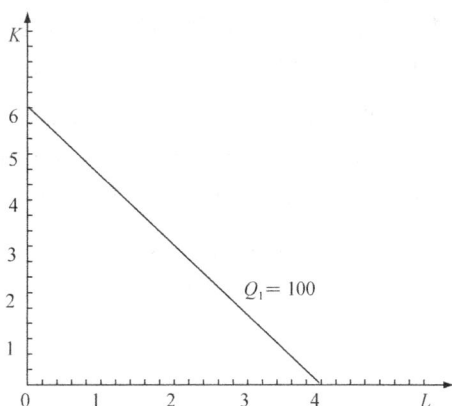

图 4-7 要素可以完全替代的等产量曲线

二、边际技术替代率

边际技术替代率（Marginal Rate of Technical Substitution）是指在技术不变的条件下，厂商为了维持相同的产量水平，增加一单位某种生产要素的投入所能减少的另一种生产要素的投入量。如图 4-8 所示，

边际技术替代率

A 点和 B 点的产量相同，但 B 点比 A 点增加了一定的劳动，减少了一定的资本，每一单位劳动所能替代的资本数量就是边际技术替代率。

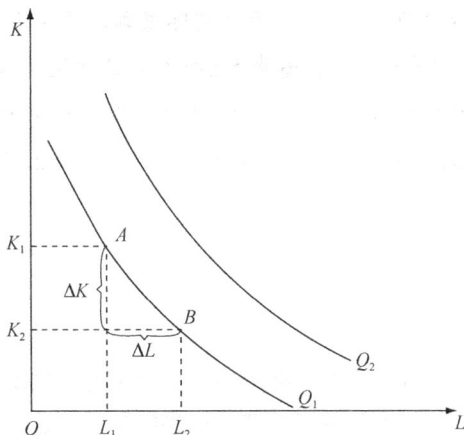

图 4-8　边际技术替代率

如果劳动对资本的边际技术替代率用 $MRTS_{LK}$ 表示，则：

$$MRTS_{LK} = -\frac{\Delta K}{\Delta L} \text{ 或者 } MRTS_{LK} = -\frac{dK}{dL}$$

上述公式中加了一个负号是为了研究时便于比较。边际技术替代率实际就是等产量曲线在该点斜率的绝对值。

另外，边际技术替代率也可以用两种生产要素的边际产量之比来表示。因为，等产量曲线上假设有 A 点和 B 点，这两点组合得到的总产量是一样的，B 点比 A 点增加了 ΔL，但减少了 ΔK，增加劳动所增加的总产量是 $TP_L = MP_L \cdot \Delta L$，减少资本 K 所减少的总产量是 $TP_K = -MP_K \cdot \Delta K$，而且，增加劳动 L 所增加的总产量应该等于减少资本 K 所减少的总产量，即 $MP_L \cdot \Delta L = -MP_K \cdot \Delta K$，所以，$MRTS_{LK} = -\dfrac{\Delta K}{\Delta L} = \dfrac{MP_L}{MP_K}$

专栏 4-3

边际技术替代率递减规律

边际技术替代率存在递减规律。所谓边际技术替代率递减是指，在总产量不变的前提下，随着某种生产要素投入量的连续增加，每增加一单位这种生产要素的投入量所能减少的另一种生产要素的投入数量越来越少。

如表4-2或图4-3所示，A、B、C、D是各种资本和劳动的数量组合不同，但产量相同。从A到B，增加一个单位劳动所能减少的资本数量是3个单位。从B到C，增加一个单位劳动所能减少的资本数量是1个单位。从C到D，增加一个单位劳动所能减少的资本数量是0.33个单位。可见边际技术替代率的绝对值是递减的。

边际技术替代率递减的原因是：由于存在边际报酬递减规律，随着劳动L投入的数量越来越多，劳动的边际报酬在递减，随着资本K投入的数量越来越少，资本的边际报酬在递增。所以，每增加一定数量的劳动投入所能替代的资本的数量越来越少，即每增加一个单位的ΔL，所减少的ΔK会越来越小。边际技术替代率递减也就决定了等产量曲线具有凸向原点的特征。

三、等成本线

厂商在购买生产要素进行生产时，要受到企业所拥有的成本以及生产要素的价格的限制。等成本线就反映了厂商进行生产的这种限制条件。

等成本线

（一）等成本线的含义及方程

所谓**等成本线**（Isocost Curve）就是在厂商成本及生产要素价格既定的条件下，厂商所能购买到的两种生产要素最大数量组合的轨迹。

假设某厂商的成本是600元，全部用来购买劳动L和资本K两种生产要素。其中资本K的价格是1元，劳动L的价格是2元，那么，他用600元全部购买资本K，最多可以买600个单位；如果购买100个单位L，则最多购买400个单位的K；如果购买200个单位L，则最多购买200个单位的K，如果全部购买劳动L，最多购买300个单位，如表4-3所示。

表4-3　　　　　　　　　　　　　　　成本相同的要素组合

组合方式	购买 L 的数量	购买 K 的数量
A	300	0
B	200	200
C	100	400
D	0	600

根据表4-3来作一个图，如图4-9所示，横轴代表劳动L的购买数量，纵轴代表资本K的购买数量，将表中L和K的各种组合在图中找到对应的点，将这些点连成一条AB线，这条线就是等成本线。这条线反映了在既定的成本以及生产要素价格水平下，厂商所能购买的两种生产要素最大数量的组合。线内的任何一点都是厂商目前能够购买的数量，但厂商的全部成本在购买线内任何一点的要素组合以后还有剩余。线外的任何一点都是目前无法实现的购买数量。

假定以C表示生产的既定成本，以P_L和P_K分别表示劳动L和资本K的价格，以L

和 K 分别表示劳动和资本的数量，那么，相应的等成本线方程为：

$$C = P_L \cdot L + P_K K \text{ 或者 } K = \frac{C}{P_K} - \frac{P_L}{P_K} \cdot L$$

该式表示：厂商的全部成本等于他购买劳动 L 和资本 K 这两种生产要素的总支出。而且，$\frac{C}{P_L}$ 和 $\frac{C}{P_K}$ 分别是等成本线的横截距和纵截距，表示全部成本购买劳动 L 或全部成本购买资本 K 的数量。

等成本线方程 $K = \frac{C}{P_K} - \frac{P_L}{P_K} \cdot L$ 告诉我们，等成本线的斜率为 $-\frac{P_L}{P_K}$，即是两种要素的价格之比。

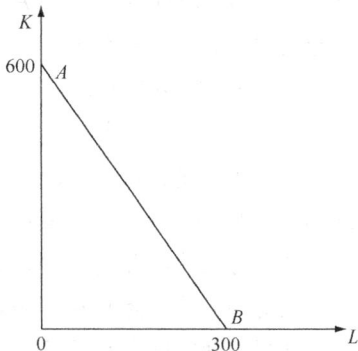

图 4-9　等成本线

（二）等成本线的移动

既然等成本线是在成本和生产要素价格一定的条件下，厂商所能购买到的两种生产要素最大数量组合的轨迹，那么，如果成本和要素的价格发生了变化，厂商所能购买到的两种生产要素的最大数量组合也会发生相应变化，等成本线也会因此发生位置的改变。下面主要介绍一下等成本线平行移动和等成本线旋转的情况：

1. 等成本线的平行移动

第一种情况：等成本线平行向右上方移动。

如图 4-10 所示，如果等成本线从 AB 平行向右上方移动到 A_1B_1，则意味着厂商可以购买更多数量的劳动和资本的组合，而且等成本线的斜率不变。而厂商能够购买到的劳动和资本的数量与成本和要素的价格有关。

当劳动和资本的价格一定，成本增加时，厂商就能购买到更多的劳动和资本，而且由于 P_L 和 P_K 不变，意味着等成本线的斜率 $-P_L/P_K$ 保持不变，所以等成本线会平行向右上方移动。

当成本一定，两种要素的价格 P_L 和 P_K 同比例下降时，厂商也能购买到更多的劳动和资本，而且由于 P_L 和 P_K 同比例下降，并不影响等成本线的斜率 $-P_L/P_K$，所以等成本线也会平行向右上方移动。

第二种情况：等成本线平行向左下方移动。

如图 4-10 所示，如果等成本线从 A_1B_1 平行向左下方移动到 AB，则意味着厂商所能购买的劳动和资本的数量会更少，而且等成本线的斜率 $-P_L/P_K$ 也不变。

当劳动和资本的价格一定，成本减少时，厂商所能购

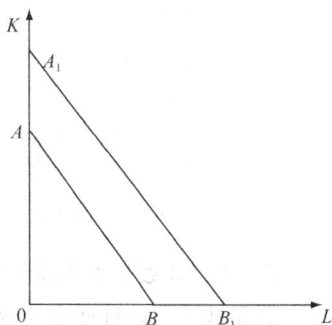

图 4-10　等成本线平行移动

买的劳动和资本会减少，而且由于 P_L 和 P_K 不变，意味着等成本线的斜率-P_L/P_K 保持不变，所以等成本线是平行向左下方移动。

当成本一定，劳动和资本的价格 P_L 和 P_K 同比例上升时，厂商所能购买的劳动和资本也会减少，而且由于 P_L 和 P_K 同比例上升，并不影响预算线的斜率-P_L/P_K，所以等成本线也会平行向左下方移动。

2. 等成本线的旋转

第一种情况：当成本不变，资本的价格 P_K 保持不变，而劳动的价格 P_L 发生变化。这时，等成本线的纵截距 C/P_K 保持不变，但等成本线的斜率-P_L/P_K 会发生变化，等成本线的横截距 C/P_L 也会发生变化。

如果劳动的价格 P_L 下降，等成本线的横截距 C/P_L 会增大，意味着厂商将成本全部用于购买劳动的数量会更多。等成本线会从 AB 旋转到 AB_1，如图 4-11 所示。

如果劳动的价格 P_L 上升，等成本线的横截距 C/P_L 会变小，意味着厂商将成本全部用于购买劳动的数量会更少。等成本线会从 AB 旋转到 AB_2，如图 4-11 所示。

第二种情况：当成本不变，劳动的价格 P_L 保持不变，而资本的价格 P_K 发生变化。这时，等成本线的横截距 C/P_L 保持不变，但等成本线的斜率-P_L/P_K 会发生变化，等成本线的纵截距 C/P_K 也会发生变化。

如果资本的价格 P_K 下降，等成本线的纵截距 C/P_K 会增大，意味着厂商将成本全部用于购买资本的数量会更多。等成本线会从 AB 旋转到 A_1B，如图 4-12 所示。

如果资本的价格 P_K 上升，等成本线的纵截距 C/P_K 会变小，意味着厂商将成本全部用于购买资本的数量会更少。等成本线会从 AB 旋转到 A_2B，如图 4-12 所示。

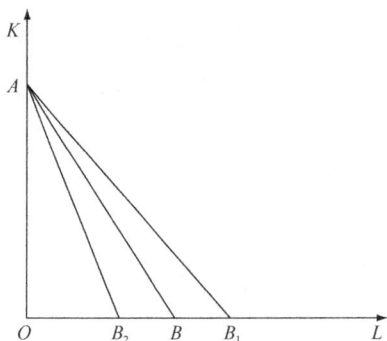

图 4-11 等成本线的旋转　　　　图 4-12 等成本线的旋转

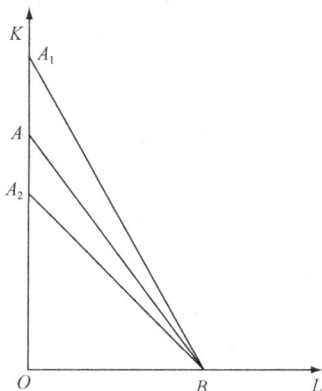

3. 等成本线位置保持不变

如果成本与两种要素的价格 P_L 和 P_K 都同比例增加，等成本线位置不发生变化。因为，成本增加，厂商就能购买到更多的劳动和资本，P_L 和 P_K 都同比例增加，厂商又会相应减少劳动和资本的购买数量，由于成本 C 与两种要素的价格按相同的比例增加，此时等成本线的斜率$-P_L/P_K$，以及等成本线的横截距C/P_L和纵截距C/P_K都不会发生变化。所以，等成本线位置不变，厂商的全部成本用来购买任何一种要素的数量都未发生变化。同样道理，如果厂商的成本C与两种要素的价格按相同的比例减少，等成本线位置也不会发生变化。

四、生产要素的最适组合

（一）生产要素最适组合的含义

所谓生产要素的最适组合应该是：在成本一定时，能够带来最大产量的要素组合；或者，在产量一定时，所花成本最小的要素组合。西方经济学将等产量曲线和等成本线结合在一起，就可以用来分析理性厂商在成本约束的前提下对生产要素最适组合的选择，即一定的成本获得了产量最大化的选择。

生产要素最适组合

（二）实现要素最适组合的原则

下面将等产量曲线和等成本线结合在一起，并用它来分析两种生产要素的最适组合。

如图4-13所示，AB是等成本线，AB线上的不同点是劳动L和资本K两种生产要素不同数量的组合，但每种组合花费的成本是一样的。而在同一个平面图上有无数条等产量曲线，每一条等产量曲线表示的是，线上的各点是两种要素的不同数量组合但产量相同。如果把等成本线和无数条等产量曲线放在同一个平面图上会形成三种关系：有的等产量曲线与等成本线相交，有的等产量曲线与等成本线相切，有的等产量曲线与等成本线相离。为了简化起见，分别以Q_1、Q_2、Q_3代表这三种情况。

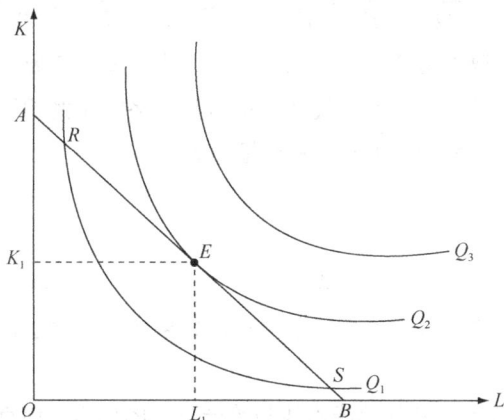

图4-13 生产要素的最适组合

那么理性的厂商会选择哪种要素的组合呢？

首先，作为理性的厂商肯定不会选择等成本线以内即等成本线左下方区域中的任何一个要素组合，因为，该区域内的任何一种要素组合，成本都未花完。厂商应该将其全部成本都花完以实现更大的产量。

其次，理性的厂商肯定也不会选择等成本线以外即等成本线右上方区域中的任何一个商品组合，因为在成本和要素价格既定的条件下，要购买该区域的任何一个要素组合都会超出成本，因而都是不可能实现的。

最后，理性的厂商必定在等成本线上选择最优的购买组合，而且这个最优的购买组合只能是等产量曲线与等成本线的切点所对应的要素组合。

从图 4-13 可见，R 点、E 点和 S 点都在 AB 等成本线上，意味着 L 和 K 两种要素的数量组合虽然不同，但它们所花的成本是一样的。理性的厂商肯定是选择花同样的成本带来的产量最大的那个组合。而 R 点、S 点在 Q_1 上，即 R 点或 S 点的产量都是 Q_1，E 点在 Q_2 上，即 E 点的产量是 Q_2，$Q_2 > Q_1$，所以 E 点的要素组合给厂商带来的产量大于 R 点、S 点的要素组合。虽然 $Q_3 > Q_2$，Q_3 的产量更大，但 Q_3 上各点的要素组合都是现有条件下无法实现的。所以，等产量曲线与等成本线的切点所对应的要素组合即 L_1 和 K_1 能够使厂商在成本和要素价格一定时获得最大的产量，是厂商愿意维持的一种均衡状态，因而也就是生产者均衡的条件。

厂商最大化的均衡条件还可以用公式表示。等产量曲线与等成本线的切点所对应的要素组合能够使厂商在成本和要素价格一定时获得最大的产量，而在切点 E，等产量曲线的斜率和等成本线的斜率是相等的。前面已经分析，等产量曲线的斜率的绝对值实际上就是边际技术替代率 $MRTS_{LK}$：$MRTS_{LK} = -\dfrac{\Delta K}{\Delta L} = \dfrac{MP_L}{MP_K}$。等成本线的斜率的绝对值等于两种要素的价格之比，即 P_L/P_K。因此，可以推导出生产者均衡的条件：

$$MRTS_{LK} = -\frac{\Delta K}{\Delta L} = \frac{MP_L}{MP_K} = \frac{P_L}{P_K}，\quad 即是 \frac{MP_L}{MP_K} = \frac{P_L}{P_K} 或 \frac{MP_L}{P_L} = \frac{MP_K}{P_K}$$

该公式表明，生产要素最适组合的原则是：在成本和生产要素价格既定的条件下，应该使厂商所购买的各种生产要素的边际产量与其价格的比例相等，或者说，每一单位货币无论购买何种生产要素所得到的边际产量相等。

五、生产扩展线

在技术水平和要素价格既定不变的条件下，如果成本变动了，会引起最适要素组合的变动。

如图 4-14 所示，E_1 是最初的等成本线与等产量线的切点，该点实现了生产要素的最适组合。如果成本增加了，等成本线会从 K_1L_1 向右上方移动到 K_2L_2，K_2L_2 必定会与另一条等产量线相切于 E_2，生产要素的最适组合就会从 E_1 移到 E_2。成本如果继续增加，等成本线又会从 K_2L_2 向右上方移动到 K_3L_3，同样道理，生产要素的最适组合就会从 E_2 移到

E_3。所以，随着厂商的货币成本不断增加，等成本线不断地向右上方平行移动，相继与不同的等产量线相切，形成不同的生产要素的最适组合点 E_1、E_2、E_3……将这些均衡点连成一条线，就形成了一条**生产扩张线**（Expansion Path）。

生产扩张线表明，随着企业生产成本的增加，厂商沿着这条线去选择生产要素的最适组合，去扩大生产规模是最有利的，因为它可以使厂商在成本一定时获得最大产量。

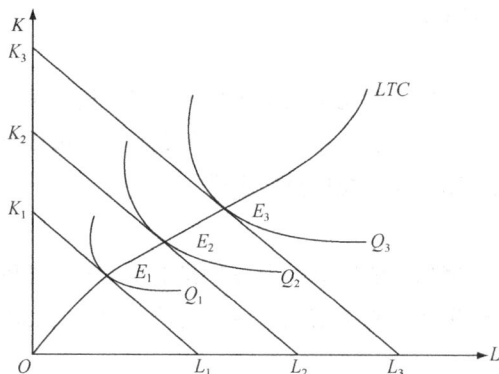

图 4-14　生产扩展线

第五节 | 规模报酬

企业生产规模变动以后对产量会发生什么影响？为什么规模大的企业在市场竞争中往往更有优势？生产规模是否越大越好呢？

在短期，如果产品销路好，厂商会在既定的生产规模基础上，适当地增加可变要素的投入。比如在资本不变的时候，适当地增加对劳动的投入，以生产更多的产量。但如果增加可变要素的投入所增加的产量仍不能满足市场要求，厂商最终会考虑扩大生产规模。因为，在长期，所有的生产要素都可以改变，生产规模来得及调整。如果生产要素比如劳动和资本按原来的技术系数同时增加，则企业的生产规模就扩大了，反之，就是缩小生产规模。那么，企业在生产当中定多大的规模是最合适的呢？这是长期生产理论要解决的问题，而这一问题的解决，涉及长期生产理论中的一条重要的经济规律，即有关规模报酬的变化规律。

规模报酬

一、规模报酬的含义

如果在农业生产当中，土地、劳动和其他生产要素都同比例地增加，粮食产量会发生怎样的变化？再比如，在汽车生产中，厂房、机器设备、劳动及其他生产要素都增加一倍，汽车的产量又会如何变化？也就是说，生产规模变动以后，产量对其反应的情况是怎样的？这就是有关规模报酬的问题。

规模报酬（Return To Scale）是指所有生产要素的投入同比例地增加或减少时，即生产规模变动以后引起产量的变化情况。

规模报酬有以下三种情形：

1. 规模报酬递增

规模报酬递增指产量增加的的比例大于各种要素投入所增加的比例。假如，一家汽车制造厂，厂房和机器设备、劳动及其他所有生产要素的投入都增加 10%，会引起汽车的产量超过 10%的增长，则实现了规模报酬递增。

2. 规模报酬不变

规模报酬不变指产量增加的的比例等于各种要素投入所增加的比例。假如，农民所投入的土地、劳动和其他生产要素都增加一倍，而粮食的产量也增加一倍，则是规模报酬不变。

3. 规模报酬递减

规模报酬递减指产量增加的的比例小于各种要素投入所增加的比例。假如，一个面包厂商投入 10 单位资本和 5 单位劳动，日产面包 10 万只，当他投入的要素按原来的比率增加一倍，即投入 20 单位资本和 10 单位劳动，但日产面包的数量小于 20 万只，则出现了规模报酬递减。

一般来说，当厂商从最初较小的生产规模开始扩张时，产出增加的比例会大于投入增加的比例。当规模扩大到一定水平时，产出增加的比例会等于投入增加的比例。如果继续扩大生产规模，当规模过大时，产出增加的比例会小于投入增加的比例，即依次会出现规模报酬递增、规模报酬不变和规模报酬递减的情形。

二、规模报酬变动的原因

（一）规模报酬递增的原因

当企业扩大生产规模，使产出增加的比例大于投入增加的比例时，意味着，扩大规模以后，提高了效益，出现了规模报酬递增，其主要原因是：

规模报酬递增的原因

1. 规模扩大后，便于使用更先进的机器设备

生产中所使用的生产要素，有些是不可分割的，比如，大型的农业机械设备、自动化装配线、大型炼钢炉等。只有生产规模达到一定要求时，才能使用这些机器设备，否则会增加无效作业。而且规模小、产量少的话，平均每单位产量分摊

设备的费用也高。所以，许多大型专用设备只有在规模扩大到一定程度，产量达到一定水平时才能使用。而使用先进的专业化生产设备，可以降低每单位产品的平均成本，提高生产的效率，从而获得规模效益。

2. 规模扩大后，有利于促进专业化的分工与协作

生产规模较小时，劳动者较少，分工不可能很细。每个劳动者往往要在生产中充当不同的角色，承担多种业务。生产规模扩大后，使用的劳动者较多，劳动者可以进行更精细的专业化分工与协作。而专业化分工与协作显然是可以提高劳动效率的。

3. 规模扩大后，便于采用现代化管理

生产中无论规模的大小，都需要管理人员。如果生产规模小的话，管理人员无法被充分利用。规模扩大后，容易采用现代化管理模式，提高管理的效率，形成一种新的生产力，使效益得到进一步提高。

4. 规模扩大后，企业更有能力进行技术创新

实践证明，小规模的企业，由于力量有限，难以进行重大的技术创新。而规模大的企业有雄厚的人力、物力和财力进行技术创新。企业可以通过技术创新降低产品的平均成本，开拓新的市场，提高生产的效率。

此外，企业扩大规模后，易于对副产品进行综合利用，"变废为宝"；在生产要素的采购及产品的销售市场上容易占据垄断地位，从中获得好处。总之，生产规模扩大所带来的效益是多方面的，这里就不一一列举了。

（二）规模报酬递减的原因

生产规模也不是越大越好，当厂商不断地扩大生产规模，规模的增大最终会达到一个极点，超过这个点就会出现规模报酬的递减，即产出增加的比例小于要素投入增加的比例。企业出现规模报酬递减的主要原因是：

（1）规模过大，造成管理效率下降。生产规模过大，会增加管理机构和管理层次，不仅使信息在传递过程中容易失真，增加企业决策时获得各种信息的困难，而且会增加管理和协调的难度，提高管理控制成本。规模过大，还容易滋生官僚腐败作风，在管理上出现各种漏洞，降低效益。

（2）生产规模过大，会增加原材料采购及产品销售的困难。太大的企业，会大量增加对原材料的需求，促使原材料价格上升。特别是许多涉及自然资源，如鲜奶或种植酿酒的葡萄等的生产活动，容易遇到资源的最大供给量的限制。同时，生产规模过大，产量过多，会增加销售环节和销售费用，并受到市场最大容量的限制，导致规模报酬递减。

（3）规模过大，还会使企业内部原来的合理分工被破坏，生产难以协调，降低生产效率。

可见，生产的规模也不是越大越好。生产规模过大，会降低效益，出现规模报酬递减。

专栏 4-4

规模报酬变动的数学表达

规模报酬的变动也可以用数学来表达。假设有一生产函数：$Q=f(L, K)$

1. 如果 $f(\lambda L, \lambda K) > \lambda f(L, K)$，其中 $\lambda > 0$，则 $Q=f(L, K)$ 具有规模报酬递增的性质。

2. 如果 $f(\lambda L, \lambda K) < \lambda f(L, K)$，其中 $\lambda > 0$，则 $Q=f(L, K)$ 具有规模报酬递减的性质。

3. 如果 $f(\lambda L, \lambda K) = \lambda f(L, K)$，其中 $\lambda > 0$，则 $Q=f(L, K)$ 具有规模报酬不变的性质。

三、适度规模

从以上的分析可以看出，企业适当扩大生产规模，可以实现规模报酬的递增，获得规模效益。但规模太大，又会出现规模报酬递减。所以，企业应选择适度规模。当一个企业的产量达到了长期平均成本最低时，就可以说实现了适度规模。当然，不同行业的适度规模是不同的。有些行业要求投资大，设备先进、复杂，像重化工行业、汽车、电子、通信等行业的最适规模都很大，扩大规模往往会带来规模报酬的递增。但对于轻工、服务等行业也不一定盲目求大。如果盲目扩大规模，也可能出现规模报酬的递减。总之，企业的适度规模要以效益为标准。

案例与拓展[1]

拓展资料："三个和尚没水吃"与边际报酬递减规律
资料来源：收集资料自编

一、"三个和尚没水吃"具有普遍性

"一个和尚挑水吃，两个和尚抬水吃，三个和尚没水吃"，这是我国民间流传的一个家喻户晓的故事。三个和尚为什么没水吃？原因可能是多方面的。有可能是道德修养方面的问题，也可能是心理上的问题，或者是文化劣根性的问题。

从经济学的角度来看，这个故事生动地反映了边际收益递减规律。边际收益递减规律是指，在技术水平不变的条件下，将一种可变的生产要素投入到另一种或几种不变的生产要素中时，随着这种可变生产要素的连续增加，最初会使产量增加，到一定的时候，增加的产量会开始递减，最后会使产量绝对下降。

在三个和尚的故事里，构成生产要素的有：山下的水、寺庙里的水桶及和尚，产出量是挑到寺庙供饮用的水。为了方便研究，假设山下的水和寺庙里的水桶是一定的，不断地增加和尚这个要素，从一个和尚挑水吃（得到两桶水），到两个和尚抬水吃（得到一桶水），已出现了边际产量递减，再到三个和尚没水吃，使得总产量都绝对减少。寺庙一直被人们看作是一方"净土"，"净土"上的和尚们尚且如此，更不用说红尘世界里的凡人了。

因为边际收益递减规律具有普遍性，不仅广泛存在于工业和农业生产当中，而且存在于人们的日常生活当中。"三个和尚没水吃"的情况，不仅中国人会这样，凡是有人的地方，都会有内耗、有矛盾，都可能这样。可以说，"三个和尚没水吃"是人类社会的普遍现象。

二、技术进步带来的变化

我们要注意的是，边际收益递减规律作为短期生产中的一条普遍的经济规律，是无法超越的。但该规律发生作用的前提是技术水平不变。如果条件变了，技术进步了，则有可能超越其限制。例如，按照土地报酬递减规律，中国会出现粮食危机，但事实并非如此，其原因就是农业技术的进步，特别是我国"水稻之父"袁隆平研究出的杂交水稻这一技术大幅度地提高了水稻的亩产量，不仅解决了中国人的吃饭问题，而且对世界粮食生产都产生了革命性的影响。

因此，如果我们假定寺庙里的和尚进行技术创新和管理创新，合作挖一条水渠，还装了一个辘轳，一个和尚负责引水入渠，还有一个和尚负责摇辘轳，三个和尚轮流作业，这样，三个和尚就不仅不会没水吃，而且还可以轻松而源源不断地用水，这就是技术进步的力量。

案例与拓展[2]

拓展资料：高校办学中的规模报酬问题
资料来源：《人民日报》，2012 年 4 月 24 日，第 012 版。

一、实施了十三年的本科扩招画上句号

据《人民日报》（2012 .4 .24 ）报道，教育部近日发布《关于全面提高高等教育质量的若干意见》明确提出："稳定规模，保持公办普通高校本科招生规模相对稳定，高等教

育规模增量主要用于发展高等职业教育、继续教育、专业学位硕士研究生教育以及扩大民办教育和合作办学。"这意味着，连续实施 13 年的高校本科扩招将画上句号，中国高校规模扩张时代将落下帷幕，以提高质量为核心的内涵式发展将成为中国高等教育的主旋律。

高校自 1999 年扩大招生规模以来，迅速步入了高等教育大众化阶段。招生规模的扩大，顺应了世界高等教育发展的趋势，适应了中国百姓对高等教育的迫切需求，对建设人力资源强国奠定了坚实基础，对提升全民族的文化素质具有深远影响。

但是，由于中国高等教育基础薄弱、资源有限、投入不足，规模快速扩张一边迎来新机遇，一边面临新挑战；一边解决老问题，一边带来新矛盾。"最突出的矛盾就是学生多了，大学大了，质量如何保障"一些地方院校每年招收本科生数千人，相当于扩招前的几倍甚至十几倍，校园一扩再扩，大楼一座挨着一座，的确很有气派，可是，师资力量、管理水平、科研能力却明显跟不上、不配套……

高等教育要真正实现健康、协调、可持续发展，不能仅靠规模的扩张，质量、结构、效益、特色等都不能忽视。世界高等教育发展的经验已经印证了这一点，在高等教育国际化程度越来越高的今天，中国高等教育改革和发展不能不正视和遵循这样的规律。

稳住规模有利于优化结构，通过调整学科专业、类型、层次和区域布局结构，适应国家和区域经济社会发展需要，满足群众接受高等教育的多元化需求；稳住规模有利于强化特色，促进高校合理定位、各展所长，在不同层次不同领域办出特色，赢得社会的认可；稳住规模更有利于提高办学质量，集中精力培养创新人才。世界高等教育的比拼，归根结底要靠质量取胜。

二、高校办学中的规模经济与规模不经济

自 1999 年开始实施扩招政策后，教育部统计数据显示，全国普通高校招生人数从 1998 年的 108 万人跃升到 1999 年的 160 万人，到 2010 年已达 662 万人。扩招之后，中国一跃成为世界上高等教育规模最大的国家。中国扩招政策连续实施了 13 年后，现在又要求高校本科扩招画上句号。

那么，对于一个拥有 13 亿多人口的大国来说，到底需要多大的高等教育规模？从高校的层面来看，办学规模与办学效益、办学质量又有怎样的关系呢？

有研究表明，高校生均成本随着办学规模的扩大呈现出微弱的 U 型特征，即随着办学规模的扩大，其生均成本先呈下降趋势，达到一定规模限度时，然后又呈现出一定的上升趋势。这就是高校扩招、合并过程中所展示出来的规模经济和规模不经济。

1. 适度扩大高校办学规模会带来规模经济效应

前面我们分析了规模报酬的问题。规模经济和规模报酬的递增既有区别又有联系。从区别来看，规模报酬的递增是指随着生产规模的扩大，产出的数量增加比例大于投入

的增加比例。规模经济是指随着生产规模的扩大，产品平均成本下降的状况。前者关注的是实物形态，所考察的是产品的数量与投入的数量变化之间的关系；后者关注的是价值形态，所考察的重点是规模扩大过程中成本的变化情况。由于二者的考察对象不同，所以不能简单化地直接将规模报酬递增视为规模经济。从联系来看，二者虽然考察的重点不同，但形成规模经济和规模报酬递增的原因基本上是相同的。

高校适度扩大办学规模，能够提高办学效益，形成规模经济，其主要原因在于：

第一，有利于专业化的分工与合作，提高办学效益。高校的合并、扩招往往伴随学科点的增加。专业增多可以促使专业化程度得到提高，使教师更加专注于某个方向的研究，有利于提高教师的教学水平和科学研究的效率。而且，在较大规模的高校往往会设置专门的研究机构，产生一批专门从事学术研究的学者，使科研产出的效率更高。另外，学科点的增加还有利于不同学科背景的教师进行知识切磋，有利于不同专业学生进行交流，从而降低了教师和学生学习和补充新知识的成本。

第二，有利于采用更先进的教学设备，降低教学成本。许多先进的教学设备投入比较大，而且具有不可分割性。如果办学规模较小的话，教学设备处于没有充分利用的状态，而且每个学生承担的平均成本必然很高。当规模扩大后，不仅可以提高教学资源的利用率，降低生均成本，而且，更能吸引学校采用先进设备进行教学和管理，促进教学质量和管理效率的提高。

第三，有利于降低管理成本。在过去高校规模较小时，高校改革面临的一个重要问题是非教学人员的数量过多，因为，即使在一个小规模高校仍需设立相应的管理部门，配备必要的管理人员，因此，管理成本较大。而规模扩大后，每个管理机构和管理人员所管理的范围和层次扩大了，管理的效率提高了。

此外，高校通过扩大规模，还可以尽可能多地将知识产品交易内部化，从而节省交易成本费用。在扩大规模的同时，许多高校进行了包括人事分配制度改革、后勤社会化改革等，优化了学校资源的配置，使机构设置更趋合理。因此，高校规模的扩大必然会带来平均成本的下降，出现规模经济，改善高校的办学效益。

2. 高校办学规模过大又会带来规模的不经济

高校的办学规模也不是越大越好。如果规模过大，就会出现规模的不经济，反而降低办学效益。这是因为：

第一，办学规模过大，决策者获取信息的难度会加大，信息交流和反馈的速度会变慢，甚至信息遗漏和传递失误的可能性也会增加，加上管理层次太多，管理成本必然会提高。

第二，办学规模过大，学校的图书资源、电子数据库、体育设施等使用的竞争性会加剧，使用效率反而会下降。

第三，办学规模过大，专业设置过多，原来合理的专业分工被破坏，这和院系及专业规模过小一样，也会造成效率低下的状况，带来规模的不经济。

第四，办学规模过大，还会使原有的激励机制的功能趋于弱化，增加评估教师教学质量的成本和激励教师从事科研活动的成本。

第五，办学规模过大，一系列"扩招病"将陆续显现——高校学费高涨、庞大的贫困生阶层、高校巨额负债、大学生就业难、教学质量下降等。

可见，高校办学规模太小，不利于形成规模经济，太大又会形成规模不经济。因此，办学规模不能无休止地扩大，而应选择适度规模。当然，不同类型大学，如理工科大学和文科类院校规模经济现象变化不一致，因为不同学科所要求的投入不相同，所以，高校的办学规模必须和经济发展的步伐相吻合，必须根据具体的情况作出最佳的选择。

本章要点

1．生产过程中对劳动、资本、土地和企业家才能等生产要素的投入量和产品的产出量之间存在函数关系，这种产品产出量与为生产该产品所需投入的要素量之间的关系就是生产函数。长期生产函数的形式是 $Q=f(L, K)$（假定土地和企业家才能一定），而短期资本是不变的，生产函数的形式则是 $Q=f(L)$。

2．边际报酬递减规律是指，在技术水平不变的条件下，将一种可变的生产要素投入到另一种或几种不变的生产要素中时，随着这种可变生产要素的连续增加，最初会使产量增加，到一定的时候，增加的产量会开始递减，最后会使产量绝对下降。因此，在技术水平一定及资本一定时，劳动的投入不能太少，当然也不是越多越好。理性的厂商对可变要素劳动的投入数量既不会停留在第 I 阶段，也不会在第 III 阶段。合理的劳动投入数量应该在第 II 阶段，即劳动量的投入介于平均产量最大和总产量最大之间，这是可变生产要素投入的合理区域。

3．边际技术替代率递减是指，在总产量不变的前提下，随着某种生产要素投入量的连续增加，每增加一单位这种生产要素的投入量所能减少的另一种生产要素的投入数量越来越少。

4．等产量曲线是指在技术水平不变的条件下，能给厂商带来相同产量水平的两种要素各种可能组合的轨迹。所谓等成本线就是在厂商成本及生产要素价格既定的条件下，厂商所能购买到的两种生产要素最大数量组合的轨迹。

5．生产要素的最适组合是指：在成本一定时，能够带来最大产量的要素组合；或者，在产量一定时，所花成本最小的要素组合。等产量曲线与等成本线的切点所对应的资本和劳动的组合就是厂商愿意维持的生产要素的最适组合，是生产者均衡状态。生产者均衡的条件也可以写作 $\frac{MP_L}{P_L} = \frac{MP_K}{P_K}$，该公式表明，生产要素最适组合的原则是：在成本和生产要素价格既定的条件下，应该使厂商所购买的各种生产要素的边际产量与其价格的比例相等，或者说，每一单位货币无论购买何种生产要素所得到的边际产量相等。

6. 规模报酬是指所有生产要素的投入同比例地增加或减少时，即生产规模变动以后引起产量的变化情况。有以下三种情形：（1）规模报酬递增，指产量增加的比例大于各种要素投入所增加的比例；（2）规模报酬不变，指产量增加的比例等于各种要素投入所增加的比例；（3）规模报酬递减，指产量增加的比例小于各种要素投入所增加的比例。企业适当扩大生产规模，可以实现规模报酬的递增，获得规模效益。但规模太大，又会出现规模报酬递减。所以，企业应当选择适度规模。

关键概念

生产函数　　　总产量　　　平均产量　　　边际产量　　　等产量曲线
边际技术替代率　等成本线　　生产扩展线　　规模报酬

习　题　四

一、选择题

1. 在资本一定时，如果连续地增加劳动 L，总产量 TP_L 达到最大时，（　　）。

　A. AP_L 是递减的　　B. AP_L 为零　　C. MP_L 为负　　D. MP_L 为零

2. 下列说法中错误的一种说法是（　　）。

　A. 只要总产量减少，边际产量一定是负数

　B. 只要边际产量为正数，总产量一定递增

　C. 边际产量大于平均产量时，平均产量递减

　D. 边际产量曲线一定在平均产量曲线的最高点与之相交

3. 如果以横轴表示劳动，纵轴表示资本，则等成本曲线的斜率是（　　）。

　A. P_L/P_K　　B. $-P_L/P_K$　　C. P_K/P_L　　D. $-P_K/P_L$

4. 等产量曲线是指（　　）。

　A. 为生产同等产量投入要素的各种组合比例是不能变化的

　B. 为生产同等产量投入要素的价格是不变的

　C. 不管投入各种要素量如何，产量总是相等的

　D. 投入要素的各种组合所能生产的产量都是相等的

5. 如果等成本曲线平行向内移动可能（　　）。

　A. 产量提高了　　　　　　　　　B. 成本增加了

C．成本减少了   D．生产要素的价格按不同比例下降了

6．在生产者均衡点上，下面错误的说法是（   ）。

　　A．$MRTS_{LK}=P_L/P_K$ B．$MPP_L/P_L=MPP_K/P_K$

　　C．等产量曲线与等成本线相切   D．等产量曲线与等成本线相交

7．边际报酬递减规律的前提是（   ）。

　　A．不按比例连续增加各种生产要素

　　B．按比例连续增加各种生产要素

　　C．其他生产要素不变而连续地投入某种生产要素

　　D．上述都正确

8．如果规模报酬递增，当所有的生产要素都增加100%时，则产出将（   ）。

　　A．增加100%   B．减少100%

　　C．增加大于100%   D．增加小于100%

9．如果某厂商生产出既定产量时实现了最小成本，那他（   ）。

　　A．总收益为零   B．利润一定获得最大

　　C．一定未获得最大利润   D．不能判断是否获得最大利润

二、计算题

1．已知生产函数 $Q=f(L, K)=LK-0.5L^2-0.32K^2$，$Q$ 表示产量，K 表示资本，L 表示劳动。若 $K=10$，

（1）写出劳动的平均产量和边际产量函数；

（2）分别计算当总产量和平均产量达到极大值时企业雇用的劳动量。

2．已知生产函数 $Q=f(L, K)=L^{3/8}K^{5/8}$，资本的价格 $P_K=5$，劳动的价格 $P_L=3$，试求：

（1）$Q=10$ 时所需的最低成本以及使用的 L 和 K 的数量；

（2）总成本为160时厂商均衡的产量 Q 以及 L 和 K 的值。

3．已知生产函数 $Q=f(L, K)=L^{2/3}K^{1/3}$，证明：

（1）该生产规模报酬不变；

（2）受报酬递减规律支配。

4．设生产函数 $Q=f(L, K)=2L^{0.6}K^{0.2}$，试问：

（1）该生产函数是否为齐次函数？次数多少？

（2）该生产规模报酬情况。

三、作图分析

1．作图说明生产短期总产量、平均产量与边际产量的关系。

2．运用图形分析短期生产要素的合理投入区域。

3．运用图形说明生产要素最适组合的原则。

4．画图分析生产扩展线。

四、讨论题

1．假如你大学毕业以后经营一家面包店，你需要投入哪些生产要素？如果你的面包销路很好，在短期，你可以采取哪些措施来增加产量？在长期呢？

2．假设一家用资本和劳动作为投入来生产面包的企业，在什么情况下会出现边际收益递减或规模报酬递减？请对这两种情况进行比较分析。

3．收集国内外高校办学规模的有关资料，并进行比较分析。

第五章 成本理论

生活中，我们经常说一句话，叫"有付出才有收获"。厂商的生产经营行为也是如此，要进行生产获得产出，就必须付出成本投入。我们已经知道厂商投入各种要素的数量（事实上还要考虑投入要素的质量）会直接影响到厂商的产出规模。那你可以进一步思考一下，厂商的产量高是不是就意味着收益高、盈利好呢？你可能很快就想到一个关键问题：没有考虑商品的价格和投入要素的价格呀！现实中，"丰产不丰收"的"丰收悖论"之所以存在，不就是因为农产品丰收后可能面临价格下降，才无法保证农民收益的吗？这个思路用在厂商身上，是同样适用的。但有一点，厂商可不是为了生产商品而生产，而是为了尽可能多地获得利润而进行生产。因此，为了进一步分析厂商的"投入—生产—产出"全过程行为，有必要在上一章生产理论的基础上，进一步学习并解决一个问题：厂商为了得到一定数量的产量，到底应该付出多大的成本，才到保证获得尽可能多的利润？围绕这一关键问题，本章主要解决两个问题：一是通过建立成本函数，进行长短期的成本分析；二是综合厂商的总收益和总成本，进行利润最大化分析。

第一节 成本与成本函数

会计成本分析和经济成本分析有什么区别？

一、成本及其相关概念

1. 成本

成本（Cost）是指厂商为提供一定量的某种产品或服务所实际花费的生产要素的价值，它等于投入的每种生产要素的数量与每种生产要素单位价格乘积的总和。因此，厂商生产过程中所投入的每种生产要素数量的多少和价格的高低，都会影响厂商付出成本的高低。而本章只是在假定生产要素价格既定的条件下，进行厂商的生产成本分析的。根据上述厂商的生产成本组成关系可知，在生产要素价格既定的情况下，厂商的生产成本将唯一地取决于生产要素的投入量。

西方经济学对成本的理解，并不仅仅局限于上述的成本定义。这是因为在经济学的分析中，成本的内涵要大过基于会计成本分析的成本定义。通过引入机会成本概念，可以将成本分成显性成本和隐性成本两类。

2. 机会成本

机会成本是指把一定经济资源用于生产某种产品时所放弃的其他用途上最大的收益。机会成本是由于资源的稀缺性和替代性所引起的，即机会成本的存在需要两个前提条件：一是生产要素是稀缺的，二是生产要素具有多种用途。资源的稀缺性，要求人们根据机会成本的最小化原则来选择资源的用途。如果一种生产要素有两种用途，可以用来生产大炮或者黄油，如果将其用来生产大炮，就不可能再用于生产黄油，因而损失了将生产要素用于黄油生产所带来的潜在收益。这种潜在收益就是该要素生产大炮的机会成本。又例如，投资者仅有一份资金，投资股票时必须放弃国债与基金。假如国债投资收益为 1 万元，基金投资收益为 2 万元，而股票投资收益为 3 万元，则股票投资的机会成本是 2 万元，国债投资的机会成本为 3 万元，基金投资的机会成本也是 3 万元。在西方经济学中，企业的生产成本应该从机会成本角度来进行全面理解。而本章旨在分析产量与投入成本之间的变动关系，而非稀缺生产要素的投入选择问题，因此，对成本的理解还停留在会计成本，即显性成本的范畴。

专栏 5-1

生活中的机会成本

机会成本的概念并不局限在生产或金钱范畴，我们也可以用个人选择了某一机会时所放弃的其他机会的收益去定义机会成本。由于每个人选择的价值判断不同，因此，机会成本存在于主观形态当中。

现实生活中我们每天都要面对很多的选择。因此，为了做出合理的决策，我们必然要考虑到可供选择的几种方案各自的成本和收益。但是，在许多情况下，某种行动的成本可能并不那么容易判断出来。比如，当你面对毕业后是工作还是继续读三年书的选择时，如果你选择了继续读书，你要付出的成本将不仅是用于学费、书籍、住宿和伙食等方面的金钱总和，还有一个要考虑的成本就是机会成本，即如果你当时选择了工作，那么在三年内你得到的工资总和就是现在你选择读书所要负担的机会成本。这样说来，继续读三年书，似乎并不是一个好选择。但是，正如我们在前面所说的一样，机会成本主要存在于主观形态当中。因此，某种选择获得的最大效用不只是实质金钱上的衡量，也包含精神满足的程度。假如读书深造对这位同学而言，可以获得更大的心理满足，在成本和效益的两相权衡之下，也许就会选择继续读书。由此可知，不同的人选择做同一件事时，所考虑的角度不同，机会成本就会不同。

（1）显性成本（Explicit Cost），是指厂商购买或租用生产要素所花费的实际支出。这些支出费用都清清楚楚地记录在会计的账簿上，故叫显性成本，又叫会计成本，例如支付的生产费用、工资费用、市场营销费用等，因而它是有形的、实际发生的真实成本。一般成本会计计算出来的成本都是显性成本，销售收入减去显性成本以后的余额称为账面利润。

显性成本与隐性成本

（2）隐性成本（Implicit Cost），是指厂商自身所拥有的且被用于该企业生产过程的那些生产要素的总价格。这部分成本在会计账簿上没有记录，故称之为隐性成本。这是因为厂商在使用自有生产要素时，如自己的资金和土地、自己管理企业的劳动付出等，好像并不需要花钱出去，即没有货币支付行为，也就没有在会计账簿进行记录。但是，不花钱使用自有生产要素的行为并不意味没有成本产生。从机会成本角度考虑，你就可以知道，厂商自有生产要素的使用会产生机会成本。例如，资金存在银行可以获得利息，企业家到别处就业可以获得工资，土地、房屋租给别人可以获得租金。如果将所有自有生产要素都投入到自己的企业进行生产，就失去了用于其他用途所获得的报酬，这种报酬就是厂商使用自有生产要素的机会成本。

回顾一下，我们已经接触的成本概念，有显性成本、隐性成本、会计成本、机会成本，它们之间的关系可以用下表说明。

表 5-1 财务分析与经济分析中成本的性质

项目	财务分析	经济分析
成本性质	会计成本	机会成本
	显性成本	显性成本+隐性成本

二、成本函数

正如生产理论主要研究生产函数一样，成本理论主要分析成本函数。厂商生产成本的大小，一般与一定数量的产品及其价格相关。我们可以用成本方程核算总成本大小，即成本等于投入要素价格的总和，这是一个恒等式。但是，成本理论所分析的成本函数，只分析产量变化时对应的成本变化情况，所以，成本函数是以产量为自变量的函数式，是指在技术水平和要素价格不变的条件下，一定产量与生产该产量的最低成本之间的关系。可以将成本函数表示为：

$$C=F（Q）$$

其中，Q 代表产量；C 代表厂商在生产 Q 产量时所需要支付的最低总成本；F 表示产量 Q 和总成本 C 之间的函数关系。

总结一下，生产函数反映厂商投入生产要素与获得产出之间的数量关系，再考虑投入生产要素的价格，就可以得到与一定产量对应的成本函数。例如，某一厂商的生产函数可以表示为 $Q=KL$，其中资本 $K=100$，则劳动 $L=Q/K$，即 $L=Q/100$，如果假定劳动的价格 $P_L=200$（美元），由于资本量固定，成本只和劳动投入量相关，故成本函数可以表示为 $C=L \cdot P_L=(Q/100) \times 200=2Q$（美元）。

第二节 | 短期成本函数

> 边际成本概念在厂商成本分析中的作用是什么？难道对厂商进行总成本分析和平均成本分析还不够吗？

一、短期总成本

所谓短期，是指在这期间厂商不能调整其生产规模，即在厂商投入的全部生产要素中，只有一部分生产要素是可以变动的，而另一部分则固定不变。例如，在短期内厂商可以调整原料、燃料及生产工人数量这类生产要素，而不能调整厂房、设备等生产要素。因此，短期内生产要素分为两部分：随产量变动而发生投入数量变动的生产要素称为可变生产要素，不能随产量变动而发生投入数量变动的生产要素

短期总成本

称为固定生产要素。购买不变要素的费用支出就是固定成本（Fixed Cost，FC），其不随产量变动而变动，即使是企业停产停业，这部分费用也需要照常支付。购买可变生产要素的费用支出就是可变成本（Variable Cost，VC），它随产量增减变动而变动，是产量的函数。

短期总成本（Short-run Total Cost，STC）是指厂商在短期内生产一定产量需要支付的成本总额，它等于短期内与每一产量水平对应的固定成本和可变成本之和，用 STC 表示，即有：

$$STC = TVC + TFC$$

或

$$STC(Q) = TVC(Q) + \overline{TFC}$$

用曲线表示上述关系，就是"短期总成本曲线"，如图 5-1 所示。

总固定成本（TFC）是指不随产量变动而变动的成本，等于投入的固定要素的价值总和。由于固定成本与产量无关，是一个常量，因此，固定成本曲线也表示为一条水平线。总可变成本（TVC）是指随产量变动而变动的成本，等于投入的可变要素的价值总和。总可变成本曲线 TVC 从原点出发，向右上方倾斜，若产量为零，可变成本必然为零。当产量增加时，可变成本先以递减的速度增加，然后以递增的速度增加。可变成本这种不同的变动速度是由短期生产函数中总产量的变动速度决定的。TC 曲线的形状与 TVC

完全相同，只是在每个产量水平上加上不变的 TFC。

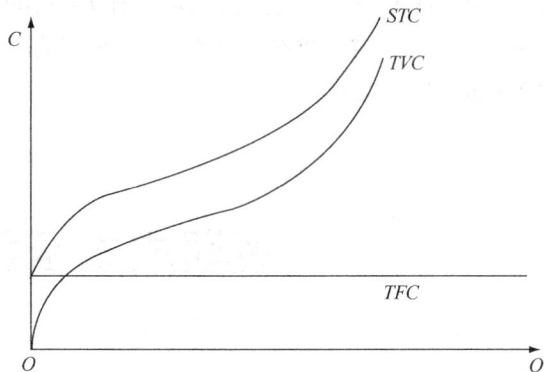

图 5-1　短期总成本曲线

二、短期平均成本

短期平均成本（Short-run Average Cost，SAC）是指短期内生产每一单位产品平均所需要的成本，用 SAC 表示，即 $SAC = \dfrac{STC}{Q}$。短期平均成本等于平均固定成本加上平均可变成本，即 $SAC = AVC + AFC$。

其中，平均固定成本（Average Fixed Cost，AFC）是指平均每单位产品所分摊的总固定成本，用 AFC 表示，即：

$$AFC = \frac{TFC}{Q}$$

随着产量的增加，AFC 始终递减，其曲线为一条正双曲线。平均固定成本起初减少的幅度很大，以后减少的幅度越来越小。平均固定成本曲线在产量开始增加时，它下降的幅度很大，以后越来越平坦，随着产量的增加，下降的幅度越来越小，如图 5-2 所示。

平均可变成本（Average Variable Cost，AVC）是指平均每单位产量所分摊的总可变成本，用 AVC 表示，即：

$$AVC = \frac{TVC}{Q}$$

平均可变成本起初随着产量的增加而减少，但产量增加到一定程度后，平均可变成本持续增加。因此，平均可变成本曲线是一条先下降后上升的 U 型曲线。SAC 曲线的最低点总是位于 AVC 曲线最低点右侧。

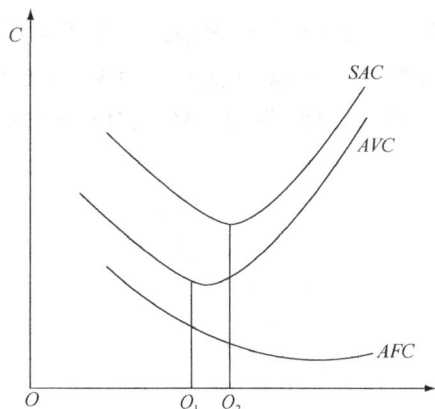

图 5-2　短期平均成本曲线

短期平均成本的变动规律是由平均固定成本与平均可变成本共同决定的。当产量增加时，平均可变成本下降，加之平均固定成本也迅速下降，因此短期平均成本迅速下降。随着平均固定成本值越来越小，它在平均成本中也变得越来越小，平均成本还是随产量的增加而下降。但是，当产量增加到一定程度后，平均成本开始随产量的增加而增加。因此，短期平均成本曲线也一条 U 型曲线。

三、短期边际成本

短期边际成本（Short-run Marginal Cost，SMC）是指在工厂规模既定的条件下，每增加一单位产量所增加的总成本，用 SMC 表示，即：

$$SMC = \frac{\Delta STC}{\Delta Q}$$

或者

$$SMC = \frac{\mathrm{d}STC}{\mathrm{d}Q}$$

在总成本中，由于固定成本是固定不变的，而总成本等于固定成本加可变成本，所以，短期边际成本实际上等于增加该单位产品时所增加的可变成本，所以，

$$SMC = \frac{\Delta STC}{\Delta Q} = \frac{\Delta TVC}{\Delta Q}$$

或者

$$SMC = \frac{dTVC}{dQ}$$

如图 5-3 所示，在短期中，MC 是 STC 曲线上所有点的切线的斜率，同时也是 TVC 曲线上各点切线的斜率。因为 STC 曲线本来就是由 TVC 曲线向上平行移动得到的，因而在每个产量水平上，TVC 曲线和 STC 曲线具有相同的斜率。从图 5-3 可知，STC 曲线各点切线的斜率

短期成本曲线

是由大变小，再由小变大的。因此 *MC* 曲线开始随产量的增加而减少，当产量增加到一定程度时，就随产量的增加而增加了。所以，边际成本曲线也呈 U 型。因为 *STC* 曲线上拐点的斜率最小，所以当产量为 Q_1 时，*MC* 曲线的最低点对应于 *STC* 曲线上的拐点 *A*。

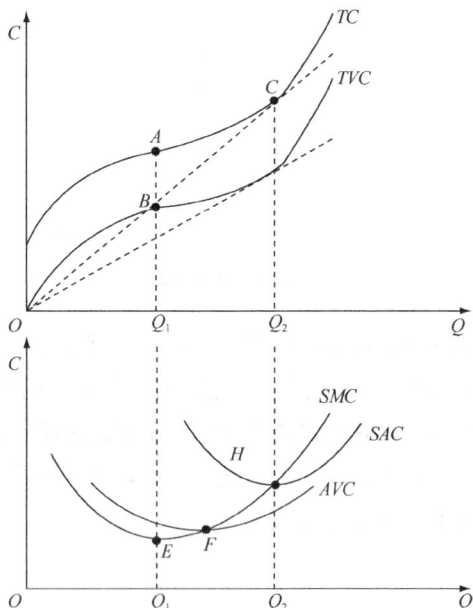

图 5-3 短期边际成本曲线及其与其他成本曲线的关系

SMC 曲线与 *SAC* 曲线一定相交于 *SAC* 曲线的最低点（即 *H* 点）。这是因为当 *SMC* 小于 *SAC* 时，*SAC* 呈下降趋势；当 *SMC* 大于 *SAC* 时，*SAC* 呈上升趋势；当 *SMC* 等于 *SAC* 时，*SAC* 处于最低点。从而可知，*SAC* 曲线与 *MC* 曲线相交于平均总成本曲线的最低点。同理，*SMC* 曲线与 *AVC* 曲线也一定相交于 *AVC* 曲线的最低点（即 *F* 点）。

专栏 5-2

边际成本的应用

边际成本作为一个重要的成本概念，在现实当中的应用具有一定的特殊性。表面上看，边际成本仅能表明增加某一单位产品所要增加的费用，不像总成本那样可以直接表明生产过程中全部生产要素的费用支出情况，并通过与总收益的比较，揭示可能存在的利润大小。实际上，伴随着产量增加，边际成本对应所发生的变动情况，才是其发挥应有作用的基础。可以说，总成本是一个考察企业经济运行的具有静态性的实际成本概念，而边际成本则是一个考察企业经济运行的具有动态性的参照成本概念。当它作为一种分析市场经济的方法时，具备了很强的科学性。举个例子：

道路安全设施支出与安全设施挽救了多少人之间存在某种联系。一般情况下，可以通过加强道路安全设施投入来降低交通伤亡人数。假设去年投入2000万元大约减少伤亡人数50人。那么明年应该支出多少，才能将交通伤亡人数进一步降低呢？

按平均成本方法考虑的话，减少1个人的伤亡，平均要投入40万元。如果想进一步减少交通伤亡人数，就直接用40万元乘以人数就可以了。这样考虑，是否合适呢？

按边际成本法考虑的话，不是直接考虑增加多少投入，关键是增加的投入会在边际上多挽救多少人的生命。为了进行分析，可以收集一组动态数据，如下：

年份	支出（百万元）	挽救人数
T	5	25
T+1	10	40
T+2	15	48
T+3	20	50

数据表明，道路安全设施支出的边际收益是递减的，最后的500万元只挽救了2条人命，平均成本达250万元。所以，随被挽救人数的增加，安全设施投入的边际成本在快速增加。所以，现在的关键问题不在于讨论投入多少，才能减少人员伤亡。边际成本分析已经告诉我们，这一做法不具有可持续性。在道路交通安全设施已经不断完备的条件下，要进一步减少交通事故的人员伤亡，还需要发挥其他配套措施的作用，例如，加强道路交通法规建设、加强道路安全知识的宣传与学习等。

这一事例说明，运用边际成本法取得的信息，对企业管理者进行相关分析和决策具有重要的指导作用。

第三节 长期成本函数*

短期成本分析与长期成本分析有什么异同点？

长期成本研究的主要内容是在某个时期内，在一定的生产技术条件下，所有生产投入要素都发生变动时的成本变动情况。

一、长期总成本

长期总成本（Long-Run Total Cost，LTC）是指在工厂规模可以变动的条件下，厂商

生产各种产量水平所花费的最低成本。因为长期总成本曲线是由每一产量所对应的最低短期成本所构成的，所以，长期总成本曲线就是所有短期成本线所构成的包络线。

在图 5-4 中，STC_1、STC_2 和 STC_3 是三种规模下的短期成本曲线，与长期总成本曲线分别相切于 P、R 和 S 点，长期成本曲线是一系列最低短期成本点的轨迹。长期总成本曲线从原点出发，由于随着产量增加生产要素逐渐得到充分使用，因而呈现规模报酬递增的态势，成本增长速度逐渐降低。当产量增加到一定程度后，则在边际收益递减规律的作用下，成本增长速度又会逐步加快。

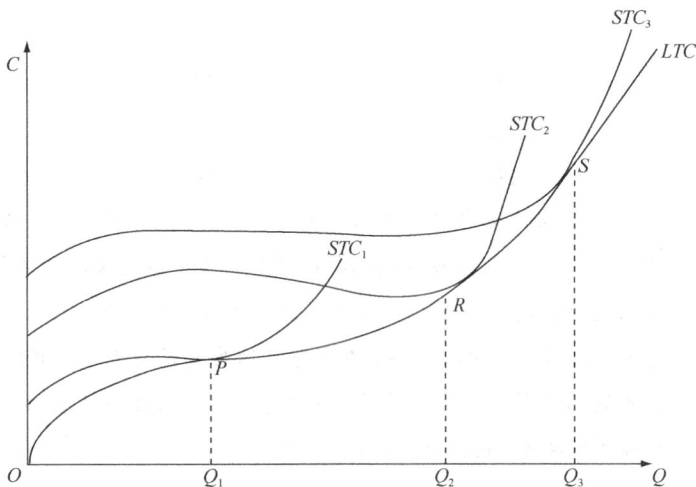

图 5-4　长期总成本曲线与短期总成本曲线

从图 5-4 可知，长期总成本函数与短期成本函数有着密切的联系。一般情况下都存在 $LTC \leqslant STC$，这是因为在长期，厂商可以选择最优工厂规模来生产各种产量水平。在短期，厂商只能在既定的工厂规模下通过调整变动要素量来生产各种产量水平，因此，除非生产某一产量水平所采用的工厂规模是最优的（**此时的 $LTC(Q) = STC(Q)$**），否则，生产某一产量水平所耗费的短期成本一定大于在最优规模下生产同等产量水平所耗费的长期成本。当然，两者之间也存在明显的不同。第一，曲线形状的决定因素不同——STC 的形状由边际报酬规律决定，而 LTC 曲线的形状由规模报酬变动规律决定。第二，长期总成本曲线始于原点，因为在长期不存在固定成本，产量为零时，长期成本也为零。

二、长期平均成本

长期平均成本（Long-run Average Cost，LAC）是指工厂规模可以变动的条件下，平均每单位产品所分摊的长期总成本，它等于长期总成本 LTC 与产量之商。

和长期总成本曲线与短期总成本曲线的关系一样，长期平均成本曲线也是短期平均成本曲线的包络线。在图 5-5 中，SAC_1、SAC_2、SAC_3、SAC_4、SAC_5、SAC_6 和 SAC_7 是与一定产量规模对应的短期平均成本曲线，每条短期平均成本曲线与长期平均成本曲线都有一个切点，但并不相交。长期平均成本曲线是一系列最低平均成本点的轨迹。

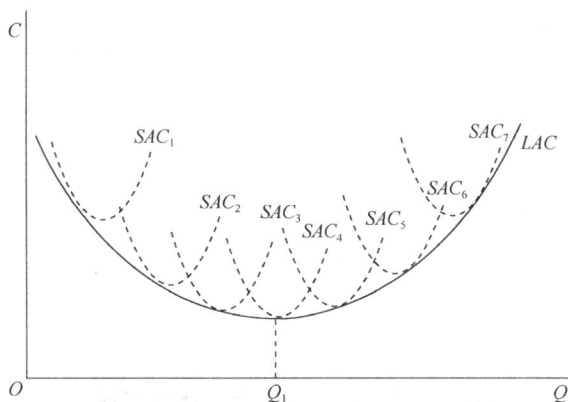

图 5-5　长期平均成本曲线和短期平均成本曲线

长期平均成本曲线与短期平均成本曲线都是 U 型的。但是决定曲线形状的因素并不相同。短期平均成本曲线的形状是由可变投入要素的边际收益率先递增后递减决定，而长期平均成本曲线的形状是由所有要素投入变动引起生产规模变动决定的，即受规模报酬变动的影响。受其影响，可将厂商的长期生产过程分为三个阶段：成本递减阶段、成本不变阶段和成本递增阶段。

三、长期边际成本

长期边际成本（Long-run Marginal Cost，LMC）是指长期中每增加一单位产量所增加的长期总成本，$LMC=\Delta LTC / \Delta Q$。当产量作微量变化时，长期边际成本 LMC 是长期总成本 LTC 对产量 Q 的导数，$LMC=\mathrm{d}LTC / \mathrm{d}Q$（如图 5-6 所示）。

因此，长期边际成本曲线是长期总成本曲线上各点的斜率值之轨迹。

由于 LTC 曲线的斜率是相应的 LMC 值，STC 曲线的斜率是相应的 SMC 值，因此可以推知，在长期内的每一个产量上，LMC 值都与代表最优生产规模的 SMC 值相等。根据这种关系，便可以由 SMC 曲线推导出 LMC 曲线。

图 5-6 中的每一个产量上的代表最优生产规模的 SAC 曲线都有一条相应的 SMC 曲线，每一条 SMC 曲线都过相应的 SAC 曲线最低点。在 Q_1 的产量上，生产该产量的最优生产规模由 SAC_1 曲线和 SMC_1 曲线所代表，相应的短期边际成本由点 P 给出，PQ_1 既是短期边际成本，又是长期边际成本，即有 $LMC=SMC_1=PQ_1$。同理，在 Q_2 的产量上，有

$LMC=SMC_2=RQ_2$；在 Q_3 的产量上，有 $LMC=SMC_3=SQ_3$。在生产规模可以无限细分的条件下，可以得到无数个类似于 P、R、S 的点，将这些点连结起来便得到一条光滑的长期边际成本 LMC 曲线。可见，长期边际成本曲线也是一条先降后升的 U 型曲线。

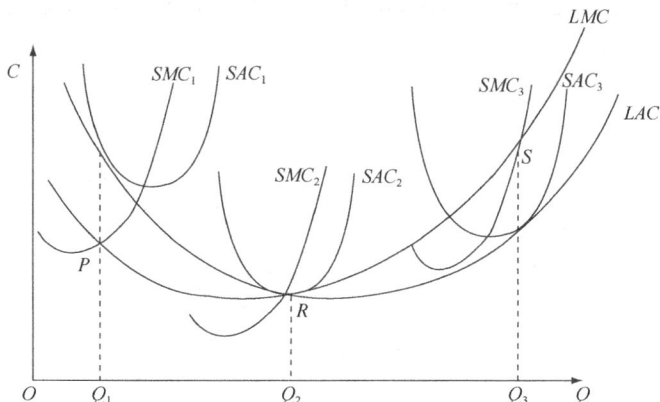

图 5-6　长期边际成本曲线和短期边际成本曲线

此外，长期边际成本曲线与长期平均成本曲线的关系和短期边际成本曲线与短期平均成本曲线的关系相同，二者交于长期平均成本曲线的最低点。如图 5-6 所示，在相交之前，长期平均成本递减，$LAC>LMC$；在相交之后，长期平均成本递增，$LAC<LMC$；在相交之时，长期平均成本最小，$LAC=LMC$。

第四节　利润最大化原则

利润最大化原则是如何得出来的？得到这个原则有什么作用？

在有关厂商理论的分析中，我们分别学习了生产理论和成本理论。现在就可以进行利润分析了。

一、厂商收益

厂商销售产量获得的货币收入就是收益。有三种收益概念需要加以区分：

总收益（Total Revenue，TR），指厂商出售一定数量的产量或劳务所获得的全部收入，它等于产品的单位销售价格（P）与销售数量（Q）的乘积。用公式表示为：

$$TR=P \cdot Q$$

平均收益（Average Revenue，AR），是指厂商销售单位产品所获得的平均收入。可以用公式表示为：

$$AR = \frac{TR}{Q}$$

边际收益（Marginal Revenue，MR），是指厂商每增加或者减少一单位产品的销售所引起的总收益的变动量。用公式表示为：

$$MR = \frac{\mathrm{d}TR}{\mathrm{d}Q}$$

或者

$$MR = \frac{\Delta TR}{\Delta Q}$$

总收益、平均收益和边际收益都与厂商的产量有关，因而其曲线与总产量、平均产量和边际产量曲线相对应，具有相同形状。与三个收益概念相对应，有三个收益函数：总收益函数、平均收益函数和边际收益函数。

二、利润

利润就是总收益与总成本的差额。总收益超过总成本时，差额为利润额；当总成本超过总收益时，差额为亏损额。用公式可以表示为：

$$\pi = TR - TC$$

其中，π 为利润。需要强调的是，这里所指的利润是经济利润，或称为超额利润，而非会计利润。因为会计利润是销售总收益（TR）

影响利润的因素

与显性成本（即会计成本）的差额。而将会计利润再减去隐性成本，才得到经济学上的利润，即经济利润。两者的区别就在于是否考虑厂商使用自有生产要素时的机会成本。如果考虑厂商使用自有生产要素带来的机会成本，那么就要保证这部分机会成本的总和至少应该与该资源投向其他行业所能带来的正常利润相等。否则，该厂商便会将自有资源用于其他用途获利。因此，这部分自有要素的机会成本之和，既是厂商生产活动中的隐性成本，也是厂商应该获得的正常利润。可以将以上三类利润概念的关系概括如下：

会计利润=总收益-显性成本

正常利润=隐性成本

经济利润=会计利润-隐性成本

=会计利润-正常利润

明白了以上利润概念及其相互之间的关系，就不难理解此处讲的经济利润的内涵了。也就是说，厂商收益不但要能够补偿会计成本，而且还要能够补偿各种投入要素的机会成本，否则就是亏损。正如上述利润公式所表明的一样，当厂商收益正好等于经济成本时，经济利润为 0。但是，经济利润为 0，不等于没有正常利润。

三、厂商的利润最大化原则

获取最大化利润是厂商生产经营的基本目标，也是微观经济学从事经济理论研究的重要宗旨。在经济学中，成本和利润存在互补关系。在收益量一定的情况下成本高则利润低，成本低则利润高。研究成本的目的是为了最大限度降低成本，以提高利润，从而实现厂商最佳经济效益。

利润最大化原则

厂商利润最大化原则就是产量的边际收益等于边际成本的原则，即：

$$MR = MC$$

边际收益是最后增加或减少一个单位销售量所增加或减少的总收益变化量，边际成本是最后增加或减少一个单位产量增加或减少的总成本变化量。如果厂商的边际收益大于边际成本，意味着厂商每多生产一个单位产品用于销售所增加的收益，大于多生产一个单位产品所增加的成本，厂商仍有利可图，因而会继续增加产量。相反，如果厂商的边际收益小于边际成本，意味着厂商每多生产一个单位的产品用于销售所增加的收益，小于多生产一个单位产品所增加的成本，厂商会亏损，因而会减少产量。也就是说，无论厂商的边际收益是大于还小于边际成本，厂商都会通过调整产量的方式，来扩大盈利或尽量缩小亏损。只有当边际收益等于边际成本时，厂商才不会调整产量，因为此时厂商的利润达到最大，或者亏损达到最小。所以，厂商的产量就确定在 $MR=MC$ 的产量点上，并不再有变化。$MR=MC$ 也就定义为厂商利润最大化的基本条件。在任何市场结构中确定厂商获得利润最大化时的均衡产量和均衡价格时，都是依据这一利润最大化的基本原则来确定的。

专栏 5-3

利润最大化原则的数学推导过程

设 π 为利润，Q 为厂商产量，TR 为厂商总收益，TC 为厂商总成本，即有：

$$\pi = TR(Q) - TC(Q)$$

$$\frac{\mathrm{d}\pi}{\mathrm{d}Q} = \frac{\mathrm{d}TR}{\mathrm{d}Q} - \frac{\mathrm{d}TC}{\mathrm{d}Q} = MR - MC$$

利润最大化的一阶条件即必要条件为 $\dfrac{\mathrm{d}\pi}{\mathrm{d}Q} = 0$，因此有

$$MR = MC$$

利润极大化的二阶条件即充分条件为 $\dfrac{\mathrm{d}^2\pi}{\mathrm{d}Q^2} < 0$，即：

$$\frac{d^2\pi}{dQ^2} = \frac{d^2TR}{dQ^2} - \frac{d^2TC}{dQ^2} = \frac{dMR}{dQ} - \frac{dMC}{dQ} < 0$$

也就是边际收益的增加率要小于边际成本的增加率。

➤ **案例与拓展**[1]

拓展资料： 信息的成本——来自《大英百科全书》价格演变的思考

资料来源： 卡尔·夏皮罗和哈尔·瓦里安，《信息规划——网络经济的策略指导》，中国人民大学出版社，2000 年版。

两百多年以来，《大英百科全书》一直被视为一本经典参考书而广为流传。作为经典，它的要价也相当高。在 20 世纪 80、90 年代，一套 32 卷的《大英百科全书》标价 1600 美元。

《大英百科全书》的高价策略在 1992 年后发生了改变。事情的经过是这样的：1992 年，微软决定进军百科全书生意，并购买了一套二流百科全书——《Funk & Wagnalls》的版权。随后，微软将这套百科全书的内容制作成一套带有多媒体声音的光盘，以 49.95 美元的价格向最终用户出售。《大英百科全书》眼见市场被侵蚀，很快意识到要采用电子出版战略。公司的第一步是以每年 2000 美元的订阅费提供网上图书馆服务。这一做法为公司挽留了大图书馆的订单，但是小的学校图书馆、办公室和家庭则认为，光盘的百科全书已经够用了，没有必要花费更多钱去购买《大英百科全书》的网上图书馆服务。这使得《大英百科全书》继续在它的电子版竞争对手面前失去市场。到 1996 年，它的销售额只有约 3.25 亿美元，大概是 1990 年销售额的一半。

1995 年时，《大英百科全书》曾决定进军家庭市场。它提供了一个每年订阅费为 120 美元的在线版本，但只吸引到很少的顾客。1996 年，公司推出一个标价为 200 美元的光盘版本，但因其价格仍高于微软产品价格近四倍，所以少人问津。在之后的时间中，大英公司为吸引消费者，不断降低光盘版百科全书的价格。在 20 世纪末期，其光盘版价格一度降低到 89.99 美元，而内容相同的 32 卷印刷版价格仍然为 1600 美元。大英公司面临着前所未有的困境，其中最大的问题是它能否向一个足够大的市场成功进行销售，以尽可能地收回成本。

资料解读： 大英公司的例子揭示了一种特殊商品——信息的定价难题和成本分析的作用。信息产品的一个主要特征就是它的生产集中于它的"原始拷贝成本"。一旦第一本书被印刷出来，生产另一本书的成本就只有几美元，刻录一张新光盘的价格则更低。因此，即使是耗资不菲的好莱坞巨片，其成本也大部分都花在第一份拷贝问世以前。

随着现代信息网络技术的进步和网络经济的不断繁荣，越来越多的信息产品开始呈现这一新的变化，即信息产品的高技术性和高知识性，使得最初必须投入巨大的固定成本进行开发，一旦产品研制成功或成功出品，额外生产一单位产品的生产成本就会变得相当低，甚至可以认为接近于零。因此，信息产品具有一种特殊的属性，即生产的边际成本具有递减性。这一点区别于一般经典经济学理论中对边际成本的描述。

案例与拓展[2]

案例内容：沃尔玛的低成本战略

案例来源：收集资料自编

1962 年，山姆·沃尔顿开设了第一家沃尔玛（WAL-MART）商店。迄今沃尔玛商店在世界零售业中排名第一。按照美国《福布斯》杂志的估算，1989 年山姆·沃尔顿家族的财产已高达 90 亿美元。在美国《财富》杂志 2014 年度世界 500 强排行榜上，沃尔玛更是以 4763 亿美元的营业收入名列榜首。与埃克森美孚、苹果、通用等上榜的巨型公司相比，沃尔玛的成功之道就在于严格的低成本发展战略。

沃尔玛的经营策略是"天天平价，始终如一"，即所有商品（非一种或若干种商品）在所有地区（非一个或一些地区）常年（非一时或一段时间）以最低价格销售。为保障低价经营策略的实施，沃尔玛必须保证在采购、存货、销售和运输等各个流通环节上，能采取有效措施将成本降低至行业最低水平。为此，沃尔玛付出了不懈的努力。例如：

在购货环节中，沃尔玛主要采用直接从生产厂家进货，而非代销的经营方式。这一做法因为保障了供应商的利益，激发了供应商与沃尔玛建立良好合作关系的积极性，从而保证了沃尔玛能以最优惠价格进货，大大降低了成本。

在存货环节则通过建立高效运转的配送中心来保持低成本存货。公司在全美有 16 个配货中心，都设在离沃尔玛商场距离不到一天路程的附近地点。商品购进后直接送到配货中心，再从配货中心由公司专有的集装箱车队运往各地的沃尔玛商场。公司建有最先进的配货和存货系统，公司总部的高性能电脑系统与 16 个配货中心和 1000 多家商场的 POS 终端机相联网，每家商场通过收款机激光扫描售出货物的条形码，就可以将有关信息记载到计算机网络当中。当某一货品库存减少到最低限度时，计算机就会向总部发出购进信号，要求总部安排进货。总部寻找到货源，便派离商场最近的配货中心负责运输路线和时间，一切安排有序，有条不紊。商场发出订货信号后 36 小时内，所需货品就会及时出现在货架上。就是这种高效的商品进、销、存管理，使公司迅速掌握商品进销存情况和市场需求趋势，做到既不积压存货，销售又不断货，加速资金周转，降低了资金成本和仓储成本。

此外，沃尔玛还着力于对日常经费管理环节进行严格控制。沃尔玛整个公司的管理费用仅占公司销售额的 2%，远低于同行 5%的平均水平。为维持低成本运营、高效率运作的日常管理模式，沃尔玛在各个细节上都实施了节俭措施。例如，店铺装修尽量简洁、广告开支尽量缩小、提倡管理人员的节俭作风等。正因为沃尔玛能坚定执行低成本竞争战略，才能在激烈的市场竞争中取胜。

案例解读：低成本战略，是厂商在为客户提供相同产品或服务时，通过在内部加强成本控制，在研发、采购、制造、贮存、销售、服务和广告等领域内把成本降低到较低水平，使成本明显低于行业平均水平或主要竞争对手，从而赢得更大的市场占有率和更高的利润，成为行业中成本领先者的一种持久性竞争战略。从沃尔玛案例可以知道，支撑低价策略的低成本战略，并不是简单地降低生产成本就可以了，而是涉及采购、生产、销售等各个环节，有时还要综合价值链分析，来寻找降低成本的途径。例如，案例中沃尔玛与供应商的关系、地理位置远近等，都可以间接导致成本的节约。更重要的是，实施低成本战略的企业还必须培养自己特殊的企业文化，在企业内部营造节约、优化和高效的文化氛围。正如沃尔玛所做的一样，通过企业文化的熏陶，使每个员工都接受低成本理念，并自愿进行不断优化成本的努力。

本章要点

1．成本是指厂商为提供一定量的某种产品或服务所实际花费的生产要素的价值。厂商生产某种产品或提供某种劳务所花费的成本，等于生产要素的数量与单位要素的价格之乘积。

2．成本可以分为短期成本与长期成本，但不是以时间长短为依据进行划分的，而是以生产结构状况加以区分的。

3．短期成本是指厂商在短期内生产一定产量需要的成本总额，它是短期内每一产量水平的固定成本和可变成本之和，可以细分为短期平均成本、平均固定成本和平均可变成本、短期边际成本。

4．长期总成本是指在工厂规模可以变动的条件下，厂商生产各种产量所花费的最低成本，可以细分为长期总成本、长期平均成本和长期边际成本。

5．利润就是总收益与总成本的差额。经济分析中一般分析的是经济利润，即超额利润，而非会计利润。

6．厂商利润最大化原则是 $MR=MC$，即某一产量水平下的边际收益等于边际成本。在任何市场结构中确定厂商获得利润最大化时的均衡产量和均衡价格时，都是依据这一利润最大化的基本原则来确定的。

关键概念

成本	显性成本	隐性成本	机会成本	短期总成本
短期平均成本	短期边际成本	固定成本	可变成本	利润
经济利润	正常利润	会计利润	利润最大化原则	

习 题 五

一、选择题

1. 生产者为了生产一定数量产品所放弃的使用相同生产要素在其他生产用途中所得到的最高收入，是指（　　）。

  A. 会计成本   B. 隐性成本   C. 机会成本   D. 边际成本

2. 当短期平均成本（SAC）线与短期边际成本（SMC）线相交时，SAC（　　）。

  A. 最小   B. 等于 SMC

  C. 等于 SAVC 加上 SAFC   D. 以上都对

3. 在长期中，下列成本中哪一项是不存在的（　　）。

  A. 固定成本   B. 机会成本   C. 平均成本   D. 隐性成本

4. 某厂商生产 10 件衣服的总成本为 1500 元，其中机器设备等折旧为 500 元，工人工资及原材料费用为 1000 元，那么平均可变成本为（　　）。

  A. 300   B. 100   C. 200   D. 500

5. 假定某厂商全部成本函数为 $TC=40000+4Q-Q^2$，Q 为产出数量，那么 TVC 等于（　　）。

  A. 40000   B. $4Q-Q^2$ C. $4-Q$ D. $40000/Q$

6. 长期平均成本随着产量的增加而下降是因为（　　）。

  A. 规模报酬递减   B. 规模报酬递增

  C. 规模不经济   D. 都对

7. 产量为 3 时，总收益为 300；当产量为 4 时，总收益为 330，此时厂商的边际收益为（　　）。

  A. 30   B. 300   C. 330   D. 630

8. 边际成本与平均成本的关系是（　　）。

  A. 边际成本大于平均成本，边际成本下降

  B. 边际成本小于平均成本，边际成本下降

  C. 边际成本大于平均成本，平均成本上升

  D. 边际成本小于平均成本，平均成本上升

9. 利润最大化的基本原则是（　　）。

  A. 边际收益大于边际成本   B. 边际收益等于边际成本

  C. 边际收益小于边际成本   D. 边际收益与边际成本没有关系

二、计算题

1. 已知 $Q=6750-50P$，总成本函数为 $TC=12000+0.025Q^2$。

试求：（1）利润最大化时的产量和价格；（2）最大利润是多少？

2．假定成本函数为 $TC = 4Q^3 - 20Q^2 + 30Q + 66$，写出以下成本函数：$TVC$、$AC$、$AVC$、$AFC$、$MC$。

3．已知短期总函数为 $STC = Q^3 - 5Q^2 + 20Q + 1$，求：$Q = 1$ 时的短期边际成本值。

三、分析题

1．请作图分析边际成本线与其他成本曲线的关系。

2．如果某厂商雇用正处于失业状态的工人，试问在使用中劳动力的机会成本是否为 0？

第六章 完全竞争市场均衡

本章开始研究经济活动者的行为如何影响商品价格的问题，首先从完全竞争市场这一理想化的市场结构情况下，分析产品市场上厂商的行为及价格的决定问题。尽管现实中很少能见到这样的市场，但对于揭示市场竞争的内在本质具有特殊的重要意义。

第一节 市场结构

市场结构类型有哪些？划分市场类型的依据是什么？

一、市场结构的含义

市场起源于古时人类对于固定时段或地点进行交易的场所的称呼，指买卖双方进行交易的场所。发展到现在，市场具备了两种意义：一个意义是交易场所，如传统市场、股票市场、期货市场等，另一个意义为交易行为的总称。即市场一词不仅仅指交易场所，还包括了所有的交易行为。故当谈论到市场大小时，并不仅仅指场所的大小，还包括了消费行为是否活跃。广义上，所有产权发生转移和交换的关系都可以成为市场。

市场结构

市场可以有不同的分类方法。例如，按照交易的对象分，市场上有多少种交易物品，就相应地有多少个市场，如劳动力市场、土地市场、汽车市场、手机市场、农产品（如大米）市场等。由于经济中所有的交易物品可以被分为生产要素和商品两大类，相应地，经济中的所有物品市场也可以分为要素市场和商品市场两大类。本章研究的是商品市场，要素市场将在生产要素理论中进行研究。

我们在市场上购买产品时，往往会面临不同的厂商可供选择，它们都能供给同种产品。一般来讲，越是消费者所必需的商品或越是易于生产的商品，其生产厂商也越多，消费者的选择范围也越大。比如我们买衣服时，会面临全北京、全中国甚至全世界的衣服厂商的产品可供选择，但要是购买微软公司的核心技术或是可口可乐的配比秘方则只能有唯一的厂商可供选择。如果某种或某类产品有众多的生产厂家，厂商之间的产量竞争或价格竞争非常激烈，我们就说生产该种或该类产品的产业是竞争的或垄断竞争的；反之，如果生产某种或某类产品有唯一的或数目很少的生产厂家，厂商之间竞争较弱，我们就说生产该种或该类产品的产业是垄断的或寡头垄断的。因此，我们可以用生产同种或同类产品的厂商之间的竞争程度或其反面——垄断程度，来划分产业的结构或市场的结构。

二、决定市场结构的因素

决定市场结构的最主要因素有以下 5 个：

第一，厂商的数目。市场上厂商数目越多，竞争性越强，反之亦然。

第二，厂商所生产产品的差别程度。产品的差别程度越弱，竞争性越强，反之亦然。

第三，单个厂商对市场价格的控制程度。

第四，厂商进入或退出一个行业的难易程度。

第五，信息的完全性。

三、市场结构类型与特点

市场结构的类型

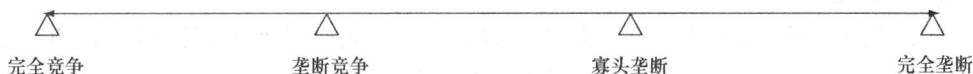

根据厂商对市场的影响能力，可以把市场结构分为四种类型：完全竞争市场、垄断竞争市场、寡头垄断市场和完全垄断市场。其中完全竞争和完全垄断处于两个极端状态，而垄断竞争和寡头垄断是介于这两个极端之间的普遍存在的市场结构，垄断竞争市场是偏向于完全竞争但又存在一定程度的垄断，寡头垄断偏向于完全垄断但又存在一定的竞争，如图 6-1 所示。

| 完全竞争 | 垄断竞争 | 寡头垄断 | 完全垄断 |

图 6-1　市场结构分类

四种类型的市场结构在 5 种影响竞争因素下的特征可以用表 6-1 来概括。

表 6-1　　　　　　　　　　　　市场结构的特征

市场类型	厂商数目	产品差别程度	价格控制程度	进出行业难易	现实中较接近的市场
完全竞争	很多	无差别	没有	很容易	一些农产品
垄断竞争	很多	有差别	有一些	较容易	轻工产品
寡头垄断	几个	有差别或无差别	相当程度	较困难	钢铁、石油
完全垄断	唯一	唯一，且无相近的替代品	很大程度，经常受管制	很困难	公用事业，如水、电

表 6-1 只是一个简单的比较说明，以便读者能对不同类型的市场有一个初步的印象。在以后对不同市场进行分析时，我们还会对每一类市场的特征做出详细分析。

第二节

完全竞争市场中厂商的需求曲线与收益曲线

当一个竞争企业的销售量翻一番时，它的产品价格和总收益会发生什么变动？

一、完全竞争市场的条件

完全竞争（Perfect Competition）指的是一种竞争不受任何阻碍和干扰的市场结构。一种商品的市场具有完全竞争的性质，必须具备如下 4 个条件。

（1）市场上有大量买者和卖者，单个买者或者卖者都只是市场价格的接受者。因为市场上有大量的独立买者或卖者，其中任何一个买者与卖者的购买量或销售量仅占市场的一个很小比例。他们中的任何一个买者买与不买，或者买多买少，以及任何一个卖者卖与不卖，或卖多卖少，都不会对整个商品市场的价格水平产生影响。所以，在这种情况下，每一个消费者或每一个厂商都是市场价格的被动接受者，对市场价格没有任何控制力量。当然，如果大量的厂商或大量的消费者联合起来，这些联合体便可能有足够的市场力量来影响市场价格。所以严格地说，完全竞争还要求买方或卖方不得结伙同谋。

（2）同一行业中的所有厂商提供的商品是同质的。商品同质指的是每个厂商的产品对于消费者来说是完全一样的，是该行业中其他任何一个厂商产品的完全替代品，对于消费者来说，无法区分也不需要区分是哪一个厂商生产的。如果一个厂商提高价格，它的产品就会完全卖不出去。当然，单个厂商也没有必要降价，因为在一般情况下，单个厂商总是可以按照既定的市场价格实现属于自己的那一份相对较小的销售份额。

（3）资源的流动不受任何限制。完全竞争的市场要求所有的资源能自由流动，每一种资源都能进入和退出市场；没有任何自然的、社会的或法律的障碍阻止新厂商进入该行业和原有的厂商退出该行业。例如，劳动力和资本可以在不同的地区和行业间流动，原材料的使用是自由的等。并且任何一种资源都可以及时地投向能获得最大利润的生产，如果某个行业有利可图，则资源就流向该行业，即新的厂商进入该行业；反之，亏损时资源会从该行业流出，则厂商退出生产。

（4）信息是完全的。即买方和卖方对市场的情况是完全了解的，他们互相之间不存在欺骗。正是完全信息的条件，保证了完全竞争市场上同一种产品只能按照同一个价格水平进行出售。

　　显然，以上 4 个条件是十分苛刻的。在现实社会中，完全竞争的市场几乎是不存在的，通常只是将一些农产品市场，如大米市场、小麦市场等看成是比较接近完全竞争市场。数以万计的大米或小麦生产者，其中任意一个所占的市场份额都不足大米（或小麦）总销售量的百分之一，消费者将一个大米（或小麦）生产者的大米（或小麦）视为另一个生产者产品的完全替代品。因此，一个大米（或小麦）生产者无法在不大幅减少其销售量的情况下提高其大米（或小麦）价格，可以将大米（或小麦）市场当成是完全竞争市场。

　　完全竞争市场明显地是一种理想的市场状态，属于理论抽象，就像物理学中的无阻力状态。现实中的市场都不具备这些特点，因而都不是完全竞争市场，充其量接近完全竞争（比如可以认为股票市场是接近完全竞争的）。1920 年以后，出现了斯拉法（P. Sraffa）、张伯伦（E. H. Chamberlin）及琼·罗宾逊（Joan Robinson）等人对完全竞争理论的修正。尽管如此，完全竞争性仍然是经济学家分析市场的起点。只有从具体事物中进行抽象，才能了解事物变化的一般规律。过于具体，则不利于揭示复杂现象的内在本质。由于完全竞争的理论价值，完全竞争理论迄今仍是经济理论的重要组成部分，是经济分析的基础。

专栏 6-1

可行性竞争的结构—绩效标准

　　史蒂芬·索斯尼克（Stephen Sosnick）评论了 50 年代末之前的所有文献。这里我们用索斯尼克使用过的标准的结构—行为—绩效三分法来概括 15 个可行性竞争的标准。

结构标准：

1. 不存在进入和流动的人为限制。

2. 存在对上市产品质量差异的价格敏感性。

3. 交易者的数量符合规模经济的要求。

行为标准：

4. 厂商间不互相勾结。

5. 厂商不使用排外的、掠夺性的或高压性手段。

6. 在推销时不搞欺诈。

7. 不存在"有害的"价格歧视。

8. 对抗者对其他人是否会追随他们的价格变动没有完备的信息。

绩效标准：

9. 利润水平刚好足以酬报创新、效率和投资。

10. 质量和产量随消费者需求而变化。

11. 厂商尽其努力引进技术上更优的新产品和新的生产流程。

12. 没有"过度"的销售开支。

13. 每个厂商的生产过程是有效率的。

14. 最好地满足消费者需求的卖者得到最多的报酬。

15. 价格变化不会加剧周期的不稳定。

这些标准可以作为竞争是否出现的信号，在这一意义上它们可作为政策指南。

——摘自：肯尼斯·W.克拉克森／罗杰·勒鲁瓦·米勒，《产业组织：理论、证据和公共政策》.上海三联书店，1989。

二、市场需求和厂商需求

在某一商品市场中，厂商是商品的提供方（即卖方），是以利润最大化为目标的独立经营单位。和市场及厂商紧密联系的另一概念是行业，行业指为同一商品市场生产和提供产品的所有厂商的总体，如纺织业、机器制造业、食品加工业等。一个行业的产品可能是同一种产品，也可能是类似产品。厂商与行业是成员和集体的关系，在经济分析中不能混同，比如在分析供给和需求时，就需要弄清楚研究的是厂商的供求，还是行业的供求。

完全竞争需求

在任何一个商品市场中，市场需求是消费者针对市场上所有厂商组成的某一行业而言的，也称为该行业所面临的需求。通常情况下，随着商品价格的上升，市场的需求总量减少；随着商品价格的下降，市场的需求总量增加。相应的需求曲线就是市场的需求曲线，也称为行业所面临的需求曲线，在以纵轴表示自变量 P，以横轴表示因变量 Q 的平面坐标图中，它一般是一条从左上方向右下方倾斜的曲线。如图 6-2（a）中，D 曲线就是一条完全竞争市场的需求曲线，市场需求 D 曲线与市场供给 S 曲线决定了市场的均衡价格 P_e 和均衡数量 Q_e。

任何单个厂商所能得到的需求，与整个市场均衡数量相比只能是一个很小的部分。如果单个厂商把价格定得高于市场价格，由于是完全竞争市场，产品具有同质性，且消费者有完全信息，那么将没有人购买该厂商的产品。也就是说，厂商一旦涨价，他所面临的需求会迅速下降为零。如果厂商定的价格等于市场价格，则由于厂商数目众多，单个厂商的供应是无关大局的，厂商无论供应多少，价格都会维持不变。因此，单个厂商的需求曲线就是由既定市场价格水平出发的一条水平的直线。需要注意的是，这里的既定市场价格是由整个行业的供求关系决定的价格，即由行业的需求和行业的供给共同决定的、达到市场均衡时的价格。这样，更准确地说，完全竞争市场上单个厂商的需求曲线是由市场均衡价格决定的一条水平线。如图 6-2（b）中，从既定的市场均衡价格 P_e 出发的水平直线——d 曲线，就是完全竞争市场中单个厂商面临的需求曲线。

(a) 行业   (b) 单个厂商

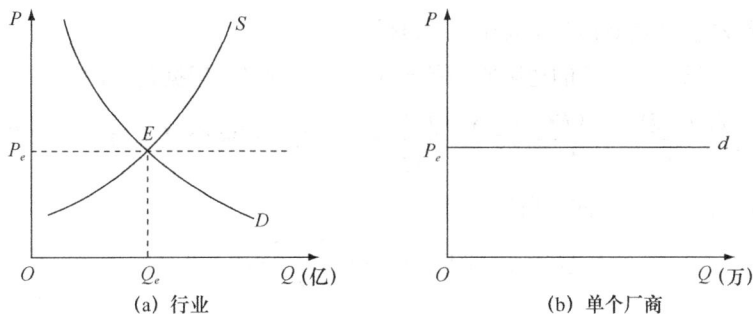

图 6-2　完全竞争的市场需求曲线和厂商所面对的需求曲线

　　当市场的需求曲线或供给曲线发生变动，从而形成新的均衡价格时，厂商面临的需求曲线也会相应地发生变化。需求曲线可能升高，可能降低，也可能保持不变。

三、完全竞争厂商的收益与收益曲线

　　1. 总收益（Total Revenue，TR）

　　总收益等于市场价格与销售量的乘积。由于在完全竞争市场条件下，厂商每销售一单位的商品都只能被动地接受由整个市场供求决定的某一均衡价格，这样随着厂商销售量的增加，总收益不断增加，并且总收益是销售量的一定倍数，即 $TR(Q)=P \cdot Q=P_e \cdot Q$。表现在以销售量为横轴和以收益为纵轴的平面坐标图上，总收益曲线是一条从原点出发、向右上方倾斜的、斜率等于市场均衡价格的直线，如图 6-3 所示。

　　2. 平均收益（Average Revenue，AR）

　　完全竞争市场中，厂商的平均收益等于市场均衡价格。我们知道，平均收益是厂商平均在每一单位产品销售上所获得的收入，在完全竞争市场中市场均衡价格 P_e 是一定的，那么 $AR(Q)=\dfrac{TR(Q)}{Q}=\dfrac{P \cdot Q}{Q}=P=P_e$。可见，和完全竞争厂商面临的需求曲线一样，平均收益曲线也是一条从既定的市场均衡价格 P_e 出发的水平直线，如图 6-4 所示。

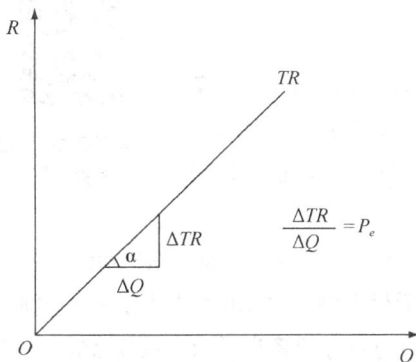

图 6-3　完全竞争市场中某厂商的总收益曲线   图 6-4　完全竞争厂商的平均收益和边际收益曲线

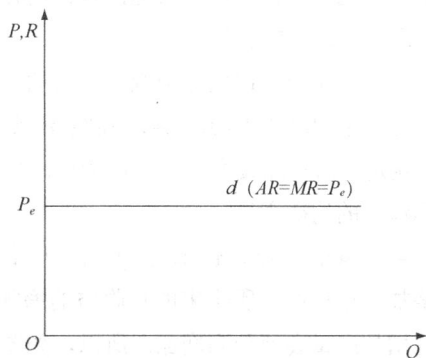

3. 边际收益（Marginal Revenue，MR）

完全竞争市场中，厂商的边际收益等于市场均衡价格。根据定义，

$MR(Q)=\dfrac{\Delta TR(Q)}{\Delta Q}=\dfrac{\Delta(P\cdot Q)}{\Delta Q}=\dfrac{\Delta P\cdot Q+P\cdot\Delta Q}{\Delta Q}$，由于在完全竞争市场，对单个厂商来

说，市场衡价格 P_e 是一定的，所以，

$$\Delta P=0，可得 MR(Q)=\frac{P\cdot\Delta Q}{\Delta Q}=P=P_e$$

可见，在完全竞争市场中，厂商的平均收益与边际收益相等，且都等于既定的商品价格，即在任何销售水平都有 $AR(Q)=MR(Q)=P$，如图 6-4 所示，单个厂商的平均收益曲线、边际收益曲线与需求曲线都是重叠的，都是从既定价格出发的平行于横轴的一条水平直线。

第三节

完全竞争市场中厂商的短期均衡

竞争企业如何决定其利润最大化的产量水平？解释原因。

一、完全竞争市场中厂商的短期均衡

1. 关于长期和短期

在各种市场类型中，短期是指在某个时期内一个行业内的厂商不能调整全部生产要素，只能在既定的生产规模下通过调整可变生产要素来调整其产销量，并且行业中的厂商数目固定不变。就整个行业而言，长期指的是厂商可以对全部生产要素进行调整，甚至进入或退出自己所在的行业。

2. 厂商均衡的条件

在图 6-5 中，代表完全竞争厂商的一条边际成本 MC 曲线和一条从既定价格 P_e 发出的水平需求曲线 d，这两条线相交于 E 点，那么，E 点就是厂商实际最大利润的均衡点，相应的产量 Q_e 就是厂商实现最大利润时的均衡产量。

完全竞争中厂商的
短期均衡

当产量小于 Q_e，例如为 Q_1 时，厂商的边际收益大于边际成本即 $MR>MC$，说明厂商增加一单位产量所带来的总收益的增加量大于所付出的总成本的增加量，也就意味着厂商增加产量会使利润增加。所以，如图 6-5 中指向右方的箭头所示，只要 $MR>MC$，厂商就会增加产量。同时，随着产量的增加，厂商的边际收益 MR 保持不变而边际成本

MC 逐步提高，最后，$MR>MC$ 的状况会逐步变化为 $MR=MC$ 的状况。

相反，当产量大于 Qe，例如为 Q_2 时，如图 6-5 中指向左方的箭头所示，只要 $MR<MC$，厂商就会减少产量。同时，随着产量的减少，厂商的边际收益 MR 保持不变而边际成本 MC 逐步降低，最后，$MR<MC$ 的状况会逐步变化为 $MR=MC$ 的状况。

由此可见，不管是增加产量，还是减少产量，厂商都是在寻找带来最大利润的均衡产量，而这个均衡产量就是当 $MR=MC$ 时的产量。所以，$MR=MC$ 是厂商实现最大利润的均衡条件。这个条件也同样适应于其他市场结构类型中厂商的决策。

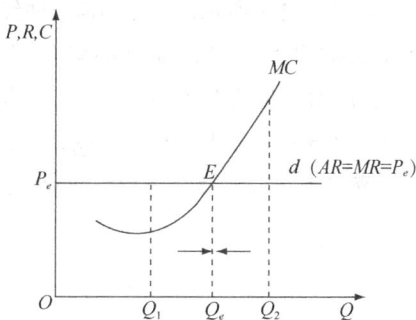

图 6-5　利润最大化

二、完全竞争市场中厂商短期均衡的实现

1. 完全竞争厂商短期均衡的实现条件

在完全竞争市场中，厂商短期生产面对的市场价格是给定的，而且生产中固定要素投入量无法变动，即生产规模是给定的。因此在短期，厂商在一定的生产规模下，通过对产量的调整来实现 $MR=SMC$ 的利润最大化的均衡条件。由前述可知，完全竞争厂商的边际收益等于平均收益，并等于市场均衡价格，即 $MR=AR=P_e$，所以，完全竞争市场上厂商的短期均衡条件为：

存在超额利润的
短期均衡

$$MR=SMC=AR=P_e$$

2. 完全竞争市场上厂商短期均衡的三种基本状态

厂商在实现 $MR=SMC$ 的短期均衡时，有三种基本状态：存在超额利润的短期均衡，恰好有正常利润的短期均衡和亏损时的短期均衡。

（1）存在超额利润的短期均衡。当市场价格 P_o 高于均衡点所对应的短期平均成本 SAC 时，厂商可得到超额利润。厂商存在超额利润的短期均衡情况如图 6-6（a）所示，厂商根据 $MR=SMC$ 来确定其最优产量。均衡点为 MR 曲线与 SMC 曲线的交点 E，此时 E 点对应的均衡产量为 OQ_o。在 OQ_o 的产量水平上，平均成本为 FQ_o，而平均收益就是商品的价格 P_o，等于 EQ_o。由于平均收益大于平均成本，厂商获得超额利润。在图中，单位产品厂商可获得的利润为 EF，产量为 OQ_o，总利润量就是两者的乘积，即 $EF \cdot OQ_o$，相当于图中阴影部分的面积。

获得正常利润的
短期均衡

（2）恰好有正常利润的短期均衡。当市场价格 P_o 等于厂商的短期

平均成本 SAC 曲线最低点时，厂商恰好获得正常利润。厂商恰好有正常利润的短期均衡情况如图 6-6（b）所示，厂商的需求曲线 d 相切于短期平均成本 SAC 曲线的最低点，这一点也是 SAC 曲线和 SMC 曲线的交点。仍然根据 $MR=SMC$ 来确定其最优产量，均衡点为 MR 曲线与 SMC 曲线的交点 E，此时 E 点对应的均衡产量为 OQ_o。在 OQ_o 的产量水平上，平均成本等于平均收益，都为 EQ_o，厂商的超额利润为零，但厂商的正常利润实现了。在这一均衡点 E 上，厂商既无超额利润也无亏损，该均衡点也被称为厂商的收支相抵点。

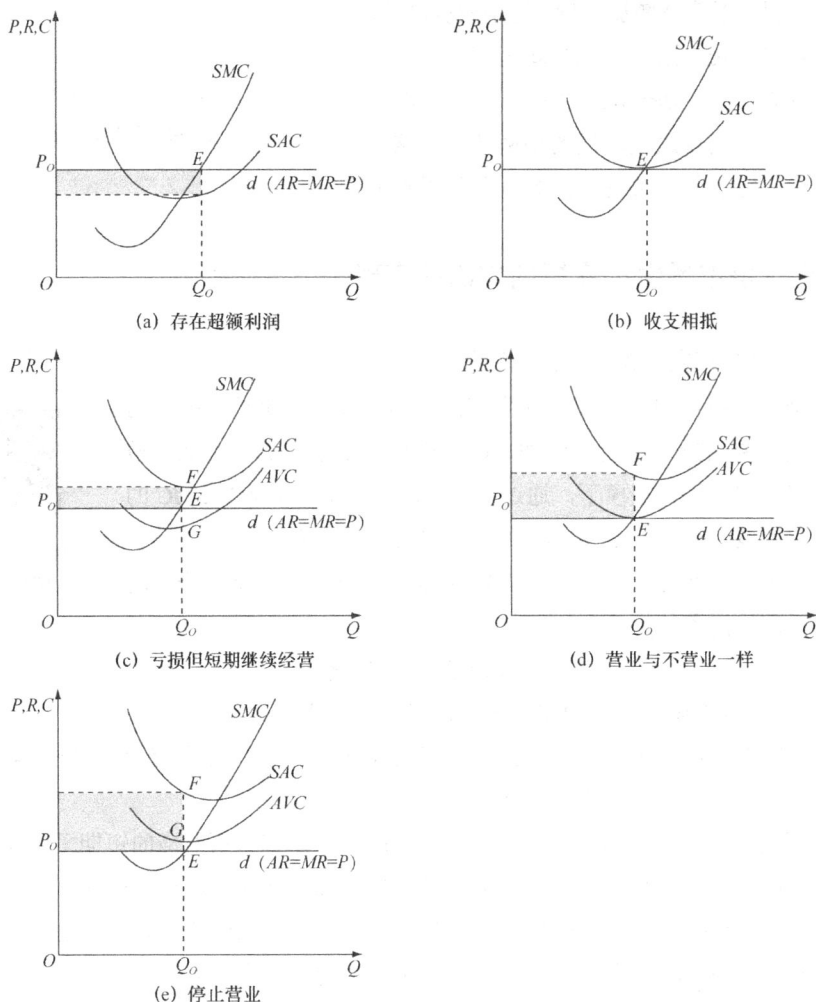

图 6-6　完全竞争市场厂商短期均衡的各种情况

（3）亏损时的短期均衡。当市场价格 P_o 低于厂商的短期平均成本 SAC 曲线最低点时，厂商亏损。在亏损情况下，根据市场价格 P_o 是否高于厂商的平均可变成本 AVC，厂商可以决定是继续经营，还是停止经营。

如果市场价格 P_o 高于厂商的平均可变成本 AVC，厂商亏损但短期

亏损时的短期均衡

继续经营。如图 6-6（c）所示，厂商根据 $MR=SMC$ 来确定其最优产量。在均衡点 E 对应的均衡产量 OQ_o 上，厂商的平均收益小于平均成本，即 $EQ_o<FQ_o$，厂商是亏损的，其亏损量相当于图中阴影部分的面积。但由于在此的产量上，平均收益大于平均可变成本，即 $EQ_o>GQ_o$，此时厂商仍可以继续生产经营，这是因为厂商的总收益在弥补全部可变成本之后还有剩余，这剩余的部分可以弥补一部分的固定成本，相当于只亏损部分的固定成本。相反，如果不生产经营的话，厂商就要损失全部的固定成本。

如果市场价格 P_o 等于厂商的平均可变成本 AVC 曲线最低点，厂商有亏损并且营业和不营业的结果相同。如图 6-6（d）所示，厂商的需求曲线 d 相切于短期平均可变成本 AVC 曲线的最低点，这一点是 AVC 曲线和 SMC 曲线的交点，这一点恰好也是 $MR=SMC$ 的利润最大化的均衡点。在均衡产量 OQ_o 上，厂商的平均收益小于平均成本，即 $EQ_o<FQ_o$，厂商是损的，其亏损量相当于图中阴影部分的面积。此时，厂商的平均收益等于平均可变成本，厂商可以继续生产经营，也可以停止生产经营。这是因为，如果厂商继续经营的话，则全部收益只能弥补全部的可变成本，固定成本得不到任何弥补。如果厂商不经营的话，厂商虽然不必支付可变成本，但固定成本仍然存在。即无论经营还是不经营，亏损额总等于全部的固定成本，厂商在这一均衡点上处于关闭厂商的临界点。所以，该均衡点也被称为停止营业临界点。

如果市场价格 P_o 低于厂商的平均可变成本 AVC 曲线最低点，厂商应停止经营。如图 6-6（e）所示，厂商还是根据 $MR=SMC$ 来确定其最优产量。在均衡点 E 对应的均衡产量 OQ_o 上，厂商的平均收益小于平均成本，即 $EQ_o<FQ_o$，厂商是亏损的，其亏损量相当于图中阴影部分的面积。并且在 OQ_o 的产量上，平均收益小于平均可变成本，即 $EQ_o<GQ_o$，厂商将停止经营。因为，在这种亏损情况下，如果厂商继续经营，则全部收益连可变成本都无法全部弥补，更谈不上对固定成本的弥补了。这种情况下只要厂商停止经营，可变成本就是零。显然，此时不经营比继续经营强。

综上所述，完全竞争市场中，在短期均衡时，厂商可得到超额利润，也可能恰好有正常利润，或者亏损。

三、完全竞争市场厂商的短期供给曲线

供给曲线用来表示在每一价格水平下厂商愿意而且能够提供的产品的数量。在完全竞争市场上，厂商的短期供给曲线可以用短期边际成本 SMC 曲线大于等于平均可变成本 AVC 曲线最低点的那一部分来表示。

在完全竞争市场上，厂商短期均衡的条件是：$MR=SMC$。而边际收益 MR 等于商品的价格 P，因此，完全竞争市场厂商的短期均衡条件为：$P=SMC$。其中短期边际成本 SMC 是关于产量的函数，则均衡条

完全竞争市场厂商的短期供给曲线

件为：$P=SMC$（Q）。该式表明，在每一价格水平下，厂商都会选择一个能够实现最大利润或最小亏损的最优产量 Q 进行生产和销售。这种价格 P 与最优产量 Q，即供给量 Q 之间的一一对应关系，正好通过厂商的短期边际成本 SMC 曲线得到了反映。将图 6-6 关于厂商短期均衡的 5 种可能情况置于一张图中进行分析，如图 6-7（a）所示。

仔细分析图 6-7（a），当市场价格分别为 P_1、P_2、P_3 和 P_4 时，厂商根据 $MR=SMC$（即 $P=SMC$）的原则，选择的最优产量依次为 Q_1、Q_2、Q_3 和 Q_4。显然，SMC 曲线上的 E_1、E_2、E_3 和 E_4 点表示了这些不同的价格水平与相应的最优产量之间的对应关系。

但是需要特别注意，厂商的短期边际成本曲线与厂商的短期供给曲线不完全相同。因为，当厂商面临的市场价格（也即平均收益）小于最低平均可变成本时，即图 6-7（a）中的 E_5 点所示情况，厂商是不会生产的，因此，也就没有产品供给。只有当市场价格达到或超过厂商的最低平均可变成本时，即 $P \geqslant AVC_{min}$ 时，厂商才会继续生产经营，并根据不同的市场价格，由 $P=SMC$（Q）确定其最优产量来供给市场。所以，厂商的短期供给曲线 $S=S$（P）是短期边际成本 SMC 曲线大于等于平均可变成本 AVC 曲线最低点的那一部分，即 SMC 曲线大于等于停止营业点的那一部分。

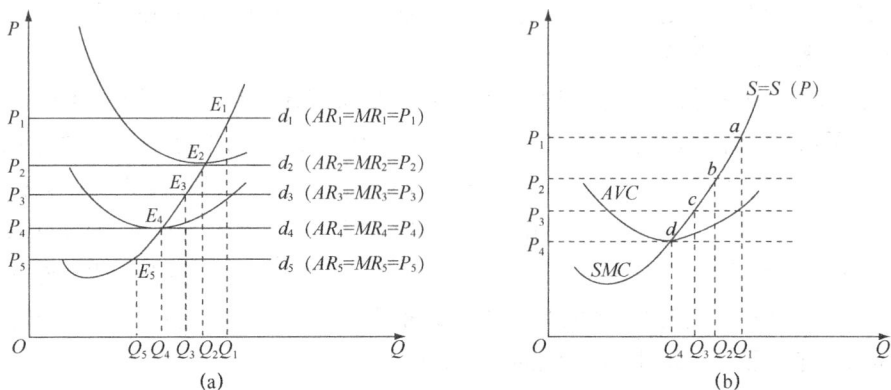

图 6-7　由厂商的短期边际成本曲线到短期供给曲线

从图 6-7（b）可见，完全竞争市场厂商的短期供给曲线是向右上方倾斜的，它表示了商品的价格和厂商的供给量之间同向变化的关系，也表示厂商在每一价格水平下的供给量是能够给厂商带来最大利润或最小亏损的最优产量。

在短期内，厂商无法调整生产规模，也无法进入和退出行业。因此，短期内厂商数量和总体生产规模是一定的，行业对要素市场的影响甚微。假定短期内要素价格不变（进而厂商的短期供给曲线不变），则一个行业的短期供给曲线可以由该行业内所有厂商的短期供给曲线水平加总得出，如图 6-8 所示。

在图 6-8 中，我们假设行业内共有 n 个厂商。他们的短期供给曲线分别为 S_1、$S_2 \cdots S_i \cdots S_n$。当市场均衡价格为 P_0 时，这 n 个厂商的供给量分别为 Q_{01}、$Q_{02} \cdots Q_{0i} \cdots Q_{0n}$。那么，在 P_0 价格水平下，整个行业的供给量 Q_0 就等于 Q_{01} 到 Q_{0n} 之和，即 $Q_0=Q_{01}+Q_{02}+\cdots+$

$Q_{0i}+\cdots Q_{0n}=8$。显然，行业的短期供给曲线 S 就是所有厂商的短期供给曲线的水平相加（即价平量加），在每一价格水平上，行业供给量等于所有厂商供给量的总和。

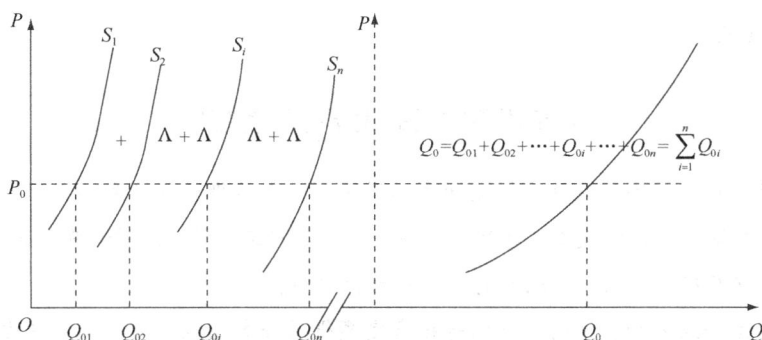

图 6-8　完全竞争市场由厂商的短期供给曲线到行业的短期供给曲线

我们可以将厂商的短期供给函数和行业的短期供给函数之间的关系用公式表示为：

$$S(P)=\sum_{i=1}^{n}S_i(P)$$

式中，$S_i(P)$ 为第 i 个厂商的短期供给函数；$S(P)$ 表示行业的短期供给函数。

由图 6-8 可以看出，完全竞争市场中，行业的短期供给曲线保持了厂商的短期供给曲线的基本特征。这就是，行业的短期供给曲线是向右上方倾斜的，它表示了市场的商品价格和市场的短期供给量之间成同向的变动。同时，由于厂商的短期供给曲线是由厂商实现短期均衡时推导而出的，它表示厂商在每一价格水平的供给量都是能够给他带来最大利润或最小亏损的最优产量。相应地，行业的短期供给曲线则表示：行业的短期供给曲线上与每一价格水平相对应的供给量都是可以使全体厂商在该价格水平获得最大利润或最小亏损的最优产量。

四、完全竞争市场的短期均衡

把完全竞争市场中行业的短期供给曲线与市场需求曲线结合起来，我们便可确定完全竞争市场的短期均衡价格和产量。如图 6-9 所示，当完全竞争行业的短期供给曲线为 S，市场需求曲线为 D 时，均衡价格为 OPe，行业的均衡产量则为 OQe。这就是说，只要完全竞争的厂商有充足的时间调整其可变投入的使用量，那么，市场价格就会趋向于 OPe 这一均衡水平。如果价格高于这个均衡水平，行业的供给量将超过需求量，

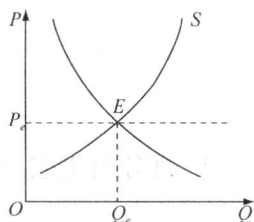

图 6-9　完全竞争市场的短期均衡

由此会导致价格下降；如果价格低于这个均衡水平，市场需求量将超过行业的供给量，则会导致价格上升。只有价格处于均衡水平时，才不会有继续变动的趋势。在均衡价格水平上，对于所有继续选择生产而不是停止营业的厂商来说，价格都等于厂商的边际成本。

在其他条件不变时，需求水平的变动将引起均衡价格和均衡产量的变动；同样地，当其他条件不变时，行业的供给水平变动了，均衡价格和均衡产量也发生变动。

专栏 6-2

寒暑假不关门的大学社区餐馆①

大学社区内的小餐馆在寒暑假期间生意清淡，每天从很少的食客那里获得的收入显然不可能弥补餐馆的经营成本（房租、设备折旧、合同工工资、原材料费用等之总和），但它们却很少有在此期间关门歇业的，这是为什么呢？

在做出是否经营的决策时，餐馆老板肯定懂得区分餐馆经营中，哪些支出是固定不变的，哪些支出是可变的。有的开支，比如房租，如果是按年租房，在寒暑假停止营业并不能减少租金，其他像厨房设备、桌椅等也都和房租一样是固定不变的，这类支出就属于固定成本。而另外一些开支，比如购买烹饪菜肴的原料等，倒是可以按照餐饮的销量来灵活增减，若停业则不会产生这项支出，其他如水电煤气开支等也是可变的，这类支出就属于可变成本。细分一下大学社区小餐馆的成本构成如下。

固定成本：房屋租金，厨房设备、座椅、餐具的折旧费，合同工的工资。

可变成本：水电煤气的开支、烹饪佳肴的原材料成本、打临工的侍者的工资。

寒暑假期间，打临工的侍者肯定被炒以降低可变成本。若此时顾客的消费能够补偿总可变成本，小餐馆就不会关门。只有在从顾客得到的收入少到不能弥补餐馆的可变成本时，老板才会在寒暑假里关门歇业等待开学。

第四节 完全竞争行业的长期均衡

如果竞争企业利润为零，为什么它们要留在市场上？

一、厂商对最优生产规模的选择

厂商在短期内，由于无法调整生产规模，只能按照 $MR=SMC$ 的原则实现短期均衡，此时可能获得利润或遭受亏损。但在长期内，厂商可以对全部生产要素进行调整，甚至进入或退出自己所在的行业，是按照 $MR=LMC$ 的原则来实现长期均衡的。厂商实现长

---

① 王英，刘碧云，江可申主编. 微观经济学，东南大学出版社，2011.08，第148页。

期均衡时，只能获得正常利润（或者说，经济利润为零），并且不会遭受亏损。下面利用图 6-10 来具体分析。

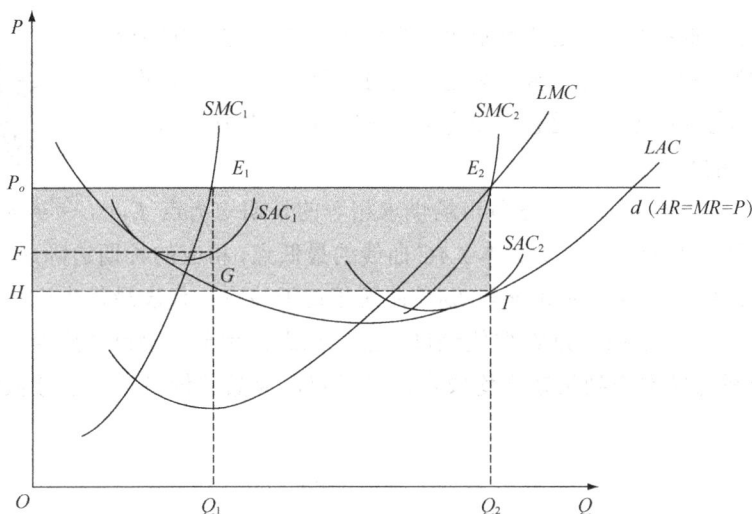

图 6-10　长期生产中厂商对最优生产规模的选择

在图 6-10 中，假定完全竞争市场产品的价格为 OP_o。在短期内，代表性厂商在以 SAC_1 曲线和 SMC_1 曲线所表示的既定生产规模下生产。根据短期利润最大化原则 $MR=SMC$，厂商提供最优产量 OQ_1，所获得利润以图中较小的那一块阴影部分的面积 P_oE_1GF 表示。在长期内，厂商会调整生产规模。假设厂商按 SAC_2 曲线和 SMC_2 曲线所代表的最优生产规模进行生产，根据长期利润最大化原则 $MR=LMC$，相应的最优产量为 OQ_2，所获得利润为图中较大的那一块阴影部分的面积 P_oE_2JH。同样，厂商如果在短期内处于亏损，在长期内通过对生产规模的调整，则可以扭转亏损局面甚至获得利润。

二、厂商进入或退出一个行业

我们知道，在完全竞争市场，厂商可以自由进出某一行业，生产要素可以在不同部门之间自由流动。长期中，行业处于非均衡时有两种状况：一是该行业中代表性厂商有超额利润，另一种是该行业中代表性厂商亏损。

假定某行业有超额利润，就会吸引新厂商进入，于是该行业供给就增加，在市场需求不变的情况下，产品价格会下跌，一直跌到利润消失时厂商停止进入。反之，若某行业产品价格使厂商经营有亏损，则厂商会退出，该行业供给就减少，在市场需求不变的情况下，产品价格会上升，直到不亏损时厂商停止退出。因此，厂商进入退出的结果必然是厂商只能获得正常利润而经济利润为零，即产品价格等于平均成本。

三、完全竞争市场长期均衡的条件与特点

完全竞争厂商在长期中进入或退出一个行业，实际上是生产要素在各个行业之间的调整，生产要素总是会流向获利更大的行业，也总是会从亏损的行业中退出。这也是使完全竞争厂商在长期均衡状态下经济利润为零的原因。

完全竞争长期均衡

以图 6-11 为例，在完全竞争市场供求相等的长期均衡点 E，厂商的生产经营处于长期平均成本 LAC 曲线的最低点，相应的长期边际成本 LMC 曲线经过该点；厂商的需求曲线 d 与 LAC 曲线相切于该点，代表最优生产规模的 SAC 曲线相切于该点，相应的 SMC 曲线经过该点。总之，完全竞争市场厂商在长期均衡时，生产的平均成本降到长期平均成本的最低点，商品的价格也等于最低的长期平均成本。

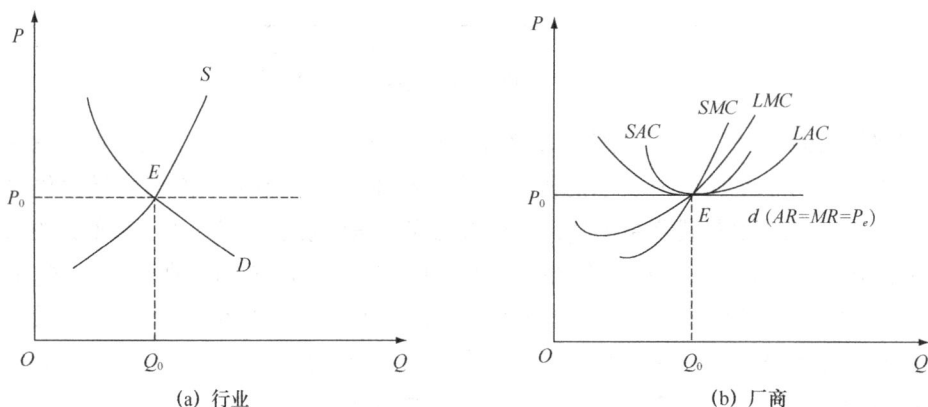

图 6-11　厂商长期均衡

由此，我们得到完全竞争市场长期均衡条件：

$$MR=LMC=SMC=LAC=SAC$$

式中，$MR=AR=P$。此时，单个厂商的经济利润为零。

经济学家认为，完全竞争条件下的长期均衡具有重要的理论意义。因为在完全竞争假定前提下，市场机制能够使社会的经济资源得到最高效率的配置。具体来说，完全竞争市场长期均衡状态的特点如下。

1. 在完全竞争市场达到长期均衡时，每个厂商在位于其短期平均成本的最低点，而且也是长期平均成本的最低点提供产品。在最适度规模及最低成本条件下生产意味着最少的资源投入，留在行业中的厂商具有最高的经济效率。如果厂商的生产成本高于这一水平，厂商将出现亏损，在长期中只能退出这一行业。

由于 $P=LAC_{min}$，从消费者的角度来看，市场价格也就不可能再低，价格如果很低厂

商会亏损，使得没有厂商愿意提供产品。因此在完全竞争的市场中，消费者为这种商品所花费的成本也是最低的。

2．在完全竞争市场达到长期均衡时，即 $P=LAC=SAC$，$\pi=0$，留在该行业中的厂商都只能获得正常利润，市场力量使每个厂商的超额利润都为零。这是因为，只要该行业中还有厂商能取得超额利润，就会有新的厂商被吸引进来，由此会引起供给量的增加和价格的下降，直至使超额利润消失为止。

3．在完全竞争市场长期均衡状态下，$P=LMC=SMC$。从整个社会的角度来看，如果每种商品的价格都等于其生产的边际成本，那么所有资源在各种用途上的配置就达到最高效率。

四、不同成本变化情况下的完全竞争市场中的行业

在短期均衡分析中，存在着生产要素价格不变的假定，所以，行业的供给曲线就可由厂商的短期供给曲线水平相加得到。但是在长期分析中，情况就有所不同了。当厂商进入或退出一个行业时，整个行业产量的变化必然引起行业要素需求的变化，这就可能对要素价格产生影响，进而影响厂商的长期生产成本。

根据行业产量变化对生产要素价格可能产生的影响，完全竞争市场中的行业可以分为成本不变行业、成本递增行业和成本递减行业。

1．成本不变行业的长期均衡

成本不变行业（Constant-Cost Industry）是指这样一种行业，行业产量的变化所引起的要素需求的变化不对要素价格产生影响。这可能是因为该行业对要素的需求仅占整个要素市场需求量的很小一部分。在厂商的长期生产成本不变的情况下，完全竞争市场中行业达到长期均衡的供给曲线是一条水平线，如图 6-12 所示。

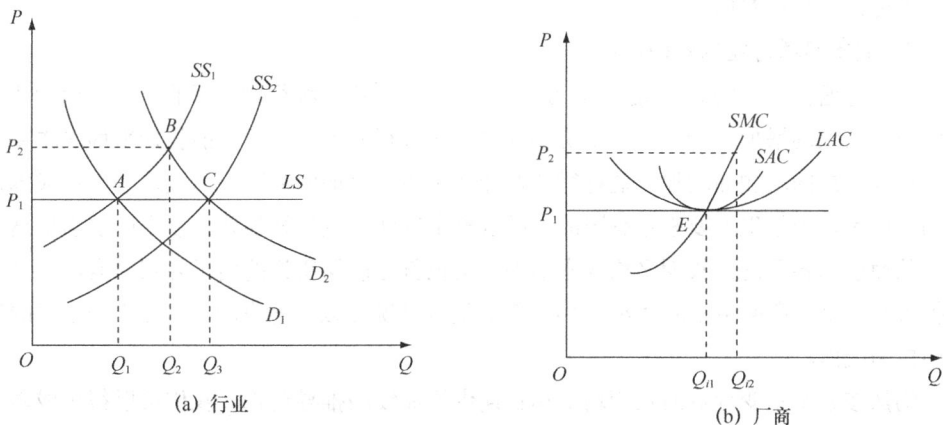

图 6-12　成本不变行业的长期均衡及供给曲线

我们应该从完全竞争市场的厂商和行业的长期均衡点出发，来推导行业的长期均衡和长期供给曲线。在图 6-12 中，由市场需求曲线 D_1 和市场短期供给曲线 SS_1 的交点 A 所决定的市场均衡价格为 OP_1。在价格水平为 OP_1 的完全竞争市场中，厂商在 LAC 曲线的最低点 E 实现长期均衡，每个厂商的利润均为零。由于行业内不再有厂商的进入或退出，故 A 点为行业的一个长期均衡点。此时，行业的产量 OQ_1 是各厂商生产量的总和。假定外生因素（如经济社会中消费者收入水平的提高）的影响导致市场需求增加，D_1 曲线向右移至 D_2 曲线的位置，与原来的短期供给曲线 SS_1 相交，使市场偏离原有的长期均衡，短期内市场的均衡点由 A 移动到 B，即均衡价格由 OP_1 提高到 OP_2。在新的价格 OP_2，厂商在短期内沿着既定生产规模 SMC 曲线，将产量由 OQ_{i1} 提高到 OQ_{i2}，厂商可以获得超额利润。

从长期看，由于单个厂商获得正的经济利润，便会吸引新厂商进入该行业。新厂商的加入，虽然没有引起生产要素价格的变化，厂商的成本曲线的位置并未发生改变，但行业供给增加使得市场短期供给曲线 SS_1 不断向右移动，总产量的增加使价格下降，单个厂商的利润也随之下降。这个过程一直要持续到单个厂商的超额利润消失为止，即 SS_1 曲线一直要移动到 SS_2 的位置，从而使得市场价格又回到原来的长期均衡价格水平 OP_1，单个厂商又在原来的 LAC 曲线的最低点 E 实现均衡，市场的需求曲线 D_2 和短期供给曲线 SS_2 的交点 C 是行业的又一长期均衡点。此时厂商仍然生产原来的产量 OQ_{i1}，市场的均衡产量由 OQ_1 提高到 OQ_3，均衡产量的增加量 Q_1-Q_3 是由新加入的厂商提供的。

连接 A、C 这两个行业的长期均衡点的直线 LS，就是完全竞争市场在成本不变时的行业长期供给曲线，是一条水平的长期供给曲线。它表示：成本不变行业是在不变的均衡价格水平提供产量，该均衡价格水平等于厂商不变的最低长期平均成本。市场需求变化会引起行业均衡产量同方向变化，但长期均衡价格不变。当需求扩大时，长期效应是价格不变，总产量增加。

2. 成本递增行业的长期均衡

成本递增行业（Increasing-Cost Industry）是指这样一种行业，行业产量的增加所引起的要素需求均增加，会导致要素价格提高。这种行业中各个厂商的长期平均成本要随整个行业产量的增加而增加。这种行业在经济中属于普遍的情况。形成这些行业成本递增的原因是，由于生产要素是有限的，所以整个行业产量的增加就会使生产要素价格上升，从而引起各厂商的长期平均成本增加。这也就是前面所说的由于外部因素，一个行业扩大给一个厂商所带来的"外在不经济"。这种情况在以自然资源为主要生产要素的行业中更为突出。

仍然按成本不变行业的长期均衡和长期供给曲线的推导逻辑，我们可以得出成本递增行业的长期均衡和长期供给曲线。

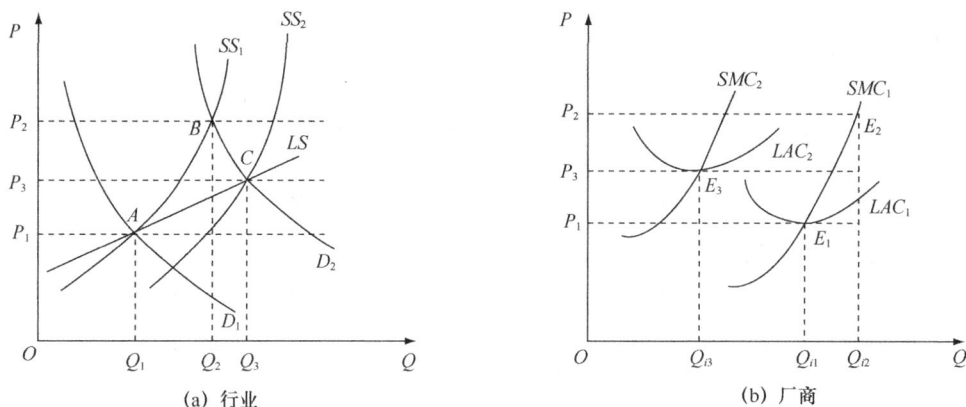

图 6-13　成本递增行业的长期均衡及供给曲线

图 6-13 表明市场需求增加时，成本递增行业调整供给的过程。假设该行业和其中的厂商是在价格为 OP_1 时达到初始的均衡状态，对应于行业的一个长期均衡点 A 和厂商的长期均衡点 E_1，需求扩大后使需求曲线由 D_1 向右移到 D_2，市场短期均衡点由 A 移动到 B，市场价格由 OP_1 上升到 OP_2。在新的价格 OP_2，厂商在短期内沿着既定生产规模 SMC_1 曲线，依据 $MR=MC$ 的原则确定短期均衡点 E_2，将利润最大化产量由 OQ_{i1} 提高到 OQ_{i2}，厂商可以获得超额利润，行业的总产量由 OQ_1 增至 OQ_2。这时，新厂商进入该行业，此行业就需要更多原材料和其他投入要素，投入要素就会涨价，成本相应提高。由于产品成本提高，供给曲线会向左移动，但这种趋势被厂商数目增加所抵消，由于厂商数目增加很多，使供给曲线向右移动。投入要素的成本上升，厂商的平均成本曲线由 LAC_1 上移到 LAC_2，供给曲线右移使市场价格逐步下降，一直移动到新的价格恰好等于新的长期成本曲线的最低点为止，即图中 SS_2 的位置，此时，市场的需求曲线 D_2 和短期供给曲线 SS_2 的交点 C 对应的价格水平 OP_3，正好等于新的平均成本 LAC_2 的最低点 E_3。在 E_3 点，厂商超额利润为零，市场则实现了新的长期均衡，即 C 点。连接 A、C 这两个行业长期均衡点得到一条向右上方倾斜的长期供给曲线 LS。

它表示：长期中成本递增行业的产品价格和供给量呈同方向变动。当需求扩大时，长期效应是价格上升，总产量增加，厂商数目增加，但单个厂商的产量可能增加、可能下降，也可能不变，这取决于新的平均成本曲线的位置。

3. 成本递减行业的长期均衡

成本递减行业（Decreasing-Cost Industry）是指这样一种行业，行业产量的增加所引起的要素需求的增加，反而导致要素价格下降。形成这些行业成本递减的原因是，外在经济对这种行业特别重要。例如，在同一地区建立若干汽车制造厂，各厂商就会由于在交通、辅助服务等方面的节约而产生成本递减。成本递减行业的长期供给曲线是向右下方倾斜的，如图 6-14 所示。

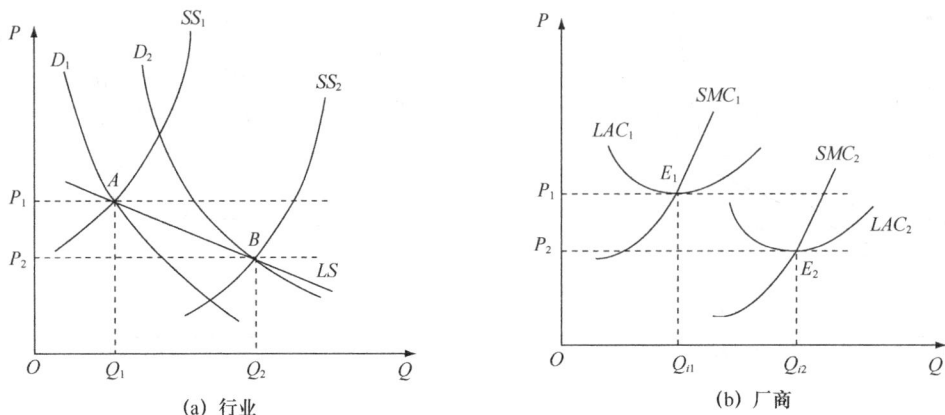

图 6-14　成本递减行业的长期均衡及供给曲线

与图 6-13 的分析相似，开始时，厂商在 E_1 点实现长期均衡，行业在 A 点实现长期均衡。所不同的是，当市场价格上升，新厂商由于利润吸引而加入到该行业的时候，在成本递减行业的前提下，行业供给增加所导致的对生产要素需求的增加，却使得生产要素的市场价格下降了，它使得原来的 LAC_1 和 SMC_1 曲线的位置向下移动。行业供给增加仍表现为 SS_1 曲线的位置向右移动。这两种变动一直要持续到厂商在 E_2 点实现长期均衡和行业在 B 点实现长期均衡为止。此时，D_2 曲线和 SS_2 曲线所决定的新价格为 OP_2，厂产在 LAC_2 曲线的最低点实现长期均衡，每个厂商的超额利润又恢复为零，且 $Q_2 = \sum_{i=1}^{r} Q_{i2}$。连接 A、B 这两个行业长期均衡点的线 LS 就是行业的长期供给曲线，成本递减行业的长期供给曲线是向右下方倾斜的。它表示：在长期中，行业的产品价格和供给量呈反方向的变动。当需求扩大时，长期效应是价格下降，总产量增加。

五、对完全竞争市场的评价

完全竞争是一种标准的理论形式，在这种市场上，价格可以充分发挥其"看不见的手"的作用，调节整个经济的运行。其优点如下：

（1）社会的供给与需求相等，从而使资源得到了最优配置，生产者的生产不会有不足或过剩，消费者的需求也得到了满足。

（2）在长期均衡时所达到的平均成本处于最低点，使生产要素的效率得到了最有效的发挥。

（3）平均成本最低决定了产品的价格也是最低的，这对消费者是有利的。

但是，完全竞争也有缺点：

（1）产品无差别，消费者的各种特殊需求无法得到满足。

（2）完全竞争市场上生产者的规模都很小，这样，他们就没有能力去实现重大的科学技术突破，从而不利于技术发展。

（3）在现实经济生活中，完全竞争的情况几乎不存在。

案例与拓展[1]

案例资料：谁先把菜卖完

案例来源：董志勇主编，新农村中的经济学，清华大学出版社，2008.2，第49页。

今天早上，菜农王老汉起了个大早，他干吗去呢？咳，当然是卖菜去呗。王老汉骑着自家的农用三轮车，车上装满了自家大棚里产的新鲜蔬菜，急急忙忙地往蔬菜集散市场上赶去。

到了市场上，天才蒙蒙亮，但是市场上早已经坐满了等待菜贩收菜的菜农，而且已经有不少的菜商在看货了。王老汉瞧了一眼市场显眼处的标价牌，这是政府的一种价格指导措施，主要是一方面防止菜贩操纵菜价，保护农民利益；另一方面防止菜价有过大的波动，稳定市场：辣椒 2.15 元一斤。王老汉种的正好是辣椒，所以他心里暗暗地有了底：今儿就按两块一毛五来卖吧！

王老汉于是摆起了摊子。不一会儿，王老汉的隔壁邻居小张和大刘也到了，他们跟王老汉一样，也是种辣椒的菜农。小张瞅了一眼标价牌："今儿这价也忒低了吧，老这样还让不让人活了？"原来小张今年收成不太好，看到价格不高，他自然很不高兴，于是小张话一甩："横竖不能亏本，我就非要按两块二卖。"相反，大刘一看标价牌却乐了："不错不错，照这个价，今年棚里能出四五万块钱呢！"原来大刘的棚里今年用了名牌肥料，不但产量大幅提高，成本也降了不少，大刘乐道："薄利多销，就两块一卖了。"

过了一会儿，一个菜商开着运货车过来了，他分别询问了王老汉、小张和大刘的菜价并看了货之后，毫不犹豫地买走了大刘的全部辣椒。大刘拿到钱后数了一遍，然后跨上自用三轮："老王、小张，我先走了啊。"回家去了。

又过了一会儿，另一个菜商来到王老汉和小张的摊前，经过看货问价，收走了王老汉的辣椒，王老汉收到钱，看了看小张，他正愁着卖不出去呢。得了，家里还有活儿要忙呢，王老汉也顾不得多说了，安慰了小张一下就回家了。

到了晌午，估摸着应该是菜市散场的时候，老王出门恰好瞧到散场回来的小张，老王问他卖的怎么样，结果小张叹了口气："到了快散场的时候才来了一个菜贩子，问了问我的价，他嫌太贵了，但是当时市场上也没有多少人了，没办法，他只收了我的一半辣椒，这不，剩下的一半还撂在车上呢……"

王老汉回家后就寻思开了：你说同样是一样的辣椒，只不过价格多少差了五分钱，咋这买卖就差这么多呢？

【案例讨论问题】

为什么菜市场可以近似属于完全竞争市场？

➡️ **案例与拓展**[2]

案例资料：洋葱价格引起的思考

案例来源[①]：民勤洋葱价格暴跌，专家建议出台保护政策[EB/OL]. http://gs.people.com. cn/GB/18334l/15698054.htm。

根据甘肃省民勤县统计局调查，由于前两年民勤周边地区洋葱种植面积较少，民勤洋葱行情看好，价格上涨，葱农获得了丰厚的收益，亩收入最高的达万元以上。高额的回报提高了人们的预期，民勤农民开始大面积种植洋葱，致使洋葱面积由 2010 年的 5.8 万亩增加到 7.3 万亩，增长 25.9%。加上各地农林场承包种植达到 15 万亩左右，比上年增长 50%。而与此同时，在种子涨价、劳务涨价、农资涨价的情况下，黄葱成本每亩1770 元，红葱成本每亩 3020 元，分别比上年增长 24%和 22%，各地农林场承包种植成本已近 4 000 元。而今年的洋葱长势也非常喜人，黄葱及红葱的种植面积平均分别达到 6 000 千克和 5 000 千克以上。

没有想到的是，和民勤县一样，今年全国洋葱主产区都不同程度增加了洋葱种植面积，产量提高不少，致使洋葱市场出现供大于求的局面，购销交易低调运行，销售价格大幅下跌，葱农的希望变为失望。

据调查，今年民勤洋葱价格在去年基础上暴跌，上市以来，黄葱价格在每千克 0.28 元徘徊，红葱价格在每千克 0.6 元徘徊，同比分别下降 65%和 50%，且有逐步下降态势。据此计算，黄葱每亩平均总收入 1680 元、纯收入减少 90 元，红葱每亩平均总收入 3000 元、纯收入减少 20 元。

【案例讨论问题】

• 收集近五年洋葱价格数据，尝试利用竞争理论分析洋葱价格未来的走势。

• 找一找其他类似农产品价格大幅波动的例子，为了避免这些农产品价格波动，农民、政府等主体各自应该采取哪些措施？

➡️ **案例与拓展**[3]

案例资料：棉纺织业的竞争

案例来源：何国华，胡志强，肖卫国. 管理经济学，武汉大学出版社，1998 年 06 月第 1 版，第 382 页。

在美国，棉纺织业被认为比任何其他制造行业更接近于完全竞争，这一行业的主要产品印花棉坯布，被认为是同质的。这一商品有许多买者或卖者，但其中没有一个大到能影响价格的力量。要进入这一行业也并不困难。我们可回头来看看两次战争之间的棉纺织业情况，它与我们在前面所陈述的理论到底相近到何种程度？

约从 1924 年开始到 1936 年这个期间内，棉纺织业中大量存在着生产力过剩的情况。

---

① 张千友 主编. 西方经济学案例与实训教程[M]. 北京理工大学出版社，2013.08，第 70 页。

这种生产力过剩的证明列于下表中，它表明棉纺织业的利润远低于其他制造业的利润率。例如在 1924～1928 年间和 1933～1936 年间，棉纺织业企业的平均资本利润率低于 4%，而全部制造业的平均资本利润率为 8%。还应注意到棉纺织业的利润率在南方高于北方。南方的平均利润率为 6%，而北方的平均利润率为 1%。这是因为许多生产要素，如劳动力和原棉南方都较低。

时期	棉纺织业	整个制造业
1919～1923 年	15.3%	11.0%
1924～1928 年	4.7%	11.0%
1933～1936 年	2.4%	4.3%

如果遇到上述这种情况，我们用完全竞争模型将能预测到哪些情况呢？很清楚，这一行业不是处于长期均衡状态下，因为它还没有获得与其他制造业同样多的收益，并且南方工厂的收益大于北方工厂。行业要达到长期均衡需要一些什么变化？第一，应当有许多企业退出这一行业，直至棉纺织业中的利润率增加到接近其他行业的利润率为止。第二，行业内的企业应当更加集中于南方。北方企业退出这一行业的比率应当高于南方。从前面理论中可以明显看出，完全竞争模型将会预测到这两种情况的发生。

这一行业的变化事实上是否如我们在模型的基础上所期望的那样呢？根据对这段时期内行业情况的仔细研究，回答是肯定的。

在经济亏损的压力下，行业对弱小企业的清除进行得是坚定稳固的，全部纱锭总数从 1925 年的 3800 万个的顶峰数下跌到 1938 年的 2700 万个。此外，生产能力的主要丧失是在北方而不是在南方。

【案例讨论问题】
为什么在北方的企业退出而非南方，这一过程为什么是缓慢的。

本章要点

在本章中，我们首先对不同的市场进行划分。然后通过对完全竞争厂商和行业的短期和长期均衡的分析，推导出完全竞争厂商和行业的短期供给曲线以及行业的长期供给曲线，说明了完全竞争市场的价格和产量的决定。在此基础上，强调了完全竞争市场能以最低的成本进行生产来使消费者得到满足。具体有以下内容：

（1）在市场理论中，划分市场结构的标准主要有如下几个：市场上厂商的数量，行业中厂商各自生产的产品的差别程度，单个厂商对市场价格的影响力，以及厂商进入或退出一个行业的难易程度。根据这些标准，市场结构可以分为四类，它们是完全竞争市场、垄断竞争市场、寡头市场和垄断市场。

（2）在一个完全竞争市场中，有大量的买者和卖者，市场上每一个厂商生产的商品是无差异的，所有的经济资源可以在各行业之间完全自由流动，市场上从事交易活动的每一个人的信息是完全对称的。因此，完全竞争市场上的每个消费者和每个厂商都是既定市场价格的接受者，而且，厂商在长期均衡时经济利润等于零。

（3）在完全竞争市场上，厂商所面临的对其产品的需求曲线，即厂商的需求曲线，是从既定的市场价格出发的一条水平线。由此，厂商的平均收益曲线、边际收益曲线和厂商的需求曲线是三线重合的。

（4）完全竞争厂商实现利润最大化或亏损最小化的原则是：边际收益等于边际成本。此原则对于所有不同市场结构条件下的厂商的短期生产和长期生产都是适用的。

（5）短期里完全竞争厂商在既定生产规模下，通过对产量的调整来实现 $MR=SMC$ 的利润最大化的原则。在厂商 $MR=SMC$ 的短期均衡点上，其利润可以大于零，或者小于零，或者等于零。当厂商的利润小于零（即亏损）时，厂商需要根据平均收益 AR 与平均可变成本 AVC 的比较，来决定是否继续生产。当 $AR>AVC$ 时，则厂商虽然亏损，但仍继续生产；当 $AR<AVC$ 时，则厂商必须停止生产；当 $AR=AVC$ 时，则厂商处于生产与不生产的临界点。

（6）以完全竞争厂商的短期均衡分析为基础，可导出完全竞争厂商的短期供给曲线。完全竞争厂商的短期供给曲线是厂商短期边际成本 SMC 曲线的一部分；完全竞争厂商的短期供给曲线是向右上方倾斜的，它表示厂商的供给量与商品价格成同方向的变化；此外，该曲线还表示厂商在每一价格水平上的供给量都是可以给他带来最大利润或最小亏损的最优产量。

（7）在长期，完全竞争厂商是通过对全部生产要素的调整，来实现 $MR=LMC$ 的利润最大化原则。厂商对全部生产要素的调整可以表现为两个方面：一方面，厂商在每一个产量水平上都选择最优的生产规模进行生产；另一方面，厂商可以根据经营的情况，选择进入或退出一个行业。当行业内每一个厂商都盈利时，新的厂商便会加入到该行业的生产中来；当行业内每一个厂商都亏损时，行业内原有厂商的一部分就会退出该行业的生产。显然，完全竞争厂商长期均衡时利润一定刚好等于零。据此，完全竞争厂商的长期均衡一定发生在长期平均成本 LAC 曲线的最低点。在这个最低点上，生产者的平均成本降到了 LAC 曲线的最低水平，消费者购买商品的价格也降到了 LAC 曲线的最低水平。

关键概念

完全竞争市场	完全竞争厂商所面临的需求曲线		
总收益	平均收益	边际收益	利润最大化的均衡条件
收支相抵点	停止营业点	生产者剩余	成本不变行业
成本递增行业	成本递减行业		

习 题 六

一、选择题

1. 在完全竞争的条件下，如果某行业的厂商的商品价格等于平均成本，那么（　　）。

　　A．新的厂商要进入这个行业

　　B．原有厂商要退出这个行业

　　C．既没厂商进入也没厂商退出这个行业

　　D．既有厂商进入又有厂商退出这个行业

2. 完全竞争厂商获取最大利润的基本原则是（　　）。

　　A．边际收益大于边际成本的差额达到最大值

　　B．边际收益等于边际成本

　　C．价格高于平均成本的差额达到最大值

　　D．以上都不对

3. 假定在某一产量水平上，某一完全竞争厂商的平均成本达到了最小值，这意味着（　　）。

　　A．边际成本等于平均成本　　　　　　B．厂商获得了最大利润

　　C．厂商获得了最小利润　　　　　　　D．厂商的经济利润为零

4. 在完全竞争市场上，厂商短期均衡条件是（　　）。

　　A．$P=AR$　　　　　　B．$P=MC$　　　　　　C．$P=MR$　　　　　　D．$P=AC$

5. 在一般情况下，厂商得到的价格若低于（　　）就停止营业。

　　A．平均成本　　　　　　　　　　　　B．平均可变成本

　　C．边际成本　　　　　　　　　　　　D．平均固定成本

6. 在完全竞争的条件下，如果厂商把产量调整到平均成本曲线最低点所对应的水平（　　）。

　　A．他将取得最大利润　　　　　　　　B．他没能获得最大利润

　　C．他是否获得最大利润仍无法确定　　D．他一定亏损

7. 完全竞争市场的厂商短期供给曲线是指（　　）。

　　A．$AVC > MC$ 中的那部分 AVC 曲线

　　B．$AC > MC$ 中的那部分 AC 曲线

　　C．$MC \geqslant AVC$ 中的那部分 MC 曲线

　　D．$MC \geqslant AC$ 中的那部分 MC 曲线

8. 在完全竞争的市场中，行业的长期供给曲线取决于（　　）。

　　A．SAC 曲线最低点的轨迹　　　　　　B．SMC 曲线最低点的轨迹

　　C. *LAC* 曲线最低点的轨迹　　　　　D. *LMC* 曲线最低点的轨迹

9. 在最优短期产出水平，厂商将（　　）。

　　A. 取得最大利润　　　　　　　　　B. 使总亏损最小

　　C. 使总亏损最小，或使总盈利最大　　D. 使单位产品中所获得利润最大

10. 厂商在停止生产点（　　）。

　　A. *P=AVC*　　　　　　　　　　　　B. *TR=TVC*

　　C. 企业总亏损等于 *TFC*　　　　　　D. 以上都对

11. 当完全竞争厂商和行业都处于长期均衡时（　　）。

　　A. *P=MR=SMC=LMC*　　　　　　　B. *P=MR=SAC=LAC*

　　C. *P=MR=LAC* 的最低点　　　　　　D. 以上都对

二、计算题

1. 一个完全竞争厂商每天利润最大化的收益为 5000 元。此时厂商的平均成本为 8 元，边际成本是 10 元，平均变动成本是 5 元。试求该厂商每天的产量和固定成本各是多少？

2. 已知某完全竞争行业中单个厂商的短期成本函数为 $STC=0.04Q^3-0.08Q^2+10Q+5$。求：

（1）当市场上产品的价格为 $P=10$ 时，厂商的短期均衡产量和利润；

（2）当市场价格下降为多少时，厂商必须停产？

（3）厂商的短期供给函数。

3. 一个完全竞争厂商的短期总成本函数为 $STC=2Q^2+15Q+450$，如果市场价格为 $P=115$，求该厂商的均衡产量，并计算利润。

4. 假设某竞争行业有 500 家相同的厂商，每个厂商的成本函数都为 $STC=0.5Q^2+Q+10$。求：

（1）厂商的供给函数及整个行业的供给函数；

（2）假定市场需求函数为 $Q_d=45000-500P$，求市场均衡价格和均衡产量，及均衡时的行业生产者剩余。

5. 已知某完全竞争市场的需求函数为 $Q_d=6300-400P$，短期市场供给函数为 $Q_{SS}=3000+1500P$；单个厂商在 *LAC* 曲线最低处的成本为 6，产量为 50；单个厂商的成本规模不变。

（1）求市场的短期均衡价格和均衡产量；

（2）判断（1）中的市场是否同时处于长期均衡，并求行业内的厂商数量；

（3）如果市场的需求函数变为 $Q_d=8000-400P$，短期市场供给函数为 $Q_{ss}=4700+150P$，求市场的短期均衡价格和均衡产量；

（4）判断（3）中的市场是否同时处于长期均衡，并计算行业内的厂商数量；

（5）判断该行业属于什么类型；

（6）需要新加入多少厂商，才能提供由（1）到（3）所增加的行业总产量。

三、问答题

1. 为什么完全竞争厂商的需求曲线、平均收益曲线和边际收益曲线三条曲线重叠在一起？

2. 完全竞争厂商的短期均衡的形成及其条件是什么？

3. 厂商的 MC 曲线在产量增加时常可画成向右下方倾斜后向右上方倾斜，市场供给曲线是在单个厂商的 MC 曲线基础上得出的。为什么产量增加时市场供给曲线从来不画成向右下方倾斜然后向右上方倾斜？

4. 某行业是完全竞争的，该行业中每个厂商的超额利润都为零。如果产品价格下降，没有厂商可以生存。你是否同意这种观点？试讨论。

第七章 不完全竞争市场中的价格和产量决定

在上一章中，我们学习了完全竞争市场，接下来将要学习不完全竞争市场的相关内容。不完全竞争市场是相对于完全竞争市场而言的，即除完全竞争市场以外的市场类型。不完全竞争市场包括垄断市场、垄断竞争市场和寡头市场。其中，垄断市场的垄断程度最高，寡头市场居中，垄断竞争市场最低。

第一节 完全垄断市场

1. 某个市场可能是垄断市场，试说明三种造成垄断的原因。
2. 列举价格歧视的两个例子。

一、完全垄断市场的含义与条件

完全垄断市场（Complete Monopoly Market）是指整个行业中只存在唯一一家厂商的市场类型。完全垄断市场中不存在任何竞争因素，由独家垄断厂商控制整个行业的生产和销售，从而可以控制和操纵市场的供给和价格，其所面对的关键问题与完全竞争厂商不同，是发现最优价格。

完全垄断市场

完全垄断市场的条件主要有：

（1）市场上只有唯一一家厂商控制商品的生产和销售；

（2）这唯一一家厂商生产和销售的商品没有相近的替代品；

（3）市场进入障碍使其他厂商不可能进入该行业。

形成完全垄断市场的原因主要有：

（1）资源垄断，独家厂商控制着生产行业商品的全部资源或关键资源；

（2）专利垄断，独家厂商在特定条件下拥有生产、供给某种商品的专利权；

（3）特许垄断，政府在特定行业实行私人垄断政策，使独家厂商成为行业的垄断者；

（4）自然垄断，某些行业的生产在达到很大规模时才能充分体现规模经济效益，并且独家厂商的产量即可满足整个行业市场的需求，从而完全垄断整个行业。

二、垄断厂商的需求曲线和收益曲线

（一）垄断厂商的需求曲线

在完全竞争市场中，厂商所面对的是一条水平的需求曲线，此时每个厂商只销售整个市场产品中的很小一部分，所以不管它的产量是多少，都可以按不变的价格来出售他所有的产品，垄断者却不能。由于完全垄断市场上只有一个供给者，一个厂商就是整个行业，因此垄断厂商面对的是整个市场的需求曲线。这是一条负斜率的曲线，它表示产品价格将随销售量的变化而变化，因此垄断者只能通过改变销售量来控制市场价格，而且，厂商的销售量与市场价格反方向变动。也就是说，垄断厂商要想销售更多的产品，就必须降低价格。如图 7-1 所示。

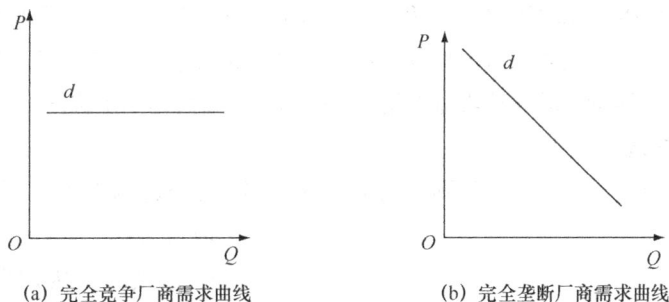

(a) 完全竞争厂商需求曲线　　　　　(b) 完全垄断厂商需求曲线

图 7-1　完全垄断厂商与完全竞争厂商需求曲线对比

（二）垄断厂商的收益曲线

在完全竞争市场中，厂商的需求曲线、平均收益曲线和边际收益曲线，三线重叠。在完全垄断市场中，垄断厂商的收益曲线则表现出很大的差异。

1. 平均收益曲线

垄断厂商的平均收益 AR 等于总收益 TR 除以产量 Q，即

$$AR = TR(Q) / Q = P(Q) \times Q / Q = P(Q)$$

因此，垄断厂商的平均收益曲线和需求曲线重叠，都是一条向右下倾斜的曲线。

2. 边际收益曲线

由于平均收益 AR 曲线向右下方倾斜，根据平均量和边际量之间的相互关系，可知边际收益 MR 一定小于平均收益 AR，即边际收益曲线一定位于平均收益曲线左下方，且边际收益曲线也是向右下方倾斜的曲线。这也就是说，垄断厂商的边际收益小于价格。这是为什么呢？根本原因在于，垄断厂商面对的是一条向下倾斜的需求曲线。

当厂商面对如此形状的需求曲线时，增加销售的唯一方法就是降低价格。如图 7-2

垄断厂商的收益曲线

所示，假设厂商面对的需求曲线为 d，当销售量为 Q 时，产品价格为 P_1，如果此时厂商
想增加一单位的销售量，即将销售量从 Q 增加到
$Q+1$，则唯一的办法是将价格从 P_1 降到 P_2。从最
后一单位产品中所得到的价格是 P_2。这时，从销
售最后一单位产品（$Q+1$）中所获得的收益为
$P_2×1$，即矩形 A 的面积。然而，这并不是从最后
一单位产品销售中所获得的总收益的增量，这是
因为为了多销售一单位产品，垄断者必须降低以
前所有产品 Q 的价格，而不只是最后一单位产品
（$Q+1$）的价格下降，即以前按 P_1 价格销售的所
有产品的价格都会下降到 P_2，垄断者为此而损失

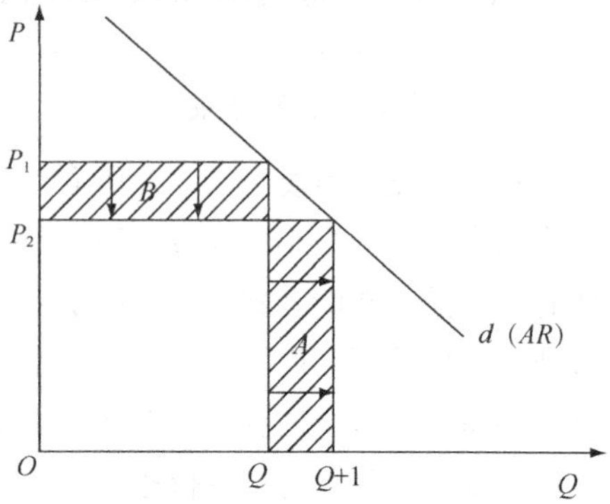

图 7-2 边际收益与价格

的收益为 $Q×(P_1-P_2)$，即矩形 B 的面积，也就是说，多销售一单位产品所得到的收益中
必须减去此部分损失，也就是从矩形 A 中减去矩形 B 的面积，所剩下者才是多销售一单
位产品真正的收益增量。因此总收益的增量——边际收益总是小于价格。

3. 总收益曲线

从图 7-3 中可看出，当价格达到最高 P_{max} 时，消费者不愿购买产品，因而没有销售

图 7-3 垄断厂商的收益曲线与需求弹性

量，厂商总收益为零；而当价格为零时，厂
商总收益当然也为零。因此在这两个点之
间，总收益是先上升然后下降。

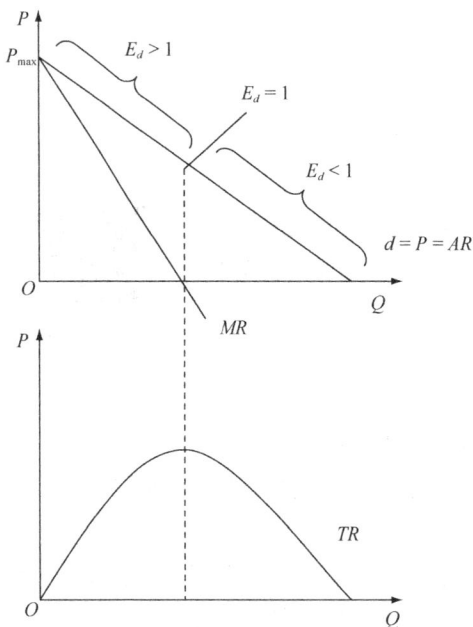

由于每一销售量上的边际收益 MR 的值
就是相应的总收益 TR 曲线的斜率，所以当
$MR>0$ 时，TR 曲线的斜率为正，即总收益
随销售量增加而增加；当 $MR<0$ 时，TR 曲
线的斜率为负，总收益随销售量增加而减
少；当 $MR=0$ 时，TR 曲线达到最大值。

垄断厂商的边际收益、总收益与需求弹
性之间有十分密切的关系，可用图 7-3 表示。
尽管垄断厂商可以决定价格，但并不是说它
可以任意把产品价格抬高。当价格定得过高
时，消费者不愿意购买，销售量可能会变得
很小，从而使总收益很小。其次，虽然我们
把垄断厂商定义为没有近似替代品的唯一
供给者，但还是可以找到一些不完全的替代品，也就是说，如果厂商定价过高，消费者
就会去寻找这些替代品，这不利于垄断产品的销售。还有，厂商定价过高，也会迫使政

府加强对垄断产品生产和定价的管理。

三、垄断厂商的短期均衡

垄断厂商与其他任何厂商的目的相同，都是在追求利润的最大化。而追求利润最大的基本原则也相同，就是边际收益等于边际成本，即 $MR=MC$。

在短期内，垄断厂商无法改变不变生产要素的投入量，因此，厂商只能在既定的生产规模下，通过对产量和价格的调整来实现利润的最大化。我们可通过图 7-4 来说明。

垄断厂商的短期均衡

图 7-4 中的 SMC 曲线和 SAC 曲线代表垄断厂商的既定的生产规模，d 曲线和 MR 曲线代表垄断厂商的需求和收益状况。当垄断厂商的产量水平为 Q_1 时，$MR>SMC$，表示增加一单位产量的边际收益会大于边际成本，此时厂商应该增加该产品的产量，其利润将随产量的增加而增加；当垄断厂商的产量水平为 Q_2 时，$MR<SMC$，表示一单位产量的边际收益小于边际成本，此时厂商应该减少该产品的产量，其利润将随产量的减少而增加；当垄断厂商在产量为 Q_E 时，$MR=SMC$，增加一单位产量的边际收益刚好等于边际成本，此时垄断厂商将获得最大利润。

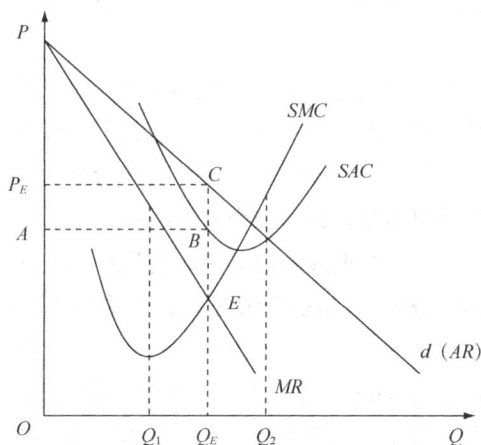

图 7-4 垄断厂商的短期均衡

与完全竞争企业不同，垄断厂商的价格水平并不是按 $MC=MR=P$ 来确定的。对于垄断厂商，如图 7-4，它将按需求曲线上对应于产量 Q_E 的价格水平 P_E 来确定其销售价格。这时价格不仅超过了生产 Q_E 的边际成本（E 点），而且还超过了平均成本（B 点），此时，平均成本为 A，价格为 P_E，图中矩形 $ABCP_E$ 的面积就表示垄断者的垄断利润，或称超额利润。因为企业经营的正常利润已包含在平均成本之中，超过平均成本的部分即为超额利润。

垄断这一概念通常让人联想起一个贪婪的厂商获取了巨额利润，然而，垄断本身并不能保证高额利润，垄断厂商也同样会亏损（尽管亏损额是最小的），甚至破产。特别是在短期内，由于垄断厂商不能调整生产规模，能否获得利润，要看产品市场价格的高低与垄断厂商平均成本的高低。假如垄断厂商在 $MR=SMC$ 的短期均衡点上，产品的生产成本过高，导致相应的成本曲线的位置过高，造成平均成本高于产品市场价格；或者是产品的市场需求过小，导致相应的需求曲线的位置过低，造成产品市场价格低于平均成本，此时垄断厂商就会出现亏损。

事实上，由于垄断厂商控制了市场和价格，因此，即使短期内会出现亏损，在长期内厂商总会设法把价格提高到平均成本之上。获得垄断利润是垄断市场中的普遍现象，也是厂商之所以要维持垄断地位的基本动力。

综上，可以得到垄断厂商短期均衡条件为：$MR=SMC$。

垄断厂商在短期内均衡点上可以获得最大利润，可以利润为零，也可以承受最小亏损。

四、垄断厂商的供给曲线

供给曲线告诉我们，在每一个价格下，厂商所愿意生产的数量。但是，垄断厂商不是价格接受者，他们可以自行制定售价。因此，我们不可能建立一条供给曲线来表示某一价格下垄断厂商愿意生产的数量。垄断厂商经常在价格上升时增加供给，但也可能在价格上升时减少供给。

在面对不同的价格时，完全竞争厂商会按边际成本大小来决定其最适产量，因此边际成本曲线成为完全竞争厂商的短期供给曲线，且价格与产量会有一对一的关系。但垄断厂商不会这样做，因为垄断厂商必须同时考虑产量与价格的关系。所以当他面对不同的需求曲线时，在同样的价格水平，却可能会有不同的产量。

例如，在图 7-5（a）中，MC 曲线是固定的。当垄断厂商的需求曲线为 d_1 和边际收益曲线为 MR_1 时，由均衡点 E_1 所决定的产量为 Q_1，价格为 P_1。当需求曲线移为 d_2 和边际收益曲线移为 MR_2 时，由均衡点 E_2 所决定的产量为 Q_2，价格则仍为 P_1。于是，同一个价格对应两个不同的产量 Q_1 和 Q_2。也就是说，即使价格相同，但在市场需求不同的情况下，垄断厂商会改变其产量水平与之相适应。在图 7-5（b）中，MC 曲线仍是固定的，d_1 曲线、MR_1 曲线和 d_2 曲线、MR_2 曲线分别为两组不同的需求曲线和边际收益曲线。比较 $MR_1=SMC$ 和 $MR_2=SMC$ 的两个均衡点 E_1 和 E_2（为同一均衡点），可以发现，同一个产量 Q_1 对应的却是两个不同的价格 P_1 和 P_2。也就是说，即使产量相同，在市场需求不同的情况下，垄断厂商会定出不同的价格与之相适应。因此，在垄断市场条件下垄断厂商的供给量与价格并没有如同供给曲线上价格与产量保持固定的一对一关系，而必须依市场情况而定。所以对垄断厂商而言，供给曲线不存在。

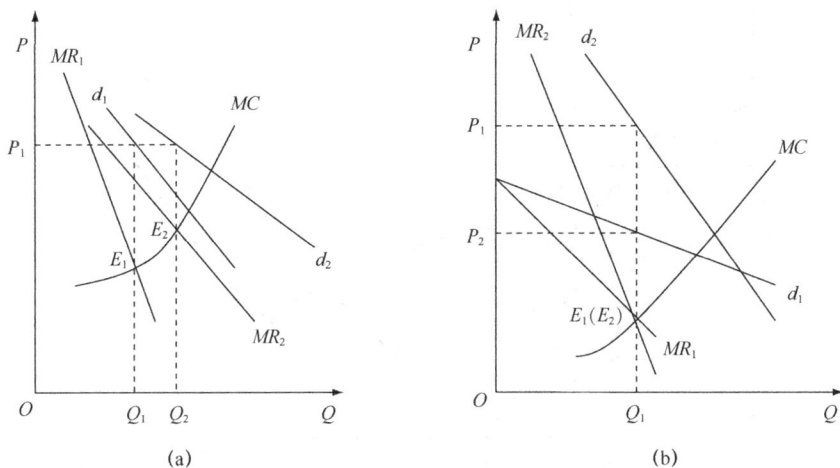

(a)　　　　　　　　　　　　　　　　　(b)

图 7-5　垄断厂商的产量和价格

五、垄断厂商的长期均衡

　　由于垄断市场上只有唯一的一家厂商供应不可替代的产品，不存在竞争，所以即使垄断厂商在短期内存在利润，这种利润在长期内也不会像完全竞争市场那样，由于新厂商的进入而消失。同时垄断厂商在长期内可以调整全部生产要素的投入量，也即垄断厂商可以通过改变生产规模从而实现最大的利润。

　　垄断厂商在长期内对生产进行调整一般会有两种情况：一种情况是垄断厂商在短期内发生了亏损，而在长期，厂商通过对最优生产规模的选择，摆脱了亏损的状况，甚至获得利润。如果厂商通过调整，仍然找不到一个能使他改变亏损状况的最优生产规模，那么垄断厂商就将退出该行业；另一种情况是垄断厂商在短期内利用既定的生产规模获得了利润，在长期中，他将通过对生产规模的调整，使自己获得更大的利润。对这两种情况的分析是相似的，下面我们利用图 7-6 来分析第二种情况。

　　图中的 d 曲线和 MR 曲线分别表示垄断厂商所面临的市场的需求曲线和边际收益曲线，LAC 曲线和 LMC 曲线分别为垄断厂商的长期平均成本曲线和长期边际成本曲线。

　　假定垄断厂商开始时是在由 SAC_1 曲线和 SMC_1 曲线所表示的生产规模上进行生产。在短期内厂商只能按照 $MR=SMC$ 的原则，在现有的生产规模上将均衡产量和均衡价格调整为 Q_1 和 P_1。在短期均衡点 E_1 上，垄断厂商所获得的利润只是相当于图 7-6 中较小的矩形 HP_1AB 的面积。

　　在长期内，垄断厂商可以调整生产规模进一步增大利润。按照 $MR=LMC$ 的长期均衡原则，垄断厂商的长期均衡为 E_2，均衡产量和均衡价格分别为 Q_2 和 P_2，垄断厂商所选择的相应的最优生产规模由 SAC_2 曲线和 SMC_2 曲线所代表，此时垄断厂商获得了比短期更大的利润，其利润量相当于图中较大的矩形 IP_2FG 的面积。

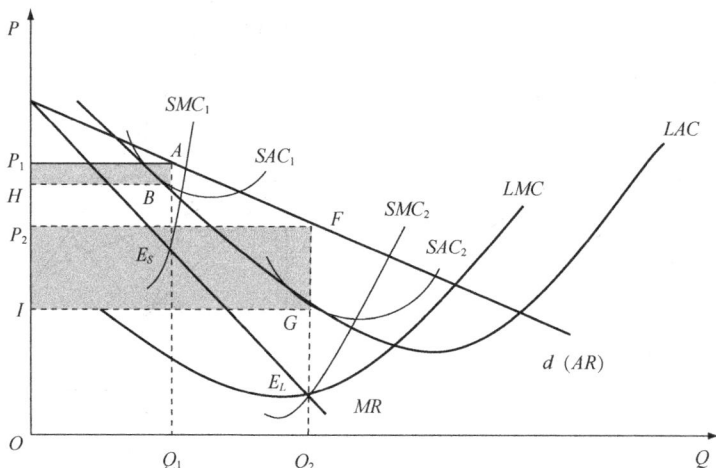

图 7-6　垄断厂商的长期均衡

很显然，垄断厂商利用 SAC_2 曲线所表示的生产规模进行生产时，比利用 SAC_1 曲线所表示的生产规模获得了更多的经济利润，所以垄断厂商进行长期调整是有利的。同时，由于不存在直接的竞争对手，垄断厂商的利润可以长期保持。在达到长期均衡时，长期边际成本 LMC 等于边际收益 MR，并且与短期边际成本 SMC_2 相等，长期平均成本 LAC 曲线与短期平均成本 SAC_2 曲线相切。因此，垄断厂商长期均衡条件可表示为 $MR=LMC=SMC$，而垄断厂商在长期均衡点上一般可获得利润。

六、价格歧视及其类型

在以上分析中，我们都假定垄断者对其所有产品都以相同的价格出售，这也是一般人的交易习惯。但在现实生活中，由于垄断企业是唯一的供给者，也是价格的制定者，所以可以把相同的产品依不同的价格出售。比如，"一个 4 元，三个 10 元"，这是对不同数量制定不同价格；再有电影院门票分学生票、全票，这是针对不同的人制定不同的价格。假如这些都是成本相同的产品，则这种定价的方式就被称为"价格歧视"（Price Discrimination）。

价格歧视

专栏 7-1

飞机票旺季涨价淡季打折

2003 年春运期间，国内一些航空公司利用专门票务软件来管理定价，一个基本方法就是区别定价。如春运等旅行高峰时期定较高价，淡季通过打折定低价；同一时点紧俏航线定高价，客流较少航线定低价；对临近旅行时间购票的顾客定高价，对提前买的顾客定低价等。

临近春节再订机票的顾客往往对时间敏感，时间机会成本比较高，需求弹性一般比较低，所以可以定较高价格。早早订票的旅客愿意接受时间约束，表示他们的时间敏感度比较低，需求弹性比较大，应当定较低价格。像张五常教授那样摆摊卖橘子，如何识别顾客的偏好和需求弹性？也许可以从顾客穿戴和神态上猜出个大概：那些西装革履、夹着公文包、行色匆匆的买家，往往属于对价格不敏感和需求弹性较小的顾客，对他们不妨索要高价；对于那些看上去像家庭主妇、讨价还价技巧纯熟的顾客，就应当果断降价。

厂商应有效地区分不同的消费者或分割市场。厂商如不能有效区分消费者，分割市场，顾客可能会集中于低价市场采购，或者低价市场的顾客很可能会将购得的产品转向高价市场出售套利。

思考：航空公司为什么要这样做呢？

（一）价格歧视的界定与条件

所谓价格歧视，是指垄断者在同一时间内对相同成本的产品向不同的购买者或不同的购买数量收取不同的价格。价格歧视能使垄断者的利润增加。但是，垄断厂商增加的利润从何而来呢？当然是从消费者身上来的，因为此时消费者剩余减少了。在图7-7中，我们看到原来价格为 4 元时，消费者会花 8 元购买两个单位产品，因此全社会可享有的消费者剩余为三角形面积 CBP_2。但现在垄断者规定第一个单位产品要支付 5 元（P_1），买第二单位产品要支付 4 元（P_2），买两单位产品共花费 9 元，因此与前面相比，消费者要多支付阴影部分的面积，而该阴影面积就是消费者剩余的减少。还有一点要说明的是，统一的价格也并不意味着不存在价格歧视。如果生产成本随不同消费者而变化，但所有人却支付相同的价格，这也属于价格歧视。

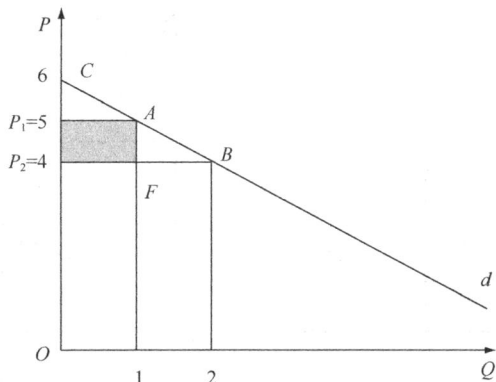

图 7-7　价格歧视与消费者剩余

虽然价格歧视对厂商有益处，但厂商要实行价格歧视，也必须具备两个基本条件：

第一，厂商必须要具备某种市场权力。也就是说，厂商不能是价格的接受者，必须有制定价格的能力。因而在完全竞争条件下的厂商，是不可能实行价格歧视的。第二，厂商可以将具有不同需求弹性的消费者群体区分开来。不同的消费者具有不同的偏好，且不同的偏好可以被区分。例如，同一旅游景点，对本地游客与外地游客的吸引程度不一样，可以据此划分为本地游客和外地游客、国内游客和国外游客。旅游景点在对本地游客实行优惠时，要求查看身份证，这样就能阻止优惠门票的转卖。

（二）价格歧视的类型

依据垄断厂商采取的价格歧视的程度，价格歧视可分为一级价格歧视、二级价格歧视和三级价格歧视。

1. 一级价格歧视

一级价格歧视（First Degree Price Discrimination）也称为完全价格歧视（Full Price Discrimination），是指垄断厂商在销售产品时，将每一单位产品都以不同的价格出售。从理论上讲，实行一级价格歧视，垄断厂商可以获得全部的消费者剩余，也就是说垄断厂商能获得最大可能的利润。

一级价格歧视

如图 7-8（a）所示，当垄断厂商销售第一单位产品时，消费者愿意支付的最高价格为 P_1，于是厂商就按 P_1 价格出售第一单位的产品。当厂商销售第二单位产品时，消费者愿意支付的最高价格为 P_2，厂商又按照此价格出售第二单位产品。依此类推，直到厂商销售完全部的产品。假设厂商此时的产量为 Q_m，则厂商得到的总收益为图中的阴影部分面积。而如果厂商不实行价格歧视，都按同一个价格 P_m 出售 Q_m 的产量，总收益仅为 OP_mBQ_m 的面积。因此，实行一级价格歧视的垄断厂商实际上是将所有消费者剩余榨光，转化为了生产者的垄断利润。

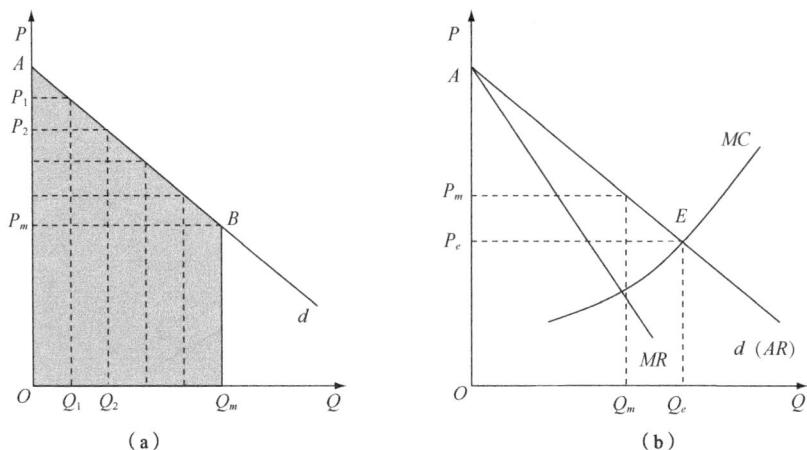

图 7-8　一级价格歧视

价格歧视对消费者而言大都是不利的，因为消费者剩余会被垄断厂商拿走。但是，我们从图 7-8（b）中可知，垄断厂商根据 $MR=MC$ 原则所确定的均衡产量为 Q_m，均衡价格为 P_m，如果存在一级价格歧视，在产量小于 Q_m 的范围内，消费者为每一单位产品所愿意支付的最高价格均大于 P_m，所以，厂商增加产量就可以增加利润。在产量达到 Q_m 后，消费者为每一单位产品所愿意支付的最高价格仍高于 MC，所以厂商增加产量还可以增加利润，一直到产量增加到 Q_e 水平为止。这时，厂商的总收益相当于 $OAEQ_e$ 的面积，相当于三角形 P_eAE 面积的消费者剩余全部被垄断厂商占有，即厂商获得了比按同一价格 P_e 销售全部产量 Q_e 时的更大利润。可见，垄断厂商在可以赚到更多钱的情况下，也会增加他的产量，也就是说，一级价格歧视下的资源配置是有效率的，对全社会的福利而言，这可能是唯一的好处。

2. 二级价格歧视

二级价格歧视（Second-Degree Price Discrimination）是指垄断厂商按不同的购买数量决定单位产品的价格，也即多重定价。二级价格歧视不如一级价格歧视那么严重，垄断厂商只对不同的购买数量采取不同的价格，对同一购买量的人而言价格相同。例如：消费者购买 2 单位产品时，价格为 6 元；当消费者再购买 2 单位时，这 2 单位产品的价格为 5 元，等等。

二级价格歧视

在图 7-9 中，垄断厂商规定了三个不同的价格水平。当购买数量为 $0\sim Q_1$ 时，垄断厂商规定的价格为 P_1；当购买数量增加到 $Q_1\sim Q_2$ 时，价格为 P_2；当购买数量增加到 $Q_2\sim Q_3$ 时，价格下降为更低的 P_3。如果不存在二级价格歧视，则垄断厂商的总收益相当于矩形 OP_3DQ_3 的面积，消费者剩余相当于三角形 AP_3D 的面积。

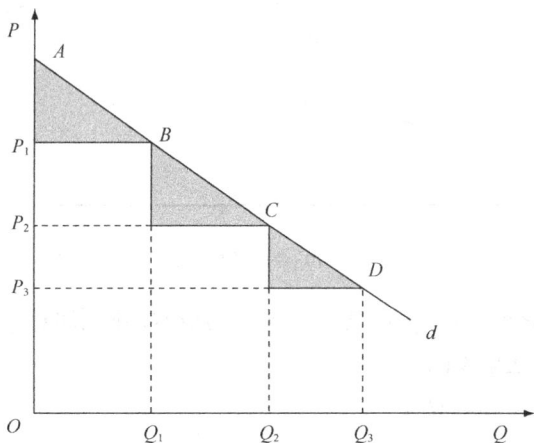

图 7-9 二级价格歧视

如果实行二级价格歧视，则垄断厂商的总收益将增加，消费者剩余只剩下图中的阴影部分面积，其余的被垄断厂商所占有，转化为垄断厂商的收益。有时，二级价格歧视

也采取相反的定价方式，即对消费数量较多的顾客收取较高的价格，对消费数量较少的顾客收取较低的价格。例如，由于供水、供电紧张，一些城市规定了基本消费数量，在此消费数量之内，采取低价供应，而超出此规定数量的部分，将收取较高的价格。

一般来说，对于那些易测定消费数量的产品，如自来水、电、煤气等行业，采用二级价格歧视是较为可行的。

3. 三级价格歧视

三级价格歧视（Third-Degree Price Discrimination）是指垄断厂商就同一产品对不同类型的或不同的市场消费者收取不同的价格。例如，同样的电影，学生票价格低于普通票价格，"黄金时段"价格高于非黄金时段价格；同一产品，在富人区的价格与贫民区的价格不同，国外市场价格与国内市场价格不同；等等。

三级价格歧视

如图 7-10 所示，设 A 市场价格为 P_1，B 市场的价格为 P_2，总的销售量 $Q_t=Q_1+Q_2$；

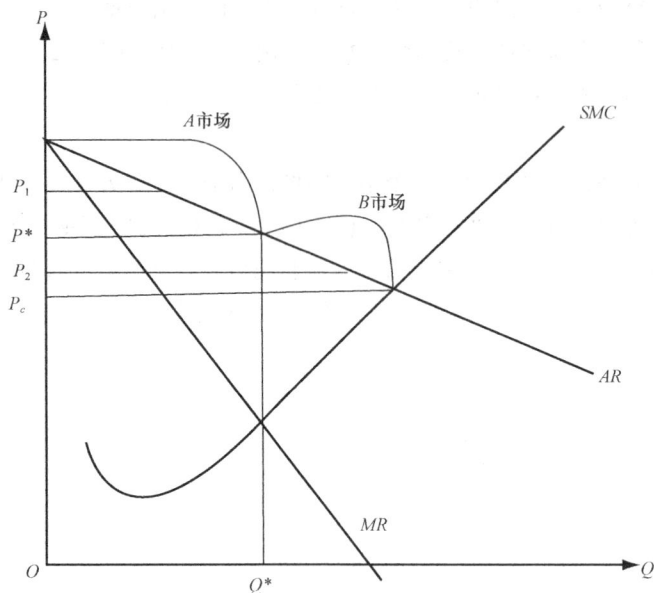

图 7-10 三级价格歧视

利润 $\Pi=P_1*Q_1+P_2*Q_2-C(Q_t)$，其中 $C(Q_t)$ 为成本，则利润对 Q_1 求偏导得 $MR_1=MC$，利润对 Q_2 求偏导得 $MR_2=MC$，

所以可以得 $MR_1=MR_2=MC$，

由于 $MR_1=P_1(1-1/E_{d1})$，

而 $MR_2=P_2(1-1/E_{d2})$，

则 $P_1(1-1/E_{d1})=MR_2=P_2(1-1/E_{d2})$，

所以 $P_1/P_2=(1-1/E_{d2})/(1-1/E_{d1})$。

通过分析可以看到，当 $E_{d1}=E_{d2}$ 时，则不需要提高价格歧视，因为没有这样的必要。但是当 E_{d1} 不等于 E_{d2} 时，则 E_{d2} 较低时厂商将会索要较高的价格，反之亦然。我们可以这样理解，价格歧视有利于对价格敏感的消费者制定较低的价格，而对于那些对价格不太敏感的消费者制定较高的价格，这样就可以利用不同的价格优势来获取更高的利润。

三级价格歧视在现实经济中最为普遍。例如：同一商品在豪华商场与超级市场的价格会相差很大；很多服务性行业往往对学生、老人等一些特殊人群提供低价位的服务；电力公司对工业用电收费低，对居民用电收费高等。但并不是所有的垄断厂商都可以实行三级价格歧视，它必须具备两个条件：第一，必须存在两个或两个以上可以分隔的市场。如果市场不可分隔，那么消费者就有可能在低价格市场购买商品，然后到高价格市场抛售，这种市场套利行为将使得价格歧视消失。第二，在被分隔的各个市场中，需求弹性必须不同。否则，垄断厂商就无法制订不同的价格。

七、完全垄断市场的效率

与完全竞争相比，垄断是市场结构的另一种极端，在垄断条件下，产品售价较高，产量较低，导致资源配置的低效率，造成了社会福利的无谓损失。下面我们利用图 7-11 对完全垄断和完全竞争市场的效率进行比较，通过这种比较，来分析垄断造成的社会成本。

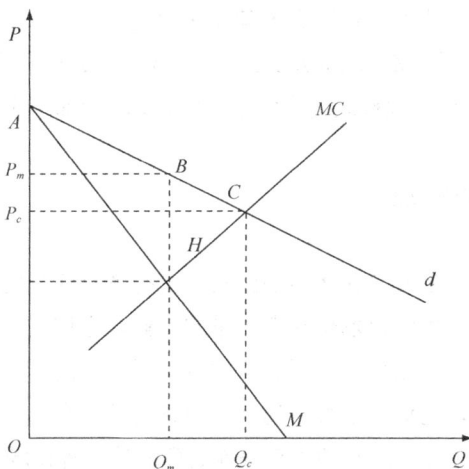

图 7-11　垄断的社会成本

在图 7-11 中，我们假定垄断和完全竞争两种市场有着完全相同的成本曲线与市场需求曲线。因此，在完全竞争市场中，厂商取得利润最大化的产量和价格分别是 Q_c 和 P_c。而在垄断条件下，厂商取得利润最大化的产量为 Q_m，低于完全竞争时的产量，而价格 P_m 却高于完全竞争时的价格，即消费者支付了较高的价格，却消费较少的产品数量。且

完全竞争条件下 $P_c=MC$，厂商是在平均成本的最低点进行生产，而垄断条件下 $P_m>MC$，厂商不是在平均成本最低点进行生产，所以垄断条件下厂商的生产能力没有得到充分的利用，即资源配置是低效率的。

从整个社会的观点来看，在完全竞争条件下，当价格是 P_c 时，消费者剩余为 P_cAC；当垄断者将价格提高到 P_m 时，消费者剩余减少到 P_mAB，原有的 P_cP_mBH 转变为垄断者的收入（生产者剩余），但是 BHC 这一块三角形的面积则白白损失了，因为消费者和生产者都没有得到。由于这个原因，这块面积被称为"社会福利损失"。例如，在卖方垄断的市场中，价格由卖方说了算，服务差些，消费者都无可奈何。但如果引入竞争，则产品质量定会提高，偏高的价格也一定会降下来。因此，竞争会导致高效率，直到实现资源配置的帕累托最优境界。

第二节 垄断竞争市场

> 为什么说需求的价格弹性较高导致了垄断竞争厂商进行价格竞争？

完全竞争市场和完全垄断市场是两种极端的市场结构，从某种意义上来说，两者都是理论的抽象。在现实生活中，普遍而大量存在的是介于完全竞争和完全垄断之间的两种市场结构：垄断竞争市场（Monopolistic Competition Market）和寡头垄断市场（Oligopoly Market），其中垄断竞争市场较接近完全竞争市场，寡头垄断市场较接近完全垄断市场。

一、垄断竞争市场的特点

顾名思义，垄断竞争是既包含垄断的因素，又有竞争成分的一种市场结构。与完全竞争的市场相似，垄断竞争的市场也含有大量的企业，它们进退市场比较自由，所受限制不多。与完全垄断的市场相似，垄断竞争性企业所生产的产品彼此相似，但更重要的是又有明显差异。因此，它们在这种市场结构中各自都具有一定的控制力或垄断力。总之，垄断竞争是指众多企业生产和销售有差异的商品的一种市场结构。

从上述定义可知，垄断竞争具有以下两个明显的特征。

其一，市场中存在着大量的企业（或曰销售者），正因为如此，彼此之间存在着激烈的竞争，同时，进退市场也接近于完全竞争。很难设想，一家垄断竞争企业的某种经济行为（比如降价以获得更大的市场份额）不会引起其他垄断竞争企业的反应。而这些反应又会因为自身的条件不一而有所不同。特别是一些非价格竞争策略，比如广告竞争，使得垄断竞争模型难以抽象。

其二，生产的商品彼此之间存在差异，但彼此之间都是非常接近的替代品，被称为"异质商品"（相对于完全竞争市场中的同质商品）。例如，牛肉面和鸡丝面是有差别的同种面食产品，二者具有较密切的替代性。

其三，厂商的生产规模比较小，进入和退出市场比较容易。

与完全竞争相比，垄断竞争的主要特征是产品的差别，它有完全垄断的特点。而与完全垄断相比，垄断竞争的主要特征是产品的可替代性，它又有完全竞争的特点。因此，垄断竞争市场是一种兼有垄断又有竞争的市场。

二、垄断竞争市场的需求曲线

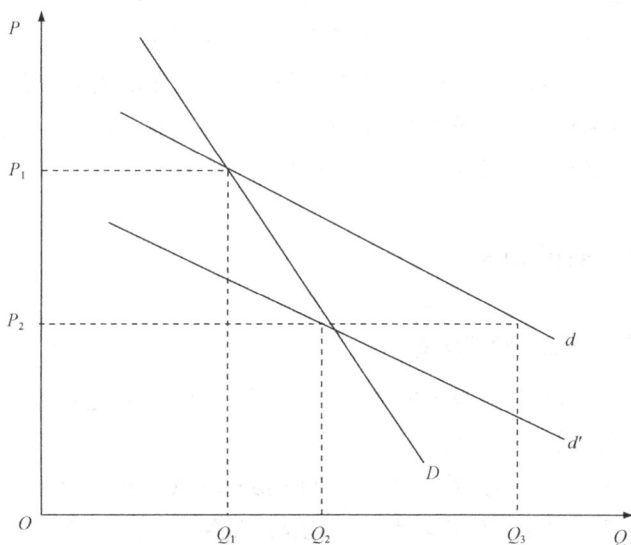

垄断竞争企业的需求曲线依赖于同一产品集团中的其他企业是否有所反应。在图 7-12 中，假如某一垄断竞争企业令其价格从 P_1 降为 P_2，如果其他企业没有作出相应的反应，那么，对该企业的需求便沿着需求曲线 d 从 Q_1 变化到 Q_3，这条需求曲线 d 被称为"其他因素不变的需求曲线"（Ceteris Paribus Demand Curve），亦被称为"主观需求曲线"（Perceived Demand Curve）。由于在同一产品集团中的产品具有较为密切的替代关系，因此，d 为一条富有较大弹性的、比较平坦的需求曲线。

垄断竞争市场的
需求曲线

图 7-12　垄断竞争企业的需求曲线

但是"其他因素不变"之假设是不现实的。在现实生活中，当一定垄断竞争企业采取降价策略之后，一般都会引起这一产品集团中的其他（部分）企业也降价（不一定降为 P_2），因此，这一垄断竞争企业势必失去相当一部分顾客，其需求量不可能为 Q_3，而

是沿着需求曲线 D 从 Q_1 变化到 Q_2，Q_2Q_3 这部分需求为其他企业所"抢走"。这条需求曲线 D 被称为市场需求曲线，也可叫"已作必要调整的需求曲线"（Mutatis Mutandis Demand Curve）或"成比例的需求曲线"（Proportional Demand Curve）。前者意味着该企业在其他企业亦步亦趋降价情况下所面临的需求曲线，后者则强调该企业降价后的需求量变化只能在这一产品集团中呈某一比例变化。毫无疑问，D 应比 d 更为陡峭。然而，D 是朝顺时针方向，还是朝逆时针方向旋转，依赖于该企业的垄断力。产品差异性越大，企业的垄断力越强，需求曲线 D 便朝逆时针方向旋转得越多。这也就是说，由于你的垄断力强，人家瓜分市场的份额就要少些。

某一垄断竞争企业使其价格从 P_1 降为 P_2，如果其他企业不作反应，那么，该企业的需求量从 Q_1 到 Q_3（沿着需求曲线 d）。但是其他企业也会采取降价策略，因此，该企业的需求量从 Q_1 到 Q_2（沿着需求曲线 D）。如果它意识到这一点后，它所感觉到的需求曲线便从 d 移到 d'。由于该企业降价后的需求量从 Q_1 到 Q_2，因此它所感觉到的需求曲线便从 d 移到 d'。

综上所述，关于垄断竞争企业所面临的两条需求曲线 d 和 D，可以得到如下结论：

（1）当垄断竞争行业的所有企业都以相同方式改变价格时，整个市场价格的变化会使单个企业的主观需求曲线 d 沿市场需求曲线 D 上下平移，即当市场价格下降时，主观需求曲线 d 沿市场需求曲线 D 向下平移；当市场价格上升时，主观需求曲线 d 沿市场需求曲线 D 向上平移。

（2）由于主观需求曲线 d 表示单个垄断竞争企业单独改变价格时所预期的产量，而市场需求曲线 D 表示每个垄断竞争企业在每个市场价格水平上实际所面临的市场需求量，所以，主观需求曲线 d 和市场需求曲线 D 相交意味着垄断竞争市场的供求相等状态。

（3）主观需求曲线 d 比市场需求曲线 D 平坦，即在两条曲线的交点上，主观需求曲线 d 的价格弹性大于市场需求曲线 D 的价格弹性。

三、垄断竞争厂商的均衡

（一）垄断竞争厂商的短期均衡

在短期内，企业仅能决定是否生产和生产多少，而不能决定是否退出这一产业而进入另一个产业。

如图 7-13 所示，任意假定始于 A 点，此时 $MR_1 > MC$，该企业根据 $MR_1 = MC$ 的原则，决定将价格降为 P_1，均衡产量便为 Q_1。然而，其他企业也降价，使得它的需求量仅为 Q_2（沿着需求曲线 D）。此时，它所感觉到的需求曲线便由 d_1 下降到 d_2（经过 B 点）。在 B 点，由于 $MR_2 > MC$，该企业依然有积极性降低价格。根据 $MR_2 = MC$ 的原则，决定将价格降为 P_2，此时销售量为 Q_3（沿着需求曲线 d_2）。如果其他企业也降价，其需求量仅为 Q_4。因此，企业所感觉到的需求曲线便是一条经过

垄断竞争均衡

C 点的 d_3 （图中未画出）。

垄断竞争企业短期均衡的条件依然为 $MR=MC$，当 $MR>MC$ 时，企业应增加产量；当 $MR<MC$ 时，则应减少产量。

我们用图 7-13 和图 7-14 来表明垄断竞争企业短期均衡调整过程及最终状态。

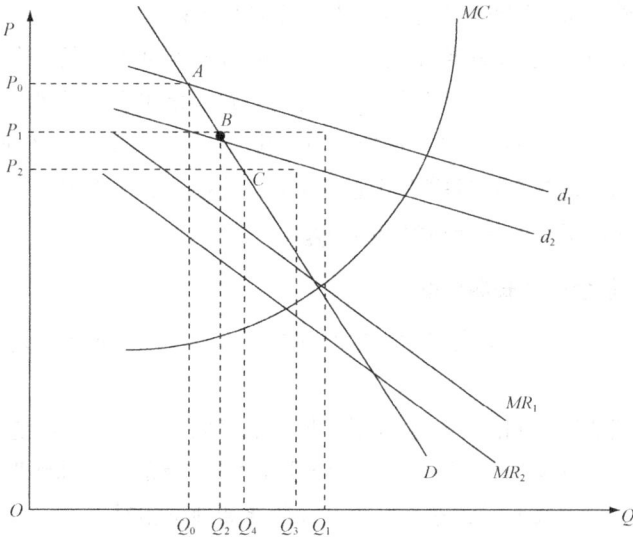

图 7-13　垄断竞争企业的短期初始状态及其调整

如图 7-13 所示，让我们任意地始于 A 点，其价格和销售量分别为 P_0 和 Q_0。企业试图用"试错法"寻求其利润最大化价格。企业根据其"感觉到的需求曲线 d_1"，以及与此相关的边际收益曲线 MR_1，发现此时 $MR_1>MC$，因此，它根据 $MR_1=MC$ 的原则，决定将价格降为 P_1，此时，利润最大化产量为 Q_1。

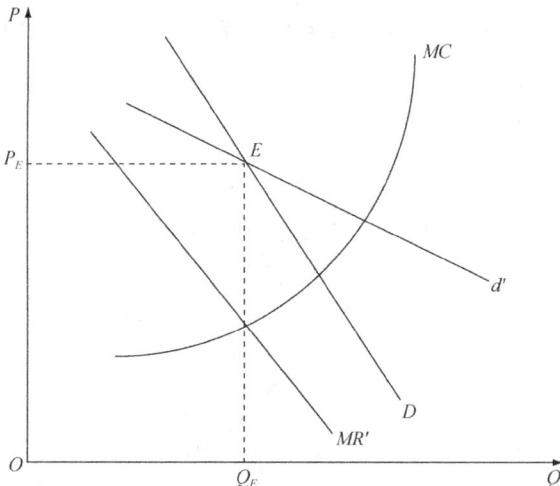

图 7-14　垄断竞争企业的短期均衡

然而，其他企业产并非无动于衷，不甘心落后，也纷纷降价，使得在 P_1 水平上对该企业的需求量仅为 Q_2（沿着需求曲线 D）。因此，它所感觉到的需求曲线便由 d_1 下降到图 7-13 中的 d_2（经过 B 点）。在这一点上是否实现利润最大化呢？没有，因为此时 $MR_2 > MC$。该企业重新根据利润最大化原则将价格下降为 P_2。依照需求曲线 d_2，其需求量为 Q_3。然而，其他企业还会跟着降价。因此，P_2 依然不是一个均衡价格。

该企业依然依照上述办法继续调整下去，直到如图 7-14 所示的均衡状态为止。当价格等于 P_E 时，依 d' 曲线其需求量等于 Q_E，在这一产出水平上，满足两个条件：其一，$MR' = MC$，该企业没有改变价格及产量的动因；其二，d' 曲线正好与 D 曲线相交于 P_E，即它所"感觉到的需求量"正好等于其他企业调整价格以后的需求量。此时，该垄断竞争企业的短期均衡价格及产量分别为 P_E 和 Q_E。

（二）垄断竞争企业的长期均衡

在长期内，企业不仅能扩大或缩小生产规模，而且可以决定是否退出这一产业而进入另一个产业。

如果出现了正的经济利润，就会吸引其他产品集团的进入。这种进入对垄断竞争企业的"感觉到的需求曲线" d 没有影响，但会导致"成比例的需求曲线" D 朝着顺时针的方向旋转。这就隐含地表明，该垄断竞争企业的垄断地位相对下降，从而逼迫原均衡价格下降。这种进入直到经济利润为零为止才实现垄断竞争企业的长期均衡。

如果经济利润为负，这便使得这一产品集团的部分企业退出，这样就会导致成比例需求曲线 D 以逆时针方向旋转，表明垄断竞争企业的垄断地位在加强，从而诱发价格上升。这种退出直至经济利润为零为止才实现垄断竞争企业的长期均衡。

图 7-15 中的 E 点便为垄断竞争企业的长期均衡点。在该点上，下降段的长期平均成本曲线与需求曲线 d 相切（同时经过需求曲线 D），其经济含义有二：（1）垄断竞争企业的长期经济利润为零；（2）它没有在 LAC 最低点生产或经营，从而出现"生产能力过剩问题"。

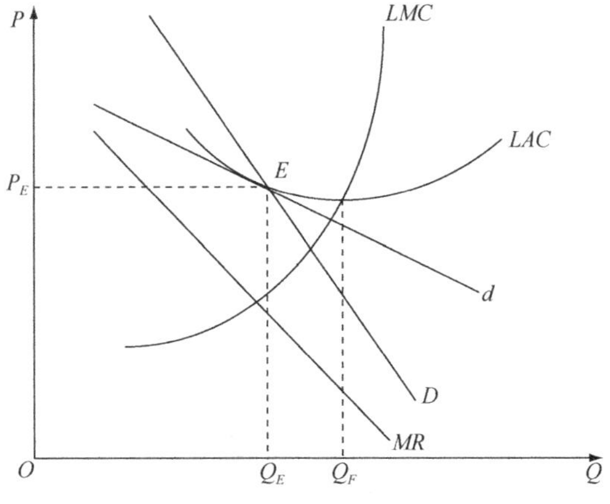

图 7-15　垄断竞争企业的长期均衡

E 点为垄断竞争企业的长期均衡点。它首先满足短期均衡的两个条件：（1）$MR=MC$；（2）$D=d$。同时，LAC 曲线相切需求曲线 d 于 E 点，表明长期利润为零，进入和退出都将终止。再者，没有在 LAC 最低点 Q_F 上生产，从而造成生产能力的过剩。

四、垄断竞争的方式

在垄断竞争市场上，厂商之间既存在价格竞争，也存在非价格竞争。到目前为止，我们所强调的竞争是指以价格为基础的竞争。这也就是说，我们的垄断竞争模型排除了非价格竞争的因素。就价格竞争而言，它虽然能使一部分厂商得到好处，但从长期看，价格竞争会导致产品价格持续下降，最终使厂商的利润消失。因此，非价格竞争便成为垄断竞争厂商普遍采取的另一种竞争方式。

垄断竞争方式

非价格竞争——改变产品的品质、改善服务、改进包装、重视营销策略、强调广告作用——在现实生活中屡见不鲜。垄断竞争厂商进行非价格竞争，仍然是为了获得最大利润。进行非价格竞争是需要花费成本的。例如，改进产品性能会增加生产成本，增加售后服务网点需要增加投入，广告宣传的费用也是相当可观的。厂商进行非价格竞争所花费的总成本必须小于由此所增加的总收益，否则，厂商是不会进行非价格竞争的。很显然，边际收益等于边际成本的利润最大化原则，对于非价格竞争仍然是适用的。

（一）广告投入

非价格竞争中的一个重要的方式是广告决策。为了简单起见，我们假设厂商为它的产品只定一个价格。我们也假设在做了充分的市场研究之后，它了解需求量是怎样取决于它的价格 P 和广告支出 A，即它知道 $Q(P, A)$。图 7-16 给出了有和没有广告时厂商的需求和成本曲线。AR 和 MR 是厂商不做广告时的平均和边际收益曲线，而 AC 和 MC 是它的平均和边际成本曲线。它的生产产量为 Q_0，此处 $MR=MC$，得到价格 P_0，它的每单位利润是 P_0 和平均成本之差，所以它的总利润 π_0 由浅色小阴影四边形给出。

现在设厂商做广告。这引起它的需求曲线向外向右移动，新的平均和边际收益曲线由 AR' 和 MR' 给出。广告是一种固定成本，所以厂商的平均成本上升（到 AC'），但边际成本不变。做广告时，厂商生产 Q_1，（此处 $MR'=MC$），得到价格 P_1。它的总利润 π_1 由浅大四边形给出，要大得多。

虽然做广告显然给图 7-16 中的厂商带来了利益，但该图却没有帮我们确定应花多少钱做广告。厂商必须选择价格 P 和广告支出 A 以使利润最大化，它现在由下式给出：

$$\pi=PQ(P, A)-C(Q)-A$$

给定价格，较多的广告会导致较多的销售，因而是更多的收益。但什么是厂商利润最大化广告支出？你可能会忍不住要说厂商应不断增加它的广告支出直到最后一单位广告费正好带来一单位额外的收益，即直到来自于广告的边际收益 $\Delta(PQ)/\Delta A$ 正好等于 1。但正如图 7-16 所示，这种推理忽略了一个重要的因素：广告导致产量增大，但产量增大反过来又意味着生产成本增加，而这一点在比较额外的 1 美元广告的成本收益时必须考虑进去。

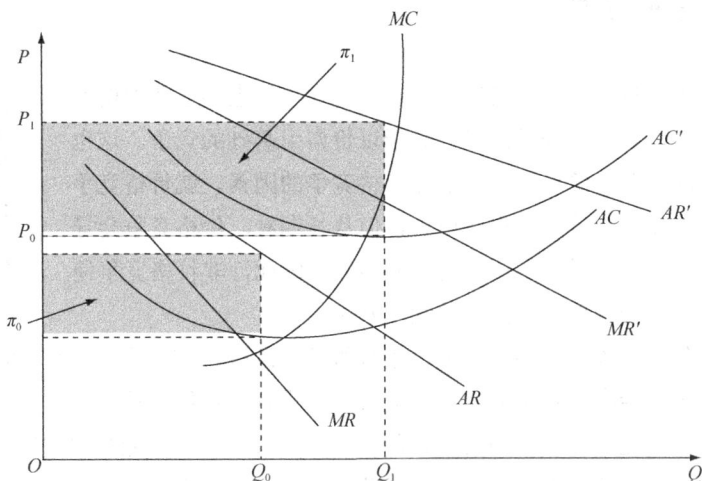

图 7-16　广告的效果

正确的决策是不断增加广告支出直至广告支出的边际收益恰好等于广告的全部边际成本，因此厂商应该做广告直到满足下式：

$$MR_{Ads} = P\frac{\Delta Q}{\Delta A} = 1 + MC\frac{\Delta Q}{\Delta A} = 广告的全部边际成本 \qquad (7.1)$$

这个原则常常被经营者忽略掉，他们常常只是通过期望收入与广告成本的比较来判断广告预算。但增加的销售意味着增加的生产成本，这也是应该考虑进去的。

像 $MR=MC$ 的法则一样，式（7.1）在实践中的应用是很困难的。根据前面的章节我们知道 $MR=MC$ 意味着下述定价的简单法则：$(P-MC)/P=-1/E_P$，其中 E_P 是厂商需求的价格弹性。我们可以将定价的简单法则与式（7.1）结合起来以得到一个广告的简单法则。

将式（7.1）重写成：

$$(P-MC)\frac{\Delta Q}{\Delta A} = 1$$

现在，该式两边同乘以 A/PQ，即广告对销售的比率：

$$\frac{P-MC}{P}\left(\frac{A}{Q}\cdot\frac{\Delta Q}{\Delta A}\right) = \frac{A}{PQ}$$

括号中的项 $(A/Q)(\Delta Q/\Delta A)$ 为需求的广告弹性，即广告支出增长 1% 所引起的需求变化的百分比。我们用 E_A 记作该弹性，将该式重写为：

$$A/PQ = (E_A/E_P) \qquad (7.2)$$

式（7.2）就是广告的简单法则。它说明为了使利润最大化，厂商的广告对销售比率应该等于负的需求的广告弹性和价格弹性的比率。这个法则具有很直观的意义。它说明当需求对广告非常敏感时（E_A 很大），或者需求缺乏弹性时（E_P 很小）厂商应该大做广告。虽然这是很显然的，但为什么需求的价格弹性小时厂商要做更多的广告？理由是小的需求弹性意味着在边际成本上大的加价，从而从销售的各额外单位取得的边际利润是很高的。在这种情况下，如果广告能帮助多销出几个单位，这笔支出是值得的。

（二）产品变异

除了广告以外，扩大产品差别的方法还有产品变异，当垄断竞争厂商为其产品开发新的功能，延长产品的使用寿命，改变产品的外观、包装等，即称为厂商进行产品变异。产品变异也会对厂商的收益和成本状况产生影响，如图 7-17 所示，没有进行产品变异之前，AC_1 和 MC_1 为厂商的平均成本和边际成本曲线，d_1 为厂商的主观需求曲线，本处同样忽略市场需求曲线问题。MR_1 为其边际收益曲线，这样，根据边际收益等于边际成本，垄断竞争厂商短期均衡的价格和产量组合为 P_1 和 Q_1，这时厂商能够获得长方形 π_1 面积的经济利润。

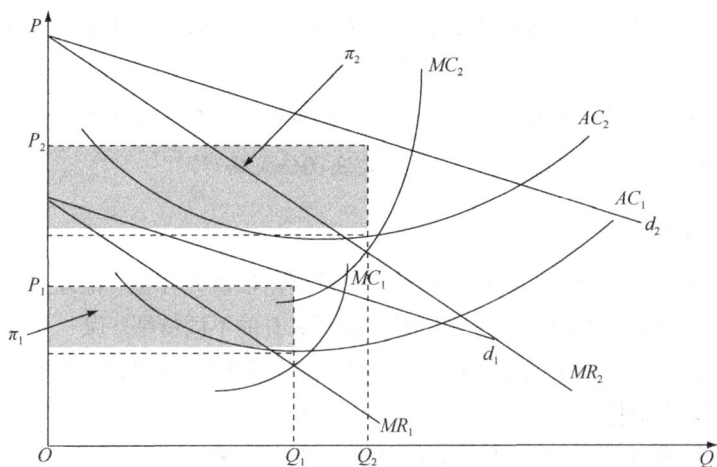

图 7-17　产品变异对垄断竞争厂商的影响

产品变异后，厂商的平均成本和边际成本曲线移动到 AC_2 和 MC_2，注意产品变异与广告不同，会影响到厂商的边际成本，因为从实质上来看，产品变异带有改变厂商的投入产出关系的性质，在某种意义上说，产品成了另一种产品。一般说来，当厂商在原有产品基础上变异时，生产单位产品往往需要增加投入，成本曲线会向右上方移动。主观需求曲线向右上方移动到 d_2 位置，边际收益曲线移动到 MR_2。这样，可以得到产品变异后的短期均衡对应的价格和产量为 P_2 和 Q_2，厂商获得了长方形 π_2 面积的经济利润。当产品变异后，厂商的经济利润提高时，可称为优化的产品变异。同样，产品变异并不必然能够提高厂商的经济利润，厂商也有可能只能达到盈亏平衡，也有可能会亏损。

专栏 7-2

四川海底捞餐饮股份有限公司的差异化战略

四川海底捞餐饮股份有限公司成立于1994年，是一家以经营川味火锅为主，融汇各地火锅特色于一体的大型跨省直营餐饮民营企业。

公司确立服务差异化的战略，始终秉承"服务至上、顾客至上"的理念，以创新为核心，改变传统的标准化、单一化的服务，提倡个性化的特色服务，将用心服务作为基本经营理念，致力于为顾客提供"贴心、温心、舒心"的服务；在管理上，倡导双手改变命运的价值观，为员工创建公平公正的工作环境，实施人性化和亲情化的管理模式，提升员工价值。

十七年来，公司已发展成为在北京、上海、西安、郑州、天津、南京、沈阳等全国多个城市拥有五十多家直营店，四个大型现代化物流配送基地和一个原料生产基地，2009年营业额近10亿元，拥有员工10 000多人。

位于成都的生产基地，其产品已通过HACCP认证、QS认证和ISO国际质量管理体系认证。公司曾先后在四川、陕西、河南等省荣获"先进企业"、"消费者满意单位"、"名优火锅"等十几项称号和荣誉，创新的特色服务赢得了"五星级"火锅店的美名。2010年2月，获大众点评网2010年度"最受欢迎10佳火锅店"。

（三）选址模型

在垄断竞争市场理论中，还有一类重要的模型用以研究存在产品差别时的厂商行为特征，即选址模型。用不同的地点来代表产品所具有的不同特征，某一厂商选择了某种产品的某个特征时，实际上就是选择了一种产品差别程度，运用这种模型可以分析垄断竞争厂商的许多有趣特征。

霍特林选址模型（Hotelling Location Model）研究这样一个问题：如果某一城市只有一条长度固定的直线型的街道，消费者沿着这条街道均匀分布，由此，每一段长度相等的街道上的消费者的数量是相同的。除了处于街道的不同位置以外，消费者的其他特征都是相同的。假设我们现在研究的厂商生产面包，而且每一个消费者每天都消费一个单位的面包。这时，如果有两家厂商 A 和 B 面包店，两者除了离消费者的距离不同外，其他如产品质量和服务等都是一样的。两者如何选择面包店在街道上的位置呢？

如图 7-18 所示，用线段 O_1O_2 表示长度固定的直线型街道，两端点为 O_1 和 O_2，街道的中点为 C 点。假定起初 A 和 B 面包店随意选择一个经营地点，如图中 A_1 点和 B_1 点。这时，由于消费者到离他们较远的面包店购买面包要花费较高的交通成本，因此消费者只到离他们最近的面包店。这样，消费者均匀分布在街道上，面包店利润最大化就是要使消费者人数最大化，消费者人数最大化就是离本面包店接近的街道距离最大化。

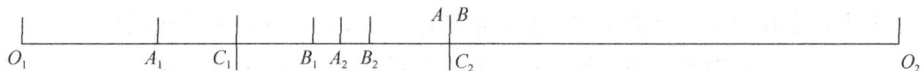

图 7-18　霍特林选址模型

在图中，A_1 和 B_1 都位于街道中点 C 左侧，A_1 和 B_1 的中点为 C_1，因此 B 面包店获得了 C_1O_2 街道上所有的消费者，A 面包店获得了 O_1C_1 街道上所有的消费者。很明显线段 C_1O_2 大于 O_1C_1，因此目前两个面包店的位置不是均衡位置，A 面包店通过调整店址还能提高利润水平。A 面包店会将店址移动到 B_1 点右边并紧靠 B_1 的地方，如图中的 A_2 点，这样，A 面包店就能获得 A_2O_2 段街道上的所有消费者，由于 A_2 点在街道中点 C 点的左边，A 面包店获得的消费者要多于 B 面包店。B 面包店为获得更高的利润也会移动，比如移动到 A_2 点右边并紧靠 A_2 的地方 B_2 点，A 面包店的利润又会低于 B 面包店，因此，A 面包店又会移动。这一过程持续地进行下去，最终两家厂商都会选择在街道中点 C 点紧挨着经营，两个厂商各获得一半的市场，达到了均衡点。

这时，如果我们把在街道上的不同位置替换为其他的产品特征，就可以分析在只有两个厂商的情况下，厂商将如何选择产品差别程度的问题。根据上面的分析，两家厂商将选择同样的无差别的产品，即选择中度的产品差别。进一步，如果把两个厂商的模型扩展到多个厂商，当只有产品差别竞争的情况下，产品将是单调的，产品品种显得太少，这样会带来效率损失。

如图 7-19 所示，如果 A 厂商选择靠近 O_1 端点的 D 点（位于整条街道以 O_1 起算的 $1/4$ 处），B 厂商选择靠近 O_2 的 E 点（位于整条街道以 O_1 起算的 $3/4$ 处），两个厂商同样是各获得一半的市场份额，但节约了消费者的交通成本。这是因为，在前面的均衡中，两家厂商都选择在中点 C 经营，离两厂商经营点最远的消费者的距离为 $1/2O_1O_2$，所有消费者的平均距离为 $1/4O_1O_2$。而当两厂商分别选择在 D 和 E 点经营时，离两厂商经营点最远的消费者的距离为 $1/4O_1O_2$，所有消费者的平均距离变为 $1/8O_1O_2$，节约了一半交通成本，这可以看作是均衡情况下造成的效率损失。

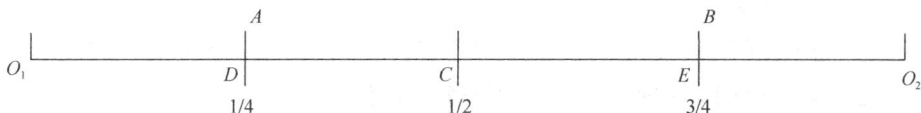

图 7-19　霍特林选址模型中效率的损失

第三节 寡头垄断市场

为什么寡头垄断的合谋行为无法持续下去？

寡头垄断市场是另一类介于完全竞争市场与完全垄断市场之间的市场结构，但它更接近于完全垄断。与垄断竞争市场一样，寡头垄断也是一个现实中普遍而大量存在的市场结构，在国民经济中占有十分重要的地位。

一、寡头垄断市场的特征与成因

寡头是对寡头垄断市场上企业的别称，寡头垄断市场是指少数企业控制某一产品极大部分生产和销售的市场结构。具体地说，寡头垄断市场具有以下四方面的特征：

寡头垄断市场

（1）有许多买者，但只有少数卖者。卖者的数目至少等于 2，否则就变成了完全垄断。当一个行业中仅有两家企业时，称之为双寡头。一般卖者的数目可以多至几家、十几家乃至几十家。每一家企业在市场上都有举足轻重的地位，对其产品的价格都有相当的影响力，因此，它们在市场上相互依存，其决策要比其他市场企业的决策复杂得多。一般可以根据它们之间的依存关系，将它们的行动方式分为独立行动和相互勾结两种类型。

（2）各家企业所生产或销售的产品可以是同质的，也可以是异质的。对于生产或销售同质产品的企业，称其为纯粹寡头，而对于生产或销售异质产品的企业，则称其为差别寡头。一般来说，钢铁、炼铝、石油、水泥等行业属于纯粹寡头，各企业的产品几乎没有差别，彼此间的替代程度很高；而机械、石油产品、汽车、家电等行业属于差别寡头，各企业的产品有差别，彼此间的替代程度相对较低。

（3）企业进出行业受到限制。对于在位企业来说，由于规模较大，并且拥有既得利益，一般不会轻易退出所在行业；而对于新企业来说，由于规模经济等自然障碍和在位企业的人为设障，通常很难进入寡头垄断行业。

（4）信息不完全。寡头垄断市场上，由于寡头之间的依存关系，交易的信息是不完全的，而且情况非常复杂。

可见，寡头垄断市场要比其他市场复杂得多，故至今尚无一个统一的寡头垄断市场模型来说明寡头垄断市场中企业的产量和价格的决定。

二、寡头垄断的非合作行为

（一）古诺模型

它是由法国经济学家古诺（Cournot）于 1838 年提出的。是纳什均衡应用的最早版本，古诺模型通常被作为寡头理论分析的出发点。古诺模型（Cournot Model）是一个只有两个寡头厂商的简单模型，该模型也被称为"双头模型"。古诺模型的结论可以很容易地推广到三个或三个以上的寡头厂商的情况中去。

古诺模型假定一种产品市场只有两个卖者，并且相互间没有任何勾结行为，但相互间都知道对方将怎样行动，从而各自可以确定最优的产量来实现利润最大化，因此，古诺模型又称为双头垄断理论。

古诺模型分析的是两个出售矿泉水的生产成本为零的寡头垄断厂商的情况。古诺模型的假定是：市场上有 A、B 两个厂商生产和销售相同的产品，它们的生产成本为零；它们共同面临的市场的需求曲线是线性的，A、B 两个厂商都准确地了解市场的需求曲线；A、B 两个厂商都是在已知对方产量的情况下，各自确定能够给自己带来最大利润的产量，即每一个厂商都是消极地以自己的产量去适应对方已确定的产量。

在古诺模型的假设条件下，设市场的线性反需求函数为：

$$P = 1800 - Q = 1800 - (Q_A + Q_B)$$

式中，P 为商品的价格，Q 为市场总需求量，Q_A 和 Q_B 分别为市场对 A、B 两个寡头垄断厂商的产品的需求量，即 $Q = Q_A + Q_B$。

对 A 寡头垄断厂商而言，其利润等式为：

$\pi_A = TR_A - TC_A = PQ_A - O$（图为已假定 $TC_A = 0$）

$\quad = [1800 - (Q_A + Q_B)]Q_A = 1800Q_A - Q_A{}^2 - Q_AQ_B$

A 寡头垄断厂商利润最大化的一阶条件为：

$$\frac{\partial \pi_A}{\partial Q_A} = 1800 - 2Q_A - Q_B$$

$$Q_A = 900 - \frac{Q_B}{2} \tag{7.3}$$

（7.3）式就是 A 寡头垄断厂商的反应函数，它表示 A 厂商的最优产量是 B 厂商的产量的函数。也就是说，对于 B 厂商的每一个产量 Q_B，A 厂商都会作出反应，确定能给自己带来最大利润的产量 Q_A。

类似地，对于 B 寡头垄断厂商来说，有

$$\pi_B = 1800Q_B - Q_B^2 - Q_AQ_B$$

$$\frac{\partial \pi}{\partial Q_B} = 1800 - 2Q_B - Q_A = 0$$

$$Q_B = 900 - \frac{Q_A}{2} \tag{7.4}$$

（7.4）式是 B 寡头垄断厂商的反应函数，它表示 B 厂商的最优产量是 A 厂商的产量的函数。

联立 A、B 两寡头垄断厂商的反应函数，便得到如下方程组：

$$Q_A = 900 - \frac{Q_B}{2}$$

$$Q_B = 900 - \frac{Q_A}{2}$$

解方程组得：Q_A=600，Q_B=600。此即 A、B 两厂商的均衡产量。可见，每个寡头垄断厂商的均衡产量是市场总容量的三分之一，即有 $Q_A = Q_B = \dfrac{1800}{3} = 600$。行业的均衡总产量是市场总容量的三分之二，即有 $Q_A + Q_B = 2 \times \dfrac{1800}{3} = 1200$。

将 $Q_A = Q_B$=600 代入市场及需求函数式，可求得市场均衡价格 P=600。

（二）斯威齐模型

斯威齐模型（Sweezy Model）也被称为弯折的需求曲线模型。该模型由美国经济学家斯威齐于 1939 年提出。这一模型用来解释一些寡头市场上的价格刚性现象。

该模型的基本假设条件是：如果一个寡头厂商提高价格，行业中的其他寡头厂商不会跟着改变自己的价格，因而提价的寡头厂商的销售量的减少是很多的；如果一个寡头厂商降低价格，行业中的其他寡头厂商会将价格下降到相同的水平，以避免销售份额的减少，因而该寡头厂商的销售量的增加是很有限的。

从以上的假设条件下可推导出寡头厂商的弯折的需求曲线。现用图 7-20 加以说明。图中有厂商的一条 dd 需求曲线和一条 DD 需求曲线，它们与上一节分析的垄断竞争厂商所面临的两条需求曲线的含义是相同的。dd 需求曲线表示该寡头厂商变动价格而其他寡头厂商保持价格不变时的该寡头厂商的需求状况，DD 需求曲线表示行业内所有寡头厂商都以相同方式改变价格时该厂商的需求状况。假定开始时的市场价格为 dd 需求曲线和 DD 需求曲线的交点 B 所决定的 $\overline{P}$，那么，根据该模型的基本假设条件，该垄断厂商由 B 点出发，提价所面临的需求曲线是 dd 需求曲线上左上方的 dB 段，降价所面临的需求曲线是 DD 需求曲线上右下方的 BD 段，于是，这两段共同构成的该寡头厂商的需求曲线为 dBD。显然，这是一条弯折的需求曲线，折点是 B 点。这条弯折的需求曲线表示该寡头厂商从 B 点出发，在各个价格水平所面临的市场需求量。

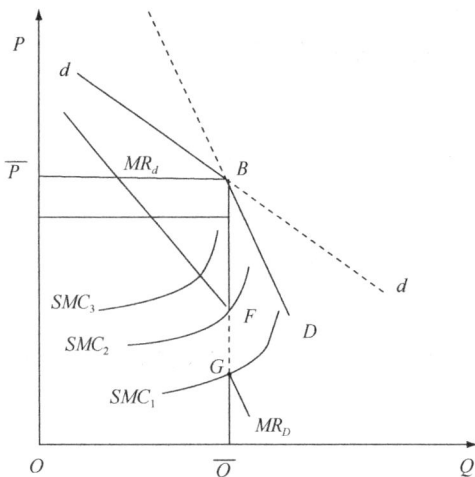

图 7-20　斯威齐模型

由弯折的需求曲线可以得到间断的边际收益曲线。图中与需求曲线 dB 段所对应的边际收益曲线为 MR_d，与需求曲线 BD 段所对应的边际收益曲线为 MR_D，两者合在一起，便构成了寡头厂商的间断的边际收益曲线，其间断部分为垂直虚线 FG。

利用间断的边际收益曲线，便可以解释寡头市场上的价格刚性现象。只要边际成本 SMC 曲线的位置变动不超出边际收益曲线的垂直间断范围，寡头厂商的均衡价格和均衡数量都不会发生变化。譬如，在图中的边际收益曲线的间断部分 FG，当 SMC_1 曲线上升为 SMC_2 曲线的位置时，寡头厂商仍将均衡价格和均衡产量保持在 $\overline{P}$ 和 $\overline{Q}$ 的水平。除非成本发生很大变化，如成本上升使得边际成本曲线上升为 SMC_3 曲线的位置时，才会影响均衡价格和均衡产量水平。

有的西方经济学家认为，虽然弯折的需求曲线模型为寡头市场较为普遍的价格刚性现象提供了一种解释，但是该模型并没有说明具有刚性的价格本身，如图中的价格水平 $\overline{P}$，是如何形成的。这是该模型的一个缺陷。

（三）博弈论模型

寡头想达到垄断的结果，而这样做需要合作，但合作往往是难以维持的。由于寡头市场上企业数量很少，每家企业都必须按战略行事。每个企业都知道，它的利润不仅取决于它生产多少，而且取决于其他企业生产多少。在作出生产决策时，寡头市场上的每个企业都必须考虑到它的决策会如何影响所有其他企业的生产决策。经济学家用博弈论（Game Theory）来研究相互依存的厂商的决策行为。

在寡头垄断市场上，寡头之间的行为可以用博弈论来加以分析。例如，某寡头垄断市场上只有两个企业 A 和 B，他们生产的产品基本一样。这两个企业中，每个企业都花 100 万元作广告费用，花这样巨额广告费用的目的是保持自己的市场份额。实际上，如果这两家企业能够达成共识，一致将广告费用压缩到 20 万元，也不会影响到他们各自的销售额。而且，在这样的情况下，每家企业都能省下 80 万元广告费用。但关键是他们都会害怕自己压缩广告费用，而对手不压缩广告费用，客户就会跑到对手那里去。如果 A 企业把广告费用降至 20 万元，B 企业不压缩广告费用，那么，由于客户的减少，销售下降，利润下降，A 企业的盈利就会减少 40 万元，而 B 企业由于广告效益，客户增加，销售上升，增加盈利 120 万元。若 A、B 企业的策略对换，则 A 盈利 120 万元，B 亏损 40 万元。如果将四种可能的结果概括起来，就可以得到表 7-1 所示的结果。

表 7-1　　　　　　　　　　　　广告的博弈矩阵　　　　　　　　　　　　单位：万元

B 企业 ＼ A 企业		广告费用	
		100	20
广告费用	100	（0，0）	（120，-40）
	20	（-40，120）	（80，80）

表 7-1 中的数字表明，对于企业 A 和 B 来说，如果双方能够坦诚相商将广告费用降到 20 万元，则双方都将因节省广告费用而增加盈利 80 万元。这是对双方来说最优的选择。实际上，由于不知对方会作出什么反应，两企业做不到坦诚相商，结果都将花费 100 万元的广告费用，盈利不变，还造成不必要的资源浪费。因为每个企业都是追求利润最大化的主体，它们都会在对方策略既定时选择自己的最优策略。对于 A 企业来说，假定 B 企业用 100 万元做广告，那么 A 也用 100 万元做广告，盈利不变；若 A 用 20 万元做广告，就要减少盈利 40 万元，因此，花 100 万元做广告优于花 20 万元，较好的选择是用 100 万元做广告。

假定 B 用 20 万元做广告，那么 A 用 100 万元做广告，就可增加盈利 120 万元；若 A 用 20 万元做广告，增加盈利只有 80 万元，因此，还是花 100 万元做广告优于花 20 万元，选择用 100 万元做广告。这就是说，不管 B 企业花 100 万元还是 20 万元做广告，对于 A 企业来说，最优选择都是花 100 万元做广告，因此，A 企业一定选择用 100 万元做广告。B 企业的情况类似。因此，这个例子中，结果 A、B 企业都用 100 万元做广告，也就是说，竞争的双方从自身利益最大作出决策并不是对双方来说最优的选择。

三、寡头垄断企业的勾结与定价策略

在寡头垄断市场上，由于企业之间具有很强的依存性，即任何一个企业的竞争行为都会严重地影响其他企业，因此，一旦发生竞争，就会愈演愈烈，最后导致两败俱伤，同归于尽。为了避免这种情况的发生，寡头垄断企业往往会放弃竞争，而采取不同的形式勾结起来以保护共同的利益和各自的利益。寡头垄断企业的勾结形式多样，方法各异：有的公开勾结，有的秘密勾结；有的采用正式协议，有的则通过默契进行勾结。一般来说，寡头垄断之间在定价和产销量决策方面进行勾结（或称合作）的主要方式有两种：卡特尔和价格领导制。

（一）卡特尔

卡特尔（Cartel）是指同一行业的几家寡头企业组成的一种集团或组织，它可以是正式的，也可以是非正式的，集团内的成员为了增进共同的和各自的利润而采取共同行动。它们通常采取正式的或非正式的协议形式，共同确定价格、产量和市场等。石油输出国组织（OPEC）就是一个典型的国际卡特尔。卡特尔是寡头为防止竞争可能造成的严重恶果所采取的相互勾结以协调行动的一种重要且有效的方式。

卡特尔

卡特尔通常根据全体成员所面临的市场需求曲线，按照利润最大化原则 $MR=MC$，来确定总的均衡产量，同时制定与均衡产量相应的均衡价格作为全体成员必须严格遵

守的统一市场销售价格，然后，在此产量和价格的前提下，来分配各成员的市场销售份额。

卡特尔的总产销量一般通过下列主要方式分配给各成员企业。

1. 定额配给

依据某种标准，确定各成员企业的产销份额。确定配额的主要标准有：

（1）垄断企业的地位和实力；

（2）垄断企业以前的生产能力和销售量；

（3）根据垄断企业所处的地理区位划分市场范围以确定配额。

寡头垄断定价

2. 市场划分

按完全平均的标准来分配产销份额，即将卡特尔总产销量除以卡特尔内的成员数来确定平均每家企业的产销量，使每家企业的产销量都相等且总和等于整个市场的销售量。

3. 非价格竞争

在卡特尔确定的统一市场价格不得违反的前提下，由卡特尔所属各企业通过非价格竞争方式来分配市场销售份额。例如，在统一价格下，企业通过品质竞争和广告竞争等手段来占有市场。

（二）价格领导

由于公开的勾结和协议往往被认为是非法的，因此寡头垄断厂商更多地是采取暗中勾结的方式。价格领导（Price Leadership）是主要的形式之一。

价格领导是指行业中的一个或极少数几个大厂商开始变动价格，其他厂商随之变动。处于价格领导地位的厂商一般是依据自身的实力或市场行情来确定价格的变动，其他厂商随之采取相应的行动。

根据价格领导厂商的具体情况，价格领导可分为两种类型：

1. 晴雨表型的价格领导

晴雨表型的价格领导是指晴雨表型厂商依据市场行情首先确定能够合理、准确反映整个行业成本和需求情况变化的价格，其他厂商按这一价格对自己的价格进行调整。晴雨表型厂商未必是行业中规模最大、效率最高的厂商，但它往往熟悉市场行情，能代表其他厂商的意愿，所以能成为其他厂商追随的目标。

2. 支配型的价格领导

支配型的价格领导是指市场销售份额较大、地位稳固、具有支配能力的大厂商，根据自己利润最大化的需要和其他厂商希望销售的全部产量来确定和变动价格，其他中小厂商则以这一价格为准绳，按照边际产本等于价格的原则确定均衡产量。在这种情况下，中小厂商可以出售他们所能提供的全部产量，市场需求量与小厂商产量的差额完全由支配型厂商提供。

（三）成本加成定价法

成本加成定价法（Cost Plus Pricing Method）是寡头垄断厂商不按 $MR=MC$ 的原理追求最大利润的一种比较常见的形式——厂商都以类似的方法估计产品总成本 TC，然后加上一个固定百分率的利润率 r，确定销售价格 P，即 $P=TC(1+r)$。成本加成定价法有以下三个基本步骤：

第一步，先算出各项产品每单位直接的、可以区分的成本，如直接用于生产的工人、原料和其他生产费用。

第二步，再算出各项产品所应分摊的共同成本（大部分不变成本，一部分变动成本，以及正常利润）。

第三步，第一步与第二步的成本相加为产品成本 C，成本再加上一个利润百分率，就是销售价格。

这种定价方法比较简单，可以使各个厂商定出相同或相近的价格。它与运用 $MR=MC$ 原理定价不同，不一定能使各个厂商都得到最大利润，但由于厂商在确定利润率 r 时，将依据需求价格弹性的大小，需求价格弹性小则利润率 r 大，反之利润率 r 则小，因此在长期中比较接近最大利润。

例如，某产品总成本为 200 元，利润率确定为 15%，这样，这种产品的价格就可以定为 $P=200\times(1+15\%)=230$ 元。

第四节 不同市场之间的比较与评价

垄断和竞争孰好孰坏？

从理论上讲，单个厂商在相同成本水平下生产同一产品，在不同的市场类型上所面临的需求曲线的斜率是不同的。这是因为市场类型的不同意味着市场上的竞争与垄断的程度不同：垄断性较强，单个厂商所面临的需求曲线较陡；相反，垄断性较弱，其需求曲线较平坦。通常的情况下，在相同成本水平下生产同一产品，单个厂商所面临的需求曲线：完全垄断市场上的最陡，寡头垄断市场上的较陡，垄断竞争市场上的较为平坦，完全竞争市场上的厂商需求曲线则为水平线。

首先比较完全竞争与完全垄断条件下的产品的均衡价格和均衡产量。如图 7-21 所示，假设某行业是一个成本不变的行业，则该市场的边际成本与平均成本分别为 MC 与 AC，且 $MC=AC$；假设该市场的需求曲线与市场边际收益曲线分别为 D 与 MR，长期市场供给曲线为 LS，且 $MC=AC=LS$。这样，在完全竞争市场上，长期均衡点为需求曲线 D 与长期

曲线 LS 的交点 E_c，由此决定了产品的市场均衡价格 P_c，市场的均衡产量 Q_c。如前所述，在完全竞争市场上，单个厂商的边际收益曲线是一条与市场均衡价格 P_c 相一致的水平线，在图 7-21 中单个厂商的边际收益曲线与 LS 线重叠，所以，市场边际收益线 MR 在单个厂商的产量决定中不起作用。

现在假设该行业处于完全垄断市场条件下，并且垄断厂商的平均成本曲线亦为图 7-21 中的 MC。$MC=MR$ 的利润最大化原则决定了完全垄断市场的长期均衡点为 E_m，垄断厂商将把均衡产量缩减到 Q_m 水平上，并相应地索取 P_m 的价格，从而获得 $P_cE_mGP_m$ 的超额利润或经济利润。

市场结构评价

从图 7-21 可知，$P_c<P_m$，且 $Q_c>Q_m$，说明厂商在相同成本、不同的市场结构类型的情况下实现均衡时，完全竞争市场上产品的价格较低而产量高，完全垄断市场上产品价格高而产量低。完全垄断厂商长期中即使获得经济利润，因其他厂商由于垄断的限制不能进入该市场，故完全垄断厂商可以一直保持经济利润。

从图 7-21 可以看出，当其他条件相同时，仅仅因为厂商所处的市场结构由完全竞争市场变为完全垄断市场，产品的价格随之由 P_c 上升为 P_m，消费者剩余的损失为梯形 $P_cE_cGP_m$。但从社会整体的角度看，梯形 $P_cE_cGP_m$ 并不完全是社会福利损失，因为价格变化后，梯形 $P_cE_cGP_m$ 中的一部分即矩形 $P_cE_mGP_m$ 作为经济利润被垄断者得到，梯形 $P_cE_cGP_m$ 与矩形 $P_cE_mGP_m$ 的差额部分即三角形 GE_mE_c 的面积才是消费者剩余的社会净损失。换言之，由于市场结构类型由完全竞争向完全垄断变化，所形成的消费者损失部分大于垄断者所得到的部分，二者的差额是社会福利的净损失，经济学上有时也称之为纯损。

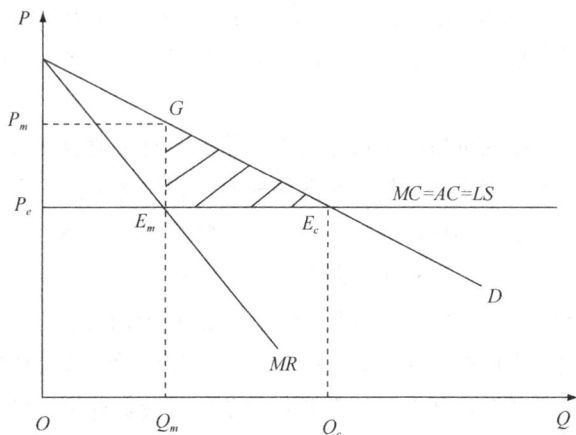

图 7-21　完全竞争与完全垄断条件下产品的均衡价格和产量

也可从产量的变化方面分析社会福利损失，由于垄断使该产品的产量由 Q_c 减少到 Q_m，这意味着完全垄断市场所需用的资源比完全竞争市场上所用资源要节省矩形

$E_mE_cQ_cQ_m$ 的面积；若将这部分资源用于其他竞争性行业，所增加的其他产品产量的价值对消费者来说，亦为矩形 $E_mE_cQ_cQ_m$（因为在完全竞争条件下，$P=MC$）。然而，消费者损失的该产品的产量即 Q_cQ_m 对消费者来说，价值为梯形 $GE_cQ_cQ_m$，所以，三角形 GE_mE_c 为社会福利净损失。

垄断竞争市场与完全竞争市场、完全垄断市场的经济效率比较分析较为复杂，在此仅作定性说明。由于垄断竞争市场上单个厂商所面临的需求曲线较完全垄断市场的平坦、较完全竞争市场的陡，与完全竞争相比，垄断竞争条件下的产量可能比完全竞争条件下的产量相对低些，但价格却相对得高些。这是由于垄断竞争厂商的边际收益低于价格，所以，其产量也低于价格与边际成本相等时的产量，或者说低于完全竞争的产量。但是这一差距不大，因为垄断竞争厂商所面对的需求曲线可能与完全富有弹性的需求曲线类似。

与完全垄断相比，垄断竞争厂商的产量相对得高些，价格则相对得低些。但在长期均衡条件下，垄断竞争厂商没有经济利润，这一点与完全垄断不同，而与完全竞争相同。

在长期均衡状态下，垄断竞争厂商是在长期边际成本等于边际收益的那一点上进行生产的，但因为需求曲线是向右下方倾斜的，所以，每个厂商都不是在长期平均成本 LAC 曲线的最低点上进行生产。而经济学家一般都认为，厂商的理想产量处于长期平均成本 LAC 曲线的最低点，理想的厂商生产规模是短期平均成本 SAC 曲线与长期平均成本 LAC 曲线在理想的产量点上相切时的规模。如果将不完全竞争市场上厂商长期均衡点与完全竞争市场上的长期均衡点之间的垂直距离称为剩余生产能力，垄断竞争市场上就存在着过剩的生产能力。剩余生产能力的大小表示社会经济资源未能得到充分利用的程度。按完全垄断市场、寡头垄断市场、完全竞争市场的次序，厂商的剩余生产能力逐渐减少。

垄断竞争市场上产品的价格高于边际成本，这表明对于消费者来说，增加消费一单位产品，其价格要大于厂商生产它们所花费的成本。相比之下，完全竞争的厂商在达到长期均衡时，其价格等于长期边际成本。虽然经济学家往往将完全竞争市场当作是导致社会福利最大化的理想状态，但对于垄断竞争对社会福利的影响则意见不一：一方面，部分经济学家强调垄断竞争条件下的浪费，认为垄断竞争导致过多的厂商、过多的商标、过多的推销努力和过多虚假的产品差异；另一方面，部分学者认为如果产品的差异是真实的，并且为消费者所理解，那么，在垄断竞争条件下较多种类的可供选择的产品差异或许对消费者来说是很有价值的。与产品差异性相联系的市场究竟是降低还是增加了消费者的福利，至今经济学家们尚未给出有说服力的答案。

根据同样的原理，可以说明寡头垄断市场的经济效率高于完全垄断市场而低于完全竞争市场。但是对于"完全竞争市场经济效率最高，垄断竞争市场其次，寡头垄断市场再次，完全垄断市场最低"的说法，有些学者是持有异议的。其意见分歧来自于对"垄断的功过"的看法不一，即对垄断厂商在规模经济、技术进步以及经济稳定等方面作用的认识不统一。

案例与拓展[1]

案例资料：从微软的发展看技术垄断

案例来源：自编

微软公司是美国新经济中崛起的成功企业，比尔·盖茨因此成为世界首富。微软垄断案最初的起因是微软公司与其对手网景公司关于浏览器的竞争。微软公司是一个典型的知识企业。计算机软件属于典型的知识产品。知识产品的生产过程是高风险的知识创新过程，微软之所以能取得成功，首先得益于其强大的创新能力，无论是微软开发的视窗操作系统，还是办公软件系列（office），包括后来的探索者（Explorer）互联网浏览器，都是新产品，而且在不断地更新版本，因为总是能做到"人无我有，人有我新"，所以长期占据着这些产品领域的领头羊的位置。

其次，微软的主要产品是应用软件领域的上游产品，许多软件要基于这样的环境来开发和使用。这就对用户产生了一种锁定效应。同时，软件产品具有强大的增值功能，软件开发过程是一个高风险和高成本的过程，一旦开发成功，把软件制成光盘的成本很低，而且可以无限地复制。

微软在相关软件开发领域的垄断地位是很明显的，这种垄断地位对企业来说是有利的，但却限制了软件行业的充分竞争，影响到整个行业的技术创新，因而技术垄断也是诸多市场经济国家所禁止的行为。

技术垄断是一把双刃剑，微软为美国的新经济做出了突出的贡献，甚至成为全球知识企业的典范，比尔·盖茨成为这个时代的知识英雄，但是仍然摆脱不了垄断法的制裁，原因就在于微软的行为妨碍了技术创新。

案例与拓展[2]

案例资料：麦当劳连锁店的折扣券

案例来源：自编

麦当劳连锁店一直采取向消费者发放折扣券的促销策略。他们对来麦当劳就餐的顾客发放麦当劳产品的宣传品，并在宣传品上印制折扣券。为什么麦当劳不直接将产品的价格降低？回答是折扣券使麦当劳公司实行了三级差别价格。麦当劳公司知道并不是所有的顾客都愿意花时间将折扣券剪下来保存，并在下次就餐时带来。此外，剪折扣券意愿与顾客对物品支付意愿和他们对价格的敏感相关。富裕而繁忙的高收入阶层到麦当劳用餐弹性低，对折扣券的价格优惠不敏感，不可能花时间剪下折扣券保存并随时带在身上，以备下次就餐时用，而且折扣券所省下的钱他们也不在乎。但低收入的家庭到麦当劳用餐弹性高，他们更可能剪下折扣券，因为他们的支付意愿低，对折扣券的价格优惠比较敏感。麦当劳连锁店通过只对这些剪下折扣券的顾客收取较低价格，吸引了一部分低收入家庭到麦当劳用餐，成功地实行了价格歧视，采取了三级差别价格，并从中多赚了钱。如果直接将产品价格降低，企业从不带折扣券的高收入阶层的高意愿消费中多得的收入就会流失。这种价格歧视是垄断企业经常采取的定价策略。

案例与拓展[3]

案例资料：运输业：管理下垄断的案例研究
案例来源： 自编

这方面的大量争论集中在对具体管理过程的看法上。许多观察家认为委员会的管理太松，感到他们甚至有可能成为他们应该管理的行业的俘虏。在有些情况下，虽然对垄断的管理是有效的，但却似乎带来了令人遗憾的后果。例如州际商业委员会为了防止低成本的企业或行业把高成本企业或行业的业务都吸引走，根据许多专家的意见确定了各种运输方式的收费标准，但它带来的结果是对国家资源的低效使用。

州际商业委员会是相应于19世纪的铁路业中垄断的产生而产生的。南北战争以后，格兰其成员运动（格兰其，即Granger，为1867年成立的美国全国性保护农民利益的田庄农民秘密组织，正式名称为"保护农业社"。格兰其成员，即Granger，意为保护农业社社员）和农场主、商人们反对铁路任意收费，要求政府保护的呼声导致了1887年对铁路收费进行管理的州际商业委员会的成立。

经历了几乎一个世纪后，委员会目前面临的运输业情况已与它成立的时候截然不同。现在铁路的竞争对手是卡车、水上运输工具。这些运输方式每种都有自己的优势与劣势，每种都应当允许以它最低廉的成本来运载货物和乘客。

然而，州际商业委员会却经常阻碍低成本的企业削减价格，并从高成本的企业把业务吸引走。例如，铁路降价并把长途货运业务从卡车运输那儿吸引过来的做法经常受到制止。委员会声称国家需要一个平衡的运输系统，以使货运人对运输方式能有一个广泛选择来为自己的做法辩护。然而这种做法妨碍了低成本企业对高成本企业的取代，导致运输部门使用的资源多于本来所需要的。

据认为，卡车在100公里以内路程的运输中具有明显的成本优势；铁路在100公里左右路程的运输中只具有微小的优势，但在200公里以上路程的运输中却有明显递增的优势。由于90%以上的卡车运输路程是超过200公里的，所以若多数卡车运输改为铁路运输的话，成本显然可比原来低廉得多。造成这种情况的一个重要原因是州际商业委员会不通过收费率的差别来反映成本间的相对差别。据麻省理工学院的安·弗里德兰的估算，由于这种资源的错误配置所造成的社会成本可能每年达5亿美元之多。面对这一事实，许多政策制定者极力主张在运输业中减少管理，加强竞争。例如，总统经济方面咨询委员会 1970 年提出的结论认为："如果用一点经济方面的普遍经验作为指导，则可允许和鼓励各种竞争的政策将使这一行业变得更有效率，同时也将有利于公众。" 1980 年，卡特总统签署了关于放松对铁路和卡车运输管理的议案。于是铁路和卡车运输企业就获得了较多的价格自主权。铁路希望变动价格的较大自由能使它获得利润。卡车运输业则希望管理的放松能使它能吸引到更多业务，并享受到竞争的其他好处。

不管从这些行业本身还是从公众的普遍观点来看，放松管理的作用到底如何还需要一些年以后才能知道。这些作用会如何呢？

案例与拓展[4]

案例资料：我国应试教育体制下的囚徒困境
案例来源：自编

"身心疲惫的基层教育工作者，高分低能者比比皆是"，"学生近视发生率高达 60%，位居世界第一"。关于我国应试教育的负面消息很多，从小学到初中再到高中，我国基础教育面临的一个老大难问题是如何摆脱应试教育的困境。学校不断给学生增加负担（增负）是目前教育的实际状况。

在现行教育体制下，学生有两个可选择的策略："减负"和"增负"。人的精力是有限的，如果选择"减负"策略，意味着学生能腾出更多的时间学习课本外的东西，因此各方面素质能得到均衡发展；而如果选择"增负"策略，则意味着学生要花大量的时间做大量的习题，这种情况下学生没有时间学习课本以外与考试无关的知识。"减负"的结果是学生的全面发展，而"增负"的结果是学生获得高的考分。

在这样的博弈结构下，学生将如何选择呢？每个学生都会这样想：当其他人采取"增负"策略时，若我采取"减负"策略，则我的考试分数不如他人，在求学方面我会落后，接受不了好的教育，在未来求职时也将处于劣势。因此在他人采取"增负"的策略下，我也必须采取"增负"策略。当其他人采取的是"减负"策略，则如果我采取了"增负"策略，我的考试分数会比其他人高，我会上好的学校，在未来的职业竞争中我将处于优势。因此，无论其他人采取的是什么策略，我采取"增负"策略都是最好的，这是一个占优策略！当每个学生都这样想的时候，全社会便进入了应试教育这样一个囚徒困境之中。目前教育的博弈结构规定了各种行动或行为的收益或好处：获得高分的会进入好的初中、高中，进入好的初中、高中的学生可以考高分进入好的大学。我国基础教育的博弈与囚徒困境有共同的结构，大家均选择"增负"策略构成基础教育博弈的纳什均衡。纳什均衡是一个稳定的博弈结果。

而对于大力提倡教育改革，号召全国基础教育从应试向素质教育转变的教育管理部门来说，他们是否真心愿意改革呢？从个人和部门的经济利益来看，答案是否定的！虽然教育管理者口头上不得不说要大搞素质教育，但是他们的内心深处依然深深眷恋着应试教育。与素质教育相比，搞应试教育，一则工作好做：以分数为硬指标、铁证据，省心、省力，好做工作，搞素质教育则要麻烦很多。二则有些教育管理者在发应试教育之财：有应试就有重点学校，有重点学校，管理学校工作的人就能把权力变成商品和人情，就能收各类考试的费用，就能把升学率高的学校当作自己的权力特区。这也是为什么我国目前的应试教育难以改变的根本原因。

本章要点

（1）在短期，垄断厂商在既定的生产规模下，通过对产量和价格的调整来实现 $MR=SMC$ 的利润最大化原则。在厂商 $MR=SMC$ 的短期均衡点上，其利润可以大于零，或者小于零，或者等于零。当厂商的利润小于零（即亏损）时，厂商需要根据平均收益 AR 与平均可变成本 AVC 的大小比较，来决定是否继续生产，其决定原则与完全竞争厂商的相同。在长期，由于垄断厂商是通过选择最优的生产规模来实现 $MR=LMC$ 的利润最大化原则的，因此垄断厂商长期均衡的利润总是大于短期均衡的利润。

（2）价格歧视分为一级价格歧视、二级价格歧视和三级价格歧视。一级价格歧视指厂商对每一单位的商品都按照消费者所愿意支付的最高价格出售。二级价格歧视指厂商对同种商品的不同消费数量收取不同的价格。一级和二级价格歧视分别使厂商全部和部分地攫取了消费者剩余，并将这部分消费者剩余转化为利润。三级价格歧视指厂商对同一种商品在不同的市场或者不同的消费群体收取不同的价格。一般来说，在需求价格弹性较大的市场上，厂商的定价较低；相反，在需求价格弹性较小的市场上，厂商的定价较高。

（3）在短期，当垄断竞争厂商实现 $MR=SMC$ 的短期均衡时，其利润可以大于零，或者小于零，或者等于零。当厂商的利润小于零（即亏损）时，厂商同样需要根据平均收益 AR 与平均可变成本 AVC 的比较，来决定是否继续生产。此外，在垄断竞争厂商的短期均衡产量上，一定存在 d 需求曲线和 D 需求曲线的一个相交点，以表示商品市场上的供求相等。在长期，垄断竞争厂商通过选择最优的生产规模来实现 $MR=LMC$ 的利润最大化原则。由于在垄断竞争市场上，厂商进出行业是比较容易的，因此长期均衡时厂商的利润一定等于零，即垄断竞争厂商的 d 需求曲线与 LAC 曲线相切。此外，在垄断竞争厂商的长期均衡产量上，同样一定存在着 d 需求曲线和 D 需求曲线的一个相交点，以表示商品市场的供求相等。

（4）垄断竞争厂商实现长期均衡后，企业只能得到正常利润，为了得到超额利润，垄断竞争厂商会采取各种形式的非价格竞争手段，努力造成产品的差别，产品有了差别，就可以在一段时间内取得垄断的好处。产品的差别可以从两个方面来造成：一是从产品自身品质的变异上下工夫，这就是品质竞争；二是从消费者对产品的心理感觉上下工夫，这就是各种促销活动的竞争。

（5）在寡头垄断市场上，少数几个厂商占有整个市场。进入壁垒使厂商即使在长期里也能享有相当多的经济利润。厂商的决策包含策略性考虑，即各厂商必须考虑到它的行为对它的对手有何影响，以及对手可能的反应。

（6）在寡头垄断的古诺模型中，各厂商同时作出产量决策，都将其他厂商的产量看作是固定的。在均衡时给定竞争者的产量，各厂商使自己的利润最大化，没有哪个厂商有改变产量的冲动，因此均衡是稳定的。各厂商的利润比完全竞争时高，但低于合谋（勾结）时的利润。斯威齐模型利用弯折的需求曲线和间断的边际收益曲线解释了寡头垄断市场上的价格刚性。

关键概念

不完全竞争市场　完全垄断市场　　自然垄断　　价格歧视　　一级价格歧视
二级价格歧视　　三级价格歧视　　垄断竞争市场　产品集团　　主观需求曲线
比例需求曲线　　寡头垄断市场　　古诺模型　　斯威齐模型

习　题　七

一、选择题

1．垄断厂商面临的需求曲线是（　　）。

  A．向下倾斜的　　　B．向上倾斜的　　C．垂直的　　　　　D．水平的

2．一垄断者如果有一线性需求函数，总收益增加时（　　）。

  A．边际收益为正值且递增　　　　　B．边际收益为正值且递减

  C．边际收益为负值　　　　　　　　D．边际收益为零

3．在短期内，垄断厂商（　　）。

  A．取得最大收益　　　　　　　　　B．收支相抵

  C．发生亏损　　　　　　　　　　　D．以上情况都有可能发生

4．垄断厂商利润最大化时（　　）。

  A．$P=MR=MC$　　　　　　　　　B．$P>MR=AC$

  C．$P>MR=MC$　　　　　　　　　D．$P>MC=AC$

5．在垄断竞争市场长期均衡时，超额利润会趋于零，这是由于（　　）。

  A．新厂商进入该行业容易　　　　　B．产品存在差异

  C．成本最小化　　　　　　　　　　D．收益最大化

6．当垄断竞争行业处于均衡状态时，（　　　）。

    A．边际收益高于边际成本　　　　　　B．边际收益等于价格

    C．价格高于最低平均成本　　　　　　D．边际成本高于边际收益

7．垄断竞争厂商的长期均衡与短期均衡的唯一区别是长期均衡多一个条件（　　　）。

    A．$P=AC$

    B．$P>AC$

    C．厂商的主观需求曲线与长期平均成本曲线相切

    D．主观需求曲线与实际需求曲线相交

8．寡头垄断厂商的产品是（　　　）。

    A．同质的

    B．有差异的

    C．既可以是同质的，也可以是有差异的

    D．以上都不对

9．寡头垄断和垄断竞争之间的主要区别是（　　　）。

    A．厂商的广告开支不同　　　　　　　B．非价格竞争的数量不同

    C．厂商之间相互影响的程度不同　　　D．以上都不对

10．完全竞争与垄断竞争的区别是（　　　）。

    A．完全竞争行业中的厂商数量比垄断竞争行业的厂商数量多

    B．完全竞争厂商的需求曲线是水平的，而垄断竞争厂商的需求曲线是向右下倾斜的

    C．如果某一行业中有不止一家企业且生产同质的商品，则该市场就是完全竞争的

    D．上述说法都不正确

二、计算题

1．某垄断厂商的市场需求函数和成本函数分别为：$P=208-2Q$，$TC=500+8Q+8Q^2$。试求此厂商利润最大时的产品价格、产量以及利润各为多少？

2．某垄断厂商面临的市场需求为 $P(Q)=100-2Q$，且其边际成本为常数 20。

（1）该厂商的垄断价格和产量是多少？

（2）社会最优的价格和产量为多少？

（3）由于垄断而造成的效率损失为多少？

（4）假如该垄断厂商能够区别任一顾客，并对每一顾客收取最高可能的价格，这时，产量为多少？效率损失又为多少？

3．假定两个寡头生产同质产品，边际成本为 0，该产品的市场需求函数为 $P=30-Q$。现在假定两个寡头进行的是产量竞争。

（1）如果两个寡头进行一次性博弈，即同时进行产量决策，那么他们各生产多少产量？利润为多少？

（2）假定寡头 1 先进行产量决策，此后寡头 2 再作决策，那么各自的产量和利润又各为多少？

三、问答题

1．作图说明垄断厂商的短期均衡和长期均衡的形成和条件。

2．简述垄断厂商实行价格歧视的条件及价格歧视的类型。

3．为什么垄断竞争企业在长期均衡时，总处于生产能力过剩的状态？

4．假定某垄断厂商的目的是实现收益最大化，在他决定产量时，是否要考虑需求价格弹性？怎样才会使收益最大？

5．试用弯折的需求曲线模型说明寡头市场在竞争中容易出现价格雪崩。

第八章 生产要素价格与收入分配

前面章节讨论的都是产品市场上一般产品的供求行为。经过学习，我们已经掌握了有关产品市场上均衡价格和均衡产量的决定知识。即便如此，我们对市场的了解仍然还不够全面。在现实的经济生活中，关于土地市场与地租、劳动力市场与工资、资本市场与利息的讨论越来越多。那么大家是否想过，这是一个什么性质的商品市场？交易的商品又有什么特殊性呢？

在市场经济中，这类区别于一般产品的特殊商品，就是生产要素。生产要素是要素市场上的交易对象，也有价格。本章就是主要讨论生产要素价格的理论。要注意一点，与一般产品的价格决定过程相同的是，生产要素的价格也是由市场供求关系来决定。与一般产品市场不同的是，生产要素市场的需求者不是消费者，而是厂商；供给者不是厂商，而是个人。也就是说，生产要素市场上的供求双方刚好与产品市场上的供求双方是相反的。个人既是产品市场上的消费者，也是生产要素市场上的供给者；厂商既是产品市场上的供给者，也是要素市场上的消费者。

产品市场与要素市场之间的关系非常密切。"先挣钱，才有钱花"就是对两者关系的最简单说明。每个个人或家庭获得收入的依据是他们拥有并提供的生产要素。人们所拥有的生产要素的种类、数量，会直接影响到其个人的收入水平。例如，一个只拥有简单劳动力的工人，和一个既拥有劳动力，又拥有一定银行存款的人相比，收入来源显然是不同的。如果再进一步考虑这个人还有多余空房可供出租以获得租金收入的话，更会影响到收入高低。所以，生产要素价格如何被决定的问题，实际上就是要素所有者收入是如何确定的问题。因此，生产要素价格的决定问题，也被称为"收入分配理论"。

第一节 生产要素的供求与要素市场的均衡

在要素市场上，厂商对生产要素的需求，与产品市场上消费者对产品的需求有区别吗？

一、厂商对生产要素的需求及其特点

一般的经济分析常常把生产中使用的各种生产要素分为三类，即土地、劳动和资本。

这三种要素的所有者分别获得地租、工资和利润。但从 19 世纪末期起，有些经济学家将管理也视作为一种生产要素。为了与资本所有者的收入，即利息相区别，所以将履行管理职能的企业家收入称为利润。

生产要素的需求分析

产品市场上的需求和要素市场上的需求有不同的性质。生产要素的需求有两个基本特点：

（1）生产要素的需求是种"派生需求"。所谓派生需求是指由于人们在产品市场上需要某种产品，因而间接地产生出厂商在要素市场上对某些生产要素的需求。厂商通过购买生产要素从事生产并向市场供给产品的行为，部分地取决于消费者对厂商最终产品的需求。如果不存在消费者对产品的需求，那么厂商也无法从生产和销售产品中获得收益，自然也不会去购买生产资料和生产产品。事实上，厂商对生产要素的需求就是从消费者对产品的直接需求中派生出来的。

（2）生产要素的需求具有"共同性"，即对生产要素的需求是种共同的、相互依赖的需求。这个特点的存在主要是由于技术上的原因，即生产要素往往不是单独发生作用的。例如，工人劳动离不开劳动工具，而机器等劳动工具也离不开人，只有人与包括机器、原材料等在内的各种生产要素相互结合起来才能达到生产目的。对生产要素需求的这种共同性特点带来一个重要后果，即对某种生产要素的需求不仅取决于该生产要素的价格，也取决于其他生产要素的价格。因此，生产要素理论应当是关于多种生产要素共同使用的理论。但是，由于同时分析多种要素较为复杂，所以一般的西方经济学教材中往往只集中于分析一种生产要素的情况，以简化分析过程。本书也采用相同的办法。

二、厂商确定要素使用量的原则

厂商为了得到最大利润，在确定生产要素使用量时，必须遵循边际收益产品等于边际要素成本的原则。

边际收益产品

边际收益产品（Marginal Revenue Product，MRP），是指厂商最后投入的一单位要素所带来的总收益的增加量，它等于要素的边际物质产品与边际收益的乘积。其中边际物质产品（Marginal Physical Product，MPP）是指在其他条件下变的前提下，每增加一个单位某种要素的投入所增加的产量，有时也简写 MP。边际收益（MR）则是每增加一单位产品的销售，所得到的总收益的增量。用公式可表示为：

$$MRP = MPP \times MR$$

所以，要素的边际收益产品 MRP 的大小，既取决于厂商增加 1 单位要素投入带来的边际物质产品 MPP 的变化，也受增加 1 单位产品所能实现的收益增加额（MR）的影响。在完全竞争市场上，因为产品的边际收益就等于它的价格，即 MR=P，所以，完全竞争厂商的边际收益产品，又称边际产品价值（Value of the Marginal Product，VMP），用公式可表示为：

$$VMP = MPP \times P$$

我们已经知道，生产要素的使用能给厂商带来收益，但必须由厂商付出成本。因此，要确定厂商最佳的要素使用量，还必须从成本角度加以分析。这里，要引入一个名词，叫边际要素成本（Marginal Factor Cost，MFC），指增加 1 单位投入要素所增加的成本支出。如果假设要素市场是完全竞争的，单个要素供给者和需求者都无法影响要素的价格，那么厂商无论购买多少要素，要素价格都不会变。因此，厂商购买每一单位要素所花的成本（即平均要素成本）和增加一单位要素所引起的要素总成本的增加量（即 MFC）是相等的，都等于不变的要素价格（P_F），即 $MFC=P_F$。但如果要素市场不是完全竞争的，那么要素市场供求变化就会导致要素价格发生变化，MFC 也就随之变动。

请注意一点，MFC 这个概念与前面分析边际成本（MC）概念相区别。MFC 的自变量是某种投入要素，即每增加 1 个单位某种要素投入所引起的总成本增加量；而 MC 的自变量是产品，即产品增加 1 个单位引起的总成本的增加量。

厂商在确定最佳的要素投入量时，必须保证 MRP=MFC。也就是说，在其他条件不变，厂商出于利润最大化的考虑，会将对某种生产要素的需求量确定在以下水平，即最后增加使用的那单位生产要素所带来的收益恰好等于为之所付出的要素成本。

三、完全竞争产品市场上厂商对单个可变要素的需求

完全竞争的要素市场，具有与完全竞争的产品市场相同的属性，即要素买卖双方的人数众多，没有一个卖者或买者能完全控制要素价格。因此，要素价格不随要素需求数量的变化而变化，可理解为是一个常数。而完全竞争厂商在确定要素需求数量时，主要考虑的因素就是前面已经介绍过的边际收益产品（MRP），对完全竞争厂商而言，又叫边际产品价值（VMP），它等于产品价格与要素投入的边际产量的乘积。

表 8-1 举例描述一个完全竞争厂商在一种生产要素（如劳动 L）可以变动，其他要素固定不变时的成本、收益和利润决定情况。第（1）和第（2）列描述生产函数 Q=F（L），即投入量 L 与相应产量 Q 之间的函数关系。第（3）列为产品销售价格。因假定产品市场是完全竞争的，所以产品的销售价格固定不变。第（5）列到第（8）列描述了成本状况。由于假定生产要素市场也是完全竞争的，即每个厂商可以按照劳动市场决定的工资买进他愿意购买的任何数量的劳动，所以，厂商雇佣每单位劳动支付的工资率 W 固定不变。第（6）列表示随可变要素 L 的变化而变化的可变成本，等于劳动量 L 与工资率 W 之乘积。第（7）列给出固定成本的数字。第（8）列的总成本等于固定成本与可变成本之和，第（9）列的利润总量=总收益-总成本。

表 8-1 第（1）列到第（8）列各个概念之间的关系，同本书前面分析产品时有关章节的论述是完全一样的。但要强调的是，当我们考察产品的均衡价格和均衡产销量是如何决定时，我们把产量作为自变量，考察产量的变化怎样引起总收益、总成本和利润总量的相应的变化。现在，为了考察厂商对生产要素的需求，则是把可以变动的生产要素（这里以劳动为例）L 作为自变量，考察当投入的劳动 L 发生变化时，怎样引起总收益、总成本和利润总量的变化，因而利润被表达为投入劳动 L 的函数，而在这以前，利润常常被作为产量的函数。

表 8-1　　　　　　完全竞争厂商在单个要素（L）可变时的收益、成本和利润情况

（1）	（2）	（3）	（4）	（5）	（6）	（7）	（8）	（9）	（10）	（11）
劳动量	产品产量	产品价格	总收益	工资率	可变成本	固定成本	总成本	总利润	边际物质产品	边际产品价值
L	Q	P	$TR=P\times Q$	W	$VC=W\times L$	FC	$TC=FC+WL$	$\pi=TR-TC$	MPP	$VMP=P\times MPP$
1	8	10	80	20	20	15	35	45	8	80
2	15	10	150	20	40	15	55	95	7	70
3	21	10	210	20	60	15	75	135	6	60
4	26	10	260	20	80	15	95	165	5	50
5	30	10	300	20	100	15	115	185	4	40
6	32	10	320	20	120	15	135	185	2	20

即有：生产函数 $Q=F（L）$

总收益 $TR=P\times Q=P\times F（L）$

总成本 $F=FC+WL$

利润总量 $\pi=TR-TC=P\times F（L）-FC-WL$

表 8-1 第（10）列是可变要素 L 的边际物质产品，即投入的劳动量每增加 1 个单位时产量 Q 的变化，$MPP_L=\dfrac{\mathrm{d}Q}{\mathrm{d}L}$，例如投入劳动从 1 个单位增为 2 个单位时，产量从 8 增为 15。因而 $MPP_L=15-8=7$，投入劳动从 2 个单位增为 3 个单位时，产量从 15 增加为 21，故 $MPP_L=21-15=6$。第（11）列就是边际产品价值。我们已经知道，厂商增加投入 1 个单位的可变要素（L）所增加的成本，即是厂商增加雇佣 1 个单位的劳动所支付的工资 W。因为我们假定生产要素市场（同产品市场一样）也是完全竞争，所以，单个厂商可以按既定工资率 W 雇得他愿意雇用的任何劳动量，其边际要素成本等于平均要素成本（每单位劳动支付的工资），即等于既定不变的工资率 W。

在要素市场上，厂商可以通过调节可变要素（如劳动）的投入量，实现利润最大化。满足这一目的的条件则是：厂商雇用最后单位劳动量所带来的收益，即边际产品价值 VMP 恰好等于厂商增加雇用的最后一个单位劳动所付出的工资，即 $VMP=MFC=W$。在本例中，如果劳动的价格为 20，厂商劳动力的需求应该为 6，才符合 $VMP=W$ 的条件。

道理很简单，假如 $VMP>W$，表示继续增加劳动投入量带来的收益会超过为此付出的

成本，因而增加劳动投入量可以使利润总量有所增加；反之，假如 VMF<W，表示厂商增加雇佣的那个单位劳动造成了损失，从而导致利润总量较前减少。所以当厂商把雇用的劳动量作为选择变量，以确定其对可变要素劳动的需求量时，实现最大利润的条件就是雇用劳动总量的 VMP=MFC=W。

四、非完全竞争产品市场上厂商对单一可变要素的需求

我们已经知道，对于完全竞争产品市场上的厂商而言，产品的销售价格是给定不变的。因此，该厂商对可变要素（如劳动）的需求原则是满足 VMP=MFC=W 的条件。而在非完全竞争市场上，产品的销售价格并不是固定不变的，而是随销售量的增加不断下降。因此，当产品市场是非完全竞争时，厂商对一种可变要素的需求曲线就不是由投入要素的 VMP 曲线来表示，而是由投入要素的边际收益产品（Marginal Revenue Product Input）曲线来表示。

厂商投入的一种可变要素（如劳动）的边际收益产品 MRP 可定义为总收益的变化与可变要素的变化这两者的比率。或者说，可变要素每增加（或减少）1 个单位引起的总收益的变化量，即 $MRP=\frac{\Delta TR}{\Delta L}$。例如，从表 8-2 的第（1）和第（2）列可见，当投入劳动从 1 个单位增为 2 个单位时，总收益从 28 增为 60，因而 MRP 为 32；当投入劳动从 2 个单位增为 3 个单位时，总收益从 60 增为 75，即 MRP 为 15；而当投入劳动从 3 个单位增为 4 个单位时，总收益从 75 减为 72，故 MRP 为-3。

表 8-2 　　　　　　　　非完全竞争产品市场可变要素的边际收益产品表

（1）劳动量 L	（2）产品产量 Q	（3）产品价格 P	（4）总收益 $TR=P\times Q$	（5）边际收益 $MR=\frac{\Delta TR}{\Delta Q}$	（6）边际物质产品 $MPP=\frac{\Delta Q}{\Delta L}$	（7）边际收益产品 $MRP=MPP\times MR$
1	4	7	28	7	4	28
2	10	6	60	32/6	6	32
3	15	5	75	3	5	15
4	18	4	72	-1	3	-3
5	20	3	60	-6	2	-12
6	21	2	42	-18	1	-185

表中的 MRP 即为投入要素的边际收益产品，等于 MPP 和产品边际收益 MR 这两个数值的乘积。这里所提出的 MRP 概念与之前学习的 MR 概念并不相同。MR 指增加 1 个单位产量所增加的总收益，其自变量是产量 Q；而 MRP 指每增加 1 单位的劳动带来的总收益的增加量，其中不仅考虑每增加 1 个单位劳动带来的产量增加量，还要考虑每增加 1 个产量后对总收益的影响。在非完全竞争条件下，工资率 W 指雇用 1 个单位劳动所付出的成本。所以当非完全竞争产品市场上的厂商在考虑其雇用的劳动量时，应该满足该雇用量的 MRP 恰好等于最后雇用的那个工人所付出的工资，即 MRP=MPP×MR=MFC=W，

才能使他赚得最大利润。

第二节 劳动的供求与工资的决定

如果你就业后，你的工资收入与劳动时间成正比，你会牺牲休息时间，尽可能多劳动吗？影响工资水平的因素是哪些？

一、劳动的供给

人们的收入并不是既定的，而是在相当程度上取决于他在工作和闲暇之间进行的时间分配。消费者可以将部分时间用于闲暇，直接增加个人的效用；另外部分时间用于劳动，并通过获得劳动收入，以满足消费，间接增加个人效用。但消费者不可能将所有时间都用于闲暇或劳动上。而消费者如何安排闲暇与劳动时间，将影响到其劳动的供给数量。因此，劳动的供给曲线并不是自左向右上方倾斜的，即工资越高，工人愿意提供的劳动也越多。而是在工资达到一定高度后，高工资对劳动者的吸引力在下降，劳动者愿意提供的劳动不是越多而是越少，即劳动的供给曲线表现为向后弯曲的曲线。

如图 8-1 所示，当工资为较低水平的 W_0 时，随着工资的上升，消费者为较高的工资吸引而减少闲暇，以增加劳动供给量。在工资水平 W_0-W_1 这个阶段，劳动供给曲线向右上方倾斜，满足一般商品的供给原则。但是，工资持续对劳动供给的吸引力却是有限的。当工资涨到 W_2 时，消费者的劳动供给量达到最大。此时继续增加工资，劳动供给量非但不会增加，反而会减少。于是劳动供给曲线从工资 W_2 处开始向后弯曲。

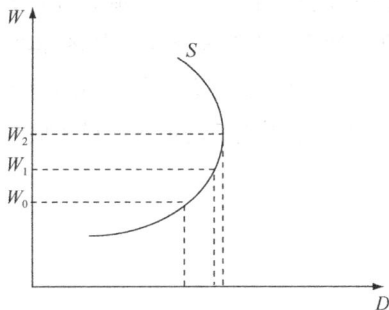

劳动力供给曲线

图 8-1　消费者的劳动供给曲线

劳动供给曲线为什么会向后弯曲？为了解释这个问题，我们要利用商品的替代效应和收入效应这两个概念来进行分析。就一般的正常商品而言，替代效应和收入效应共同作用使其需求曲线向右下方倾斜。现在将闲暇也视为一种特殊商品，闲暇商品的需求亦受到替

代效应和收入效应两个方面的影响。先看替代效应，假定工资上涨，消费者放弃劳动选择闲暇的机会成本加大，也就是闲暇这个商品现在变得更加"昂贵"了。所以，替代效应下闲暇需求量与闲暇价格是反方向变化的。再来看闲暇商品的收入效应，就比较特殊了。这是因为随着收入的增加，消费者将增加对商品的消费，从而也增加对闲暇商品的消费。其结果是：由于收入效应，闲暇需求量与闲暇价格（即工资）的变化相同。因此，对闲暇商品的需求，或对劳动商品的供给进行分析，还需要进一步考察以上两种效应的大小。

消费者收入较低时，消费者大部分的收入都可能是来自劳动供给。因此，假定其他因素不变，闲暇价格即工资上升时会大大增加消费者的收入水平，工资变化的替代效应较大。这一阶段，劳动供给随工资水平的上升而上升。但如果工资已经处于较高水平（此时劳动供给量也相对较大），则增加收入带来的效用还赶不上闲暇提供的效用，所以收入效应较大。这一阶段人们会减少愿意劳动的时间，而增加闲暇，于是劳动供给曲线在较高的工资水平上开始向后弯曲。

二、劳动市场均衡和工资的决定

将所有单个消费者的劳动供给曲线水平相加，即得到整个市场的劳动供给曲线。尽管对于单个消费者而言，劳动供给曲线可能会向后弯曲，但整个劳动市场的供给曲线却不一定也是如此。这是因为在较高的工资水平上，现有的工人也许提供较少的劳动。但高工资也将吸引新的劳动力加入。因而整个劳动市场的供给还是随着工资的上升而增加，其劳动供给曲线也仍然是向上方倾斜的。

工资的决定

由于要素的边际生产力递减和产品的边际收益递减，要素的市场需求曲线通常总是向右下方倾斜，劳动的市场需求曲线也不例外。将向右下方倾斜的劳动需求曲线和向右上方倾斜的劳动供给曲线综合起来，即可决定均衡工资水平。如图 8-2 所示，图中劳动需求曲线 D 和劳动供给曲线 S 的交点就是劳动市场的均衡点。该均衡点决定了均衡工资为 W_0，均衡劳动数量为 L_0。因此，均衡工资水平由劳动市场的供求曲线共同决定，且随着这两条曲线的变化而变化。

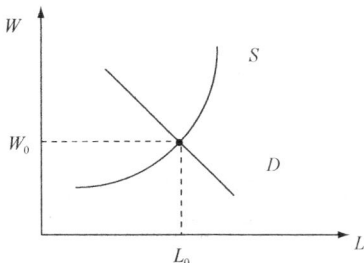

图 8-2 均衡工资的决定

上述市场均衡工资是一种理论上存在的工资率。可以将它理解为是一个国家或地区在某一时期的社会平均工资。但是，在现实中，全社会统一的平均工资水平并不存在。并且除了劳动的需求和供给决定工资以外，工资还受到其他一些因素的影响。例如，劳动力自身素质和工作能力的高低、存在不完全竞争的劳动力市场、劳动力市场上性别歧视等都会导致工资水平存在差异。此外，不同职业之间存在着明显的工资差异，还可能是因为各种补偿因素所导致的，例如对不愉快或冒险的工作条件进行补偿、对高度紧张的脑力劳动和重体力劳动进行补偿、对职业风险进行补偿等。

专栏 8-1

漂亮的收益

美国经济学家丹尼尔·哈莫米斯与杰文·比德尔在1994年第4期《美国经济评论》上发表了一份调查报告。根据这份调查报告，漂亮的人的收入比长相一般的人高5%左右，长相一般的人又比丑陋一点的人收入高5%～10%。

为什么漂亮的人收入高？经济学家认为，人的收入差别取决于人的个体差异，即能力、勤奋程度和机遇的不同。漂亮程度正是这种差别的表现。个人能力包括先天的禀赋和后天培养的能力，长相与人在体育、文艺、科学方面的天才一样是一种先天的禀赋。漂亮属于天生能力的一个方面，它可以使漂亮的人从事其他人难以从事的职业（如当演员或模特）。漂亮的人少，供给有限，自然市场价格高，收入高。漂亮不仅仅是脸蛋和身材，还包括一个人的气质。在调查中，漂亮由调查者打分，实际是包括外形与内在气质的一种综合。这种气质是人内在修养与文化的表现。因此，在漂亮程度上得分高的人实际往往是文化高、受教育高的人。两个长相接近的人，也会由于受教育不同表现出来的漂亮程度不同。所以，漂亮是反映人受教育水平的标志之一，而受教育是个人能力的来源，受教育多，文化高，收入水平高就是正常的。

漂亮也可以反映人的勤奋和努力程度。一个工作勤奋、勇于上进的人，自然会打扮得体，举止文雅，有一种朝气。这些都会提高一个人的漂亮得分。漂亮在某种程度上反映了人的勤奋，与收入相关也就不奇怪了。

——资料来源梁小民《西方经济学》教材案例

第三节 | 土地的供求与地租的决定

现实经济生活中，租用一般资源都需要支付租金，那么地租是否是一种特殊的租金？

一、土地与地租

经济学所讲的土地是一个广义的概念，泛指一切自然资源，不仅指地面，还包括地下、空中、水中的一切自然资源。这种生产要素是自然赋予的，并非人为作用的结果。西方经济学一般把经过人为加工的生产资料称为资本，把自然赋予的物质生产要素称为土地。从整个地球的自然资源总量来说，它是固定不变的，不会随着土地的价格变化而变化。

谈到土地的价格，我们首先要区别要素本身和要素服务的概念，然后再来区别要素价格和要素服务的价格。土地是土地服务的源泉，土地的单位一般是"亩"，而土地服务的单位则是"每亩使用一年"。因此，土地本身与土地服务的供给不一样，从而价格也不一样。土地本身的出售是所有权的转移，而土地服务的出让仅仅是使用权的暂时让渡。土地出售是一次性的买断，而土地服务却对应着期限性的租让。因而两者的价格不一样，不仅数量不同，而且为了区分我们还给土地服务的价格一个专门的术语，称为"地租"。

二、均衡地租的决定

根据均衡价格理论，地租是由土地要素的需求和供给决定的。土地要素的需求曲线就是其边际收益产品曲线，即土地的边际生产力曲线。土地的边际生产力是递减的，因此，土地的需求曲线是一条向右下方倾斜的曲线。土地是一种数量固定的稀缺资源，其供给为完全无弹性，因此，它的供给曲线被认为是一条固定的垂直线。地租就是土地的市场供给曲线和需求曲线的交点所决定的，如图 8-3 所示。

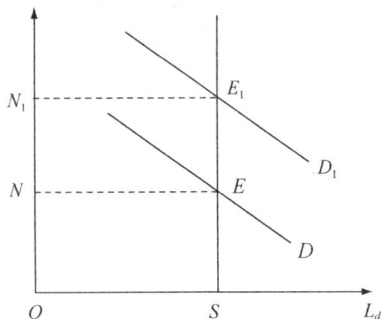

土地的供给

图 8-3 地租的决定

如图 8-3 所示，供给曲线 S 与需求曲线 D 相交于 E 点，ON 为此时的均衡地租水平，OS 为土地均衡数量。D_1 表示随经济发展，对土地的需求不断增加的需求曲线，其均衡点为 E_1，地租水平为 ON_1，表示地租上升。所以，从图中可以看出，由于土地的供给曲线垂直不变，所以土地的价格完全由土地的需求曲线决定，而与土地的供给曲线无关。当需求曲线上移时，地租上升；当需求曲线下移时，地租就下降。

三、租金、准租金和经济租

以上介绍已说明地租是由于土地总量固定，因而由需求因素所决定的产品价格超过成本的余额，这是地租的一种基本特性。把地租的这种特性推广到其他各种具有数量固定特点的要素上，就得到了其他租金概念。

租金

第一，租金。除了土地具有固定供给这一特性之外，还有许多其他资源在某些情况下也可以被看成是固定不变的。例如某些人的天赋才能，如体育明星，就像土地一样，他们的供给也是固定不变的。这些固定不变的资源的服务价格就与土地的地租非常类似。为了与地租相区别，我们将这种供给固定不变的一般资源的服务价格称为"租金"。可以说，租金是更一般化的地租。

第二，准租金。与土地数量不变相似，厂商使用的某些生产要素，从短期来看也具有数量不变的特点。不论这种固定要素是否取得收入，都不影响它的供给，只要产品的售价能够补偿其平均可变成本，厂商就会进行生产。这类要素的服务价格在某种程度上也类似于租金，通常称为"准租金"。所谓准租金就是对供给量暂时固定的生产要素的支付，即固定生产要素的收益。

第三，经济租。经济租是生产要素所有者得到的要素收入与其提供要素所要求的最低收入之间的差额。要素所有者为提供生产要素所要求的最低收入即为转移收益，它由要素供给者提供要素的机会成本来确定。换个角度说，所谓转移收益是避免要素转移到其他部门所必须支付的最低金额，低于这个金额，该要素将不再为此部门提供服务而转移到其他部门。所以，经济租和转移收益共同组成了生产要素的总收入。例如，一个演员的年薪为 10 万元，他若不做演员可做时装模特，年薪为 6 万元，那么这位演员的转移收入便为 6 万元，经济租则为 4 万元。

专栏 8-2

经济地租与准地租

例如，劳动市场上有A、B两类工人各100人，A类工人素质高，所要求的工资为200元，B类工人素质低，所要求的工资为150元。如果某种工作A、B两类工人都可以担任，那么，企业在雇用工人时，当然先雇用B类工人。但在B类工人不够时，也不得不雇用A类工人。假设某企业需要工人200人，他就必须雇用A、B两类工人。在这种情况下，企业必须按A类工人的要求支付200元的工资。这样，B类工人所得到的收入就超过了他们的要求。B类工人所得到的高于150元的50元收入就是经济租。其他生产要素所有者也可以得到这种经济租。

由此可见，经济地租属于长期分析，而准地租属于短期分析。经济地租是对某些特定要素来说的，而经济利润是对整个厂商来说的。厂商存在经济利润，并不意味着其要素也存在经济地租。一种要素在短期中存在准地租，也不意味着长期中存在经济利润。

第四节 资本的供求与利息的决定

利息是如何决定的？为什么利息会发生变动？

一、资本和利息

与劳动和土地这两种原始生产要素不同，资本是一种中间性生产要素。它可以被看作是一般生产能力的储备，即过去的收入体现为某种特定的形式，这能在未来获得货币收入。资本作为生产要素，可以表现为实物的形式，即资本货物或资本品，如厂房、设备、原材料、成品和半成品等。资本也可以表现为价值形式，即货币资本。从一般意义上讲，资本包括货币，而货币并不一定是资本。因为从宏观角度分析，一国所拥有的货币数量并不代表等量的资本品。

利息是厂商在一定时期内为利用资本的生产力所支付的代价。也可以理解为是资本所有者在一定时期内因为让渡资本使用权而得到的报酬。因此，对厂商而言，使用资本而支付的利息构成成本的一部分，但对资本的所有者而言则是收入来源。

二、资本市场的均衡与利息率的决定

当资本市场上资本的需求数量和供给数量相等时，资本市场就达到了均衡。此时对应的资本利息率称为利息率。资本的市场均衡可以区分为长期均衡和短期均衡两种状态。

图8-4（a）说明了资本市场的短期均衡。资本的需求曲线D和供给曲线S的交点E为短期均衡点，i_e为短期均衡利率。但从长期的观点来考察，资本在任一短期内的供给量可以近似地看作是固定不变的，所以短期资本供给曲线就可以用垂直于横轴的直线来表示，如图8-4（b）。当短期均衡利息率较高时，一方面吸引资本供给数量增加，短期资本供给曲线向右移动到S_1。另一方面，随着厂商对资本投入量的增加，资本的边际效率下

降，厂商对资本的需求曲线向左下方移动。两股力量导致利息率的不断下降，直到人们增加资本供给的欲望消失，资本供给量移到 S_1 后不再移动；E_1 点成为资本供求的长期均衡点，i_{e1} 即为长期均衡市场利息率，D_1 为长期资本需求曲线。

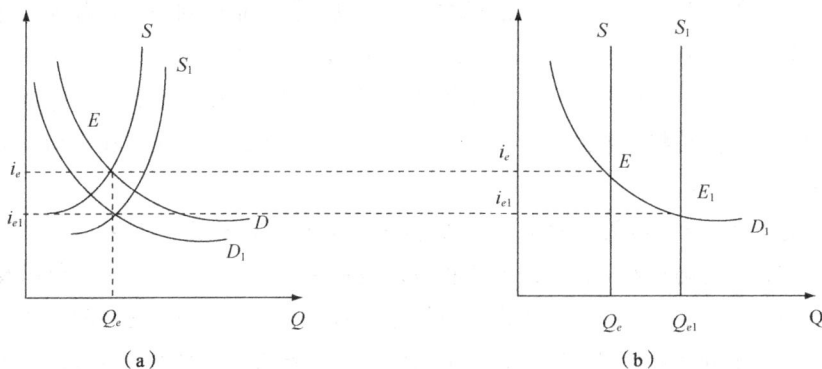

图 8-4　资本市场的均衡

上述分析是在假定资本市场是完全竞争的条件下进行的，实际上，利率往往是一种管制价格。由于它关系到国计民生，各国政府都通过货币政策和财政政策影响资本的总供给和总需求，从而影响利率。

第五节　利润的决定

一、正常利润与经济利润

上面考察了几种生产要素所有者的收入，即劳动者的工资收入、土地（自然资源）所有者的地租收入和资本财货所有者的利息收入。现在考察现实生活中经营管理企业的企业主的利润收入这个经济范畴。

一家厂商销售总收入扣除支出的各项费用或成本以后，即为企业利润，费用或成本则包括企业所支付的工资、利息、租金以及原料材料、燃料费用和固定资本设备的折旧费。如果再扣除应缴纳税款，即为纳税后企业利润。

正常利润和经济利润

上述意义的企业利润实际上可能有一部分是属于应作为成本计算的利息、地租和工资。这部分就是在成本分析中提到过的隐性成本。例如，独资经营或合伙企业的所有者直接提供的货币资本以及公司组织的股金应计算的资本利息；又如小企业的经营利润中实际上有一部分是企业主的隐性工资，这一金额（从机会成本的角度看）相当于他为其他厂商服务时所能得到的报酬。再如企业利润中的一部分也可能是隐性地租。也就是假

如企业主把企业使用的土地租给别人使用时所能收取的地租。

商业社会所说的企业利润中实际上代表上述隐性的工资和隐性的地租等部分，在经济分析中把它们称作"正常利润"（Normal Profit），并且把"正常利润"与企业的固定成本、可变成本，都作为决定产品供给的成本项目加以计算。企业利润扣除各项隐性成本后的剩余部分，称为纯利润或称"经济利润"（Economic Profit），意指经济分析中的一个特定范畴利润，以别于商业社会通常所说的企业利润。读者可以回忆到，在完全竞争的长期均衡中，产品卖价将调整到等于包括"正常利润"在内的边际成本和平均成本，因而"经济利润"为零。

在完全竞争市场上，因为排除了买方或卖方的垄断因素，所以不可能存在垄断利润。在完全竞争的长期均衡条件下，产品卖价将被调整到这样的水平，即实际支付以及隐性工资、利息与地租恰好得到补偿，因而不可能存在超过"正常利润"的纯利润或经济利润。其次，在一个静态社会里，既不存在创新活动，对未来的情况也完全可以预料到。因而不存在不确定因素，经济利润也不可能存在。或者换一种说法，经济分析中有别于工资利润和地租的利润这个范畴，即不同于商业社会所说的"正常利润"的"经济利润"或纯利润，在完全竞争的长期静态均衡理论模型中是不存在的，在那里，产品的均衡价格将被调整到恰好等于与边际成本相同的平均成本，而成本项目中包含正常利润。因此，如果说经济利润是存在的，那么它或者源于市场竞争的不完全性产生的垄断利润，或者来源于动态社会中企业家的创新利润或未来的意外变动带来的意料之外的利润。

二、超额利润的形成

通过前面的分析，可以从以下几个方面分析超额利润的形成。

1. 企业家的创新结果

美籍奥地利经济学家熊彼特认为，超额利润是企业家创新的结果。所谓创新就是建立一种新的生产函数或改变原有的生产函数特性，或通过企业家的活动将一种生产要素的新组合引入生产体系。包括以下几种情况：开发新产品，引用新的生产方法，开辟新的市场，控制原材料的新供给来源，实现企业的新组织。创新与一般所讲的发明不同，发明是增加新的知识，而创新是生产要素和生产条件的新组合。科技发明可以为创新提供新的可能性，但如果没有企业家从经济上进行组合，这些组合也不可能用于生产并起到推动经济发展的作用。创新能带来超额利润，但当创新逐渐被别人所效仿，超额利润就会逐渐消失直到不复存在。但新的创新又会出现。

2. 承担风险的报酬

经济学家克耐特认为，利润是对企业家承担风险的报偿。企业家从事经济活动需要承担一定风险，如开发新产品、开辟新市场等。这些活动一旦失败，就会招致很大的经济损失。如果对这种可能遭受的损失没有补偿，就没有人愿意冒险从事这些活动。因此，从事风险投资的收益，除了应该有正常的利润外，还应有相应的超额利润。超额利润的存在是所有发展背后的驱动力，这些对风险的报偿服务于生产性的目的和社会利益。

3. 不完全竞争

无论是买方垄断的存在还是卖方垄断的存在，都可以使垄断者获得超过正常利润的超额利润，这种超额利润也可称为垄断利润。由于垄断行业可以阻止新厂商加入，因此，即使在长期，超额利润仍可存在。由于垄断所赚取的利润，不仅不能服务于社会目标，反而会带来社会成本。垄断利润的存在会产生社会的非生产性活动，这些活动被称为"寻租活动"。

4. 意外的收益

由于厂商所面临的未来经济环境具有不确定性，因而厂商既可能蒙受意外的损失，也可能获得意外的利润。如由于战争的突然爆发或由于其他供应来源的突然减少，使得某厂商的产品需求量剧增，价格暴涨，从而获得大量利润。

三、利润的功能

利润的功能主要表现为以下几个方面：

第一，由于利润是企业家才能的报酬，因此它既是提高企业经济效率的重要条件，又是对企业经济效率提高的报酬。

第二，利润是投资的动力，从而也是经济增长的重要条件。

第三，利润是创新的动力，它刺激技术进步和产业发展，又是技术进步和产业发展所需资金的重要来源。

第四，利润是评价厂商生产经营绩效的标准，它不仅具有调整社会资源利用的作用，而且具有调整社会收入分配的作用。

第六节　洛伦兹曲线和基尼系数

现实经济生活中用什么指标来反映收入的贫富差距状况？

生产要素价格的决定理论，事实上解释了各种生产要素所有者的收入决定问题。针对现实中存在收入差距的现象，经济学家们进一步研究了国民收入在国民之间的分配状况。其中，美国统计学家 M.O. 洛伦兹就提出了著名的洛伦兹曲线。洛伦兹曲线反映了人口累计百分比和收入累计百分比之间的对应关系。如图 8-5 所示，横轴 *OH* 表示

洛伦兹曲线

人口（按收入由低到高分组）的累计百分比，纵轴 *OM* 表示收入的累计百分比，*ODL* 为
该图的洛伦兹曲线。

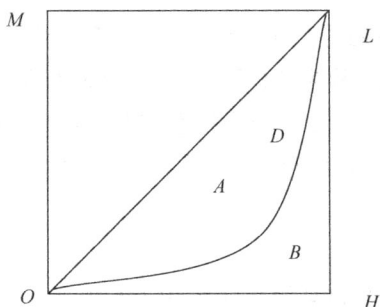

图 8-5　洛伦兹曲线

洛伦兹曲线的意义在于：反映了收入分配的不平等程度。弯曲程度越大，收入分配
的不平等程度越高；反之亦然。极端的情况是，如果所有收入都集中在某一个人手中，
收入分配完全不平等时，洛伦兹曲线成为折线 *OHL*。如果任一人口百分比均等于其收入
百分比时，即人口累计百分比等于收入累计百分比时，收入分配是完全平等的，洛伦兹
曲线则变为 45° 线 *OL*。现实当中，洛伦兹曲线的形状一般是像 *ODL* 线一样向横轴凸出。
因此，洛伦兹曲线与 45° 线之间的 *A* 部分叫"不平等面积"。当收入分配达到完全不平等
时，洛伦兹曲线 *OHL* 与 45° 线之间的面积是 *A+B* 部分，称为"完全不平等面积"。不平
等面积与完全不平等面积之间的比值，则称为基尼系数（Gini Coefficient，简写为 G）。
基尼系数可以作为衡量一个国家贫富差距的标准，它等于：

$$基尼系数 G = \frac{A}{A+B}$$

所以，基尼系数一定不会大于 1，也一定不会小于 0。

案例与拓展[1]

案例名称：美国大企业 CEO 的薪酬调查

案例来源：《美国大企业 CEO 去年薪酬猛增，最高达 6830 万美元》，参考消息网，
2014-05-29。http://finance.cankaoxiaoxi.com/2014/0529/394792.shtml。

美联社与伊奎勒公司联合进行的薪酬调查显示，2013 年，在标准普尔 500 指数成分
股公司中，首席执行官年收入的中位数达到创纪录的 1050 万美元，较 2012 年的约 960
万美元增长了 8.8%。

首席执行官的薪酬在全球金融危机期间曾有所下降，而从那以后直到 2013 年，他们
的薪酬连续四年上涨。在这段时间里，薪酬中位数增幅超过 50%。如今，首席执行官的
收入是普通员工平均工资的 257 倍左右，这一数字较 2009 年的 181 倍涨幅明显。

过去几年间，为回应批评者关于首席执行官的收入应与其表现挂钩的呼吁，各大公司董事会调整了首席执行官的收入结构。首席执行官的优先认股权和现金分红减少了——他们因为在公司经营不佳时仍得到这两种奖赏而遭到指责。各公司董事会加大了用公司股票付酬的力度，而不是用现金或优先认股权。这项改变去年对首席执行官们来说是一大利好，因为股市大涨拉动标准普尔 500 指数增长了 30%。首席执行官薪酬中位数中的股票价值增加了 17%，达到 450 万美元。

GMI 评级公司研究部主任加里·休伊特说："各大公司对其首席执行官的表现颇为满意，股市也为薪酬增加提供了一大助力。但我们目前面临的情况仍然是：首席执行官的薪酬上涨失去控制，他们的收入水平极高。"薪酬最高的是从事油田服务业务的内伯斯工业公司的首席执行官安东尼·彼得洛，他 2013 年赚了 6830 万美元。排名第二的是哥伦比亚广播公司的莱斯利·蒙维斯，2013 年他的薪酬达 6560 万美元。

在美国，首席执行官的薪酬仍是一个颇具争议性的问题。大型投资者和公司董事会辩解说，为吸引能经营数十亿美元生意的有识之士加盟，他们需要提供丰厚的薪酬。另一方面，与美国普通劳动者相比，首席执行官的薪酬涨幅要快得多。他们去年 8.8% 的薪酬涨幅令普通劳动者的平均涨薪幅度相形见绌。美国劳工统计局表示，2013 年美国劳动者的平均周薪上涨了 1.3%。

案例分析：经济学家把企业家才能作为与劳动、资本、土地等自然资源并列的四种生产要素之一，并强调了企业家才能的重要性。企业家不仅是生产经营的组织者，把劳动、资本与自然资源结合在一起，而且他们也是企业风险的承担者和创新者。古典经济学家，如英国经济学家穆勒，和现代经济学家，如美国经济学家熊彼特都强调了企业家的特殊职能和作用。

大型公司的 CEO 也就是经济学中所说的企业家，他们对公司的成败的作用非常重要。如苹果公司总裁乔布斯，受命于危难之际，通过自己努力使苹果公司重振山河，巨额薪酬当然是受之无愧。2013 年关于美国大企业 CEO 薪酬的调查，也说明了现实中对企业家才能的认可。

值得强调的一点是，目前国外大公司经营者的收入大多具有多元化的结构。总的趋势是薪金中固定收入部分的比重在缩小，而中长期类报酬占有相当比重。企业家的工资、社会保障费、法宝福利费等固定收入一般不根据每年的利润情况而浮动，而是几年一定，不再谈判。这部分收入与企业的业绩联系并不十分紧密，而与企业规模关系密切。企业家的浮动收入，包括奖金、股票与股票期权等远期收入，则是鼓励企业家承担风险和进行创新的。

🔻 **案例与拓展**[2]

拓展资料名称：中国的基尼系数

拓展资料来源：《中国首度公布官方版基尼系数，10 年来都高于国际警戒线》，《扬子晚报》2013 年 01 月 19 日第 2 版。

基尼系数是国际上用来综合考察居民内部收入分配差异状况的重要指标。中国官方自 2000 年公布中国基尼系数为 0.412 之后，直到 2013 年年初，才一次性公布了 2003 年至 2012 年的基尼系数。2003 年至 2008 年，中国基尼系数分别为 0.479、0.473、0.485、0.487、0.484 和 0.491。随后，自 2009 年开始逐年回落，分别为：2009 年 0.490，2010 年 0.481，2011 年 0.477，2012 年 0.474，2013 年 0.473，2014 年 0.469。官方数据描绘出过去十年中，基尼系数先是逐步扩大，而后又略有缩小的走势。

年份	2003	2004	2005	2006	2007	2008	2009	2010	2011	2012	2013	2014
基尼系数	0.479	0.473	0.485	0.487	0.484	0.491	0.490	0.481	0.477	0.474	0.473	0.469

官方基尼系数数据说明了什么？国家统计局局长马建堂表达了两点看法。第一，0.47 到 0.49 之间的基尼系数反映收入差距还是比较大的，说明了加快收入分配改革、缩小收入差距的紧迫性；第二，从 2008 年应对国际金融危机以后，随着各级政府采取惠民生的若干强有力措施，中国基尼系数逐步有所回落。

基尼系数用来反映收入分配的差异程度。根据联合国有关组织分析，基尼系数在 0.3 至 0.4 之间表示收入差距相对合理。2014 年，中国居民收入增速同比实际增长 8.0%，跑赢了 GDP（国内生产总值）7.4% 的增速，也跑赢了物价 2.0% 的涨幅。不过，在收入水平不断增长的同时，人们要求收入分配更加合理。虽然中国基尼系数持续下降，但仍超国际社会公认的社会贫富差距"警戒线"——基尼系数 0.4。

中国的收入差距，与世界类似发展水平国家相比，究竟处于什么水平？国家统计局给出了几国数据。2009 年阿根廷基尼系数为 0.46、巴西 0.55、俄罗斯 0.40，2008 年墨西哥基尼系数是 0.48，2005 年印度基尼系数是 0.33。总的来看，中国的基尼系数明显高于印度、俄罗斯，与阿根廷、墨西哥大致相当，明显低于巴西。

随着经济的发展和社会的进步，当今时代，人们对"公平"有了更高更迫切的要求。缩小收入分配差距，已经成为社会各界强烈的共同呼声。中国政府高度重视收入分配改革，并且在近年来采取了连续提高最低工资和企业养老金标准、调整个人所得税税率和起征点、增加对低收入群体的转移支付、加大对"三农"的扶持力度等措施调整收入分配结构，取得了一定的效果。例如，城乡居民人均收入之比最近三年来有所缩小。然而，收入分配格局调整进度与人民群众的期待相比仍有较大差距，中国仍需要加速收入分配制度改革，真正让全体居民共同分享经济发展成果。

本章要点

1. 边际生产力理论认为，生产要素的价格由其边际生产力决定。边际生产力是最后增加一单位生产要素所创造的产量或价值。

2．均衡价格理论认为，生产要素价格由供给和需求双方共同决定，要素的需求由其边际生产力决定。生产要素的供给由提供这一要素所费成本决定。

3．劳动力要素的供给曲线是一条向后弯曲的曲线。这是因为劳动力供给达到一定数量时，在工作和闲暇之间存在替代性。

4．土地的供给曲线表现为一条垂直线。土地需求曲线和土地供给曲线相交之处即为均衡地租。

5．广义的经济租金是指任何生产要素由其市场决定的均衡价格与其愿意供给的价格或机会成本之间的差额。

6．利息是厂商在一定时期内为利用资本的生产力所支付的代价，一般由使用资本的供求关系决定。

7．利润被认为是企业家才能的收入。

关键概念

边际收益产量	边际要素成本	边际产量价值	地租
经济租金	准租金	基尼系数	

习 题 八

一、选择题

1．边际收益产量是指（　　　）。

   A．多生产一单位产量所导致的总收益的增加量

   B．多生产一单位产量所导致的总成本的增加量

   C．增加一单位要素投入所引起的总产量的增加量

   D．增加一单位要素投入所引起的总收益的增加量

2．增加一单位劳动的使用所引起的总收益的变动是（　　　）。

   A．劳动的边际收益产量　　　　　　B．劳动的边际收益

   C．劳动的边际产量　　　　　　　　D．劳动的边际收益成本

3．在完全竞争的要素市场上，如果劳动的边际收益产量小于工资，则企业将（　　　）。

   A．增加劳动的使用量　　　　　　　B．减少劳动的使用量

   C．提高工资　　　　　　　　　　　D．降低工资

4. 要素需求曲线之所以向右下方倾斜是因为（　　）。

  A．要素生产中的规模报酬递减   B．要素生产产品的边际效用递减

  C．要素的边际收益产量递减   D．要素供给增加

5. 如果由于技术进步使劳动的边际产量增加，这将导致（　　）。

  A．劳动的供给曲线左移   B．劳动的供给曲线右移

  C．劳动的需求曲线左移   D．劳动的需求曲线右移

6. 多一小时闲暇的价格为（　　）。

  A．工资率   B．零   C．闲暇的边际收益 D．最小工资

7. 假设某足球运动员的年薪为 20 万元，如果他从事其他职业，最多只能得到 5 万元，则该足球运动员所获得的经济租金为（　　）万元。

  A．5   B．15   C．20   D．25

二、分析讨论题

1. 作图说明为什么会出现劳动力向后弯曲线。

2. 作图说明地租是如何决定的。

3. 企业家才能作为一种特殊的生产要素，其报酬与其他生产要素有何根本区别？

市场失灵与微观经济政策

通过前面几章的讨论，我们已经发现：自由市场机制存在众多优点，比如竞争能够促进资源配置的优化，带来更有效率的产出，并能调整市场失衡状态。"看不见的手"是强大的，但并非无所不能，市场也并非完美。商人们赞美竞争，但更钟情于垄断。正如亚当·斯密在 200 多年前所言："从事相同贸易的人很少见面，即使是消遣或娱乐，但他们一旦开始对话，那么结果不是合谋起来对付大众，就是设计如何抬高价格。"另外一种与市场竞争相向而行的现象则出现在无线广播或免费互联网节目中，有收音机或是具备宽带上网条件的人就能收听或是收看这些节目。那么，广播电台或互联网内容供应商将向谁收费呢？如果企业不能控制谁将获得产品或服务的窘境，他们将会如何投资进行这样的生产呢？上面的这些市场现象就是本章要探讨和分析的重点——市场失灵（Market Failure）。哈佛大学经济学教授曼昆在其《经济学原理》中指出：在经济学家眼中，市场失灵这个术语是指市场本身不能有效配置资源的情况。

就现有的各类研究文献来看，对市场失灵形成原因的解释以及所提供的解决方案涵盖众多领域，本章将主要围绕以下四种市场失灵现象展开探讨和分析：一是市场中垄断企业的现实存在及其对资源配置效率的影响；二是类似免费互联网节目的公共产品（Public Goods）供给不足现象；三是诸如污水排放等企业经济活动的外部性问题（Externality）；四是基于次品市场交易而展开的信息不完全（或不对称）（Asymmetric Information）问题。

第一节 市场管制与反垄断

政府如何对垄断企业进行价格管制？

一、垄断的市场缺陷

前面几章对不完全竞争市场的分析让我们知道，当市场中只有一家或少数几家企业时，这些厂商将会利用其市场势力（Market Power）在不失去全部市场份额的条件下提高价格，即限制产出并要求一个高于竞争状态的价格水平，从而降低了消费者剩余和社会总福利水平。

垄断市场的缺陷

过去的二百多年来，经济学家普遍认为垄断是一个问题。难以进入的市场壁垒所引发的市场缺陷主要有三点：

（1）当市场很难进入时，且可替代的供给者很少时，市场势力的约束性将减弱。

换句话说，当某个市场很容易进入时，消费者将能够很好地引导供给者的行为。消费者的理性选择将使那些报价高、不能满足消费者偏好的企业被逐出市场。例如，如果你认为百货商店的商品价格太高，而且你更愿意尝试不同的购买体验的话，或许淘宝、京东商城和"微店"会成为你的最新选择。例如，如果你不喜欢你的宽带服务供应商会怎样？考虑下你的选择。当你的电脑无法联网时，你可能会打电话报障，3天后供应商回复你说，维修师傅很忙，他们可能会在10天后才能为你重新连接上网。与竞争市场的情况不同，消费者可能的选择并不多。你除了耐心等待和不停投诉之外，可能的退出选择并不多。宽带服务的替代品和供应商并不多，你要么接受宽带运营企业糟糕的服务，要么什么都没有。因此，消费者对市场上的卖者约束力微乎其微。

（2）市场进入壁垒的存在，也将导致资源配置的无效。

市场资源配置的有效性在于：当额外生产一单位产品的价值高于其生产成本时，该单位产品才会被生产出来。在竞争性市场中，寻求利润最大化的企业会持续扩张产量，直至价格下降到单位成本水平。但在很难进入的市场中，一般情况下不会如此，因为完全垄断企业、寡头企业或卡特尔组织可以限制产量或通过提高价格的方式来获利。可以这样总结：当市场进入壁垒很高时，价格可能在相当长时间内不仅高于边际成本，也高于平均总成本。

（3）政府特许的垄断势力将鼓励寻租行为，企业试图确保和维持这种特许权的行为将会造成资源浪费。

一般来说，形成垄断的原因有4个：厂商独家控制生产某种商品的基本要素，厂商独家控制生产某种商品的专利权，政府特许，自然垄断。其中，政府对某些行业和某些企业的特许使这些行业或企业具有了垄断地位。既然垄断可以获得垄断利润，当一个企业没有独占资源、没有专利，也没有形成自然垄断的实力时，它可能会想尽办法通过获得政府的特许而获得垄断地位，最终获取垄断利润；当一个企业已经具有垄断地位，也可以通过游说政府等活动继续保持垄断地位。寻租（Rent-Seeking）就是寻求经济租金的简称，是为获得和维持垄断地位从而得到垄断利润（亦即垄断租金）所从事的一种非生产性寻利活动。在大多数经济学家看来，寻租活动的存在是为了争夺人为的财富转移而浪费资源的活动。

专栏 9-1

垄断与寻租：争夺特许权的经济损失有多大？

寻租活动的经济损失有多大？以获取许可证为例说明。①寻租损失。A厂商如果拥有政府商业许可就拥有了经营该种商品的一定的垄断权，假定该企业为获得许可证而进行寻租活动的投入资金为10万元，这10万元只是为了获取许可证，并没有用到该商品的生产经营中，产品的产量并没有增加，社会并没有因这10万元的投入而享用更多的产品。那么，这10万元就是在寻租过程中的净损失。②垄断损失。如果寻租成功，A厂商便拥有了一定商品的垄断经营权，垄断经营将损失如图9-1所示的abc的面积。因此，社会因A企业寻租所导致的社会总损失就为寻租损失与垄断经营损失之和（10万+abc的面积）。如果社会中寻租者不止一个时，整个社会的损失还会更大。

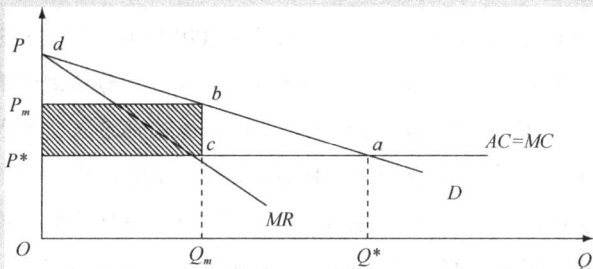

图9-1　垄断与低效率

二、反垄断措施与政府管制

既然垄断会导致经济损失，那么政府可以采取哪些措施应对垄断市场所引发的市场缺陷呢？不难想象，这些政策要么是减少市场进入的壁垒，要么是用来消除或减少其负面效应。下面这些措施是经济学家通常会建议的：①控制行业结构，确保竞争性企业的存在；②减少限制竞争的人为壁垒；③管制市场中企业的价格和产量。

1. 反垄断法与行业结构控制

在世界范围内，为避免市场进入壁垒和垄断势力带来的负面效应，大多数国家都通过了阻止垄断和确保竞争的反垄断法。此类法案的立法始于美国19世纪80年代的《谢尔曼反托拉斯法》（1890年），此后的立法还包括《克莱顿法案》（1914年）、《联邦贸易委员会法案》（1914年）以及《鲁宾逊—帕特曼法》（1936年）等。在我国，为了预防和制止垄断行为，保护市场公平竞争，提高经济运行效率，维护消费者利益和社会公共利益，促进社会主义市场经济健康发展，相继通过了《反不正当竞争法》（1993年）和《中华人民共和国反垄断法》（2007）。后者把垄断行为明确界定为以下三种：经营者达成垄断协议；经营者滥用市场支配地位；具有或者可能具有排除、限制竞争效果的经营者集中。近年来，向国务院反垄断执法机构提起反垄断诉讼（尤其是限制竞争效果的经营者集中）的案例明显提高。

☀ 专栏 9-2

如何判定经营者集中会损害竞争？

一些企业通过一系列对其他企业的兼并与收购（M&A）以追求快速增长。在判定企业并购行为对竞争构成的可能危害中，一个重要的考核指标便是它对行业中几个最大企业市场份额的影响。目前，许多政府都强调利用赫芬达尔—赫希曼指数（Herfindahal-Hirschman Index，HHI），即根据某行业中各企业市场份额百分比的平方和来进行判别。例如，若某行业中有相同规模的企业100家，则HHI指数就是100[100×（1）^{2}]；若某行业只有一家企业，则HHI指数则为10000[（100）^{2}]，这也是HHI指数能够达到的最大值。行业中企业数量越多，规模越平均，HHI指数则越小。在美国司法部看来，构成竞争影响的企业合并通常满足以下两个条件：①合并后的HHI指数超过1800；②企业合并将HHI指数提升了100点。一般来说，合并后行业HHI指数小于1000的企业并购一般不会被美国司法部所反对。HHI指数在1000～1800之间的企业并购将会考虑其他因素，如进入市场的容易程度和效率提高等。近年来，在中国商务部有关经营者集中的案例公告中，也能看到围绕市场份额、市场集中度、市场控制力、市场进入等竞争性评估中采用HHI指数来进行判别。具体案例可参见《关于附加限制性条件批准美国百特国际有限公司收购瑞典金宝公司经营者集中反垄断审查决定的公告》（商务部公告2013年第58号）。案例网址：http://fldj.mofcom.gov.cn/article/ztxx/201308/20130800244176.shtml。

应当指出：就能否增加市场竞争企业数量而言，反垄断法的执行效果在经济学家中存在争议。反对者认为，反垄断法的强力执行，在很大程度上是保护相对而言效率低的企业免于成功者的竞争。自然垄断行业的案例将使得反对者能够获得更多的支持。规模经济存在，且单位成本最小化只有在整个行业产量仅由一个企业供给时产生。因此，为使得市场中有更多的竞争者而分解一个大型企业将导致更高的成本。在这种情况下，通过反垄断法来扩张市场中的企业数目就不是一个有足够说服力的做法。

2. 价格管制

从理论上看，政府管制可以改善寡头或完全垄断企业的资源配置效率。下图说明了在垄断条件下，政府价格管制是如何达到这一目的的。图 9-2 揭示了一个自然垄断企业经营的基本情况，它的长期平均成本曲线在其生产区间中都是下降的，利润最大化的垄断企业将其价格定在 P_O 且生产 Q_O 的产量，此时 $MR=MC$。让我们分别考虑两种潜在的管制措施并分析它们在现实世界里的某些缺陷。

价格管制

（1）平均成本定价法。如果反垄断执法机构迫使图 9-2 中的企业将价格降低到 P_1，此时平均成本曲线与市场需求曲线相交，企业将产量扩张到 Q_1。在确定了最高限价之后，企业每生产 1 单位产品将增加并只能增加 P_1 的收益。由图可以看出，由于边际成本低于 P_1，这家受到管制的、利润最大化企业将把产量从 Q_0 扩张到 Q_1。消费这些单位的收益（ABQ_0Q_1）显然比它们的成本（CEQ_0Q_1）要高。因此，通过价格管制行为，社会福利提高了。且在这个产量水平，收益可以弥补成本。企业获得零利润或"正常的"会计利润。

（2）边际成本定价法。即使在 Q_1 产量水平，企业的边际成本依然低于价格。如果产量增加到 Q_2，就会实现更大的社会福利。如果反垄断执法机构迫使自然垄断企业将价格降低到 P_2，即价格等于边际成本，但低于长期平均成本，企业就会产生经济亏损。除非给予该企业补贴，否则长期中该企业则会退出市场。但是，该补贴多少呢？由于市场价格、技术和产出时刻都在发生变化，因而制定一个公平、合理的补贴方案是个极具挑战性的任务。

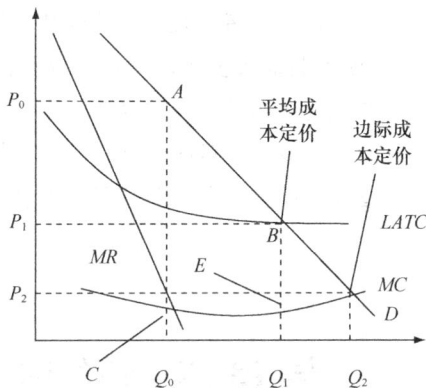

图 9-2　对垄断企业的价格管制

3．管制的问题[①]

通过上面的讨论，我们大概知道：尽管通过对垄断企业的管制可以提高市场资源的配置效率，但经济分析以及世界各国的管制实践都表明它有较大的缺陷。下面我们从三个方面来讨论减弱管制有效性的原因。

（1）管制机构的信息缺乏。理论上，我们假定知道企业的长期平均总成本（$LATC$）、边际成本 MC 以及需求曲线 D。但在现实中，剧烈波动的市场使得供给与需求都随着时间和地点不断变化，管制机构乃至企业本身都很难确切知道这些成本和需求曲线的形状。正因如此，管制机构常常会估计企业的利润或回报率，以此来观察管制的价格是过高还是过低，从而为被管制企业提供一个"公平"或"正常"的回报率。事实上，确认企业是否存在利润并不容易。会计利润并不等同于包含机会成本的经济利润（对被管制企业而言是不利的）。此外，被管制企业有采用财务报表披露技巧和会计核算方法来谎报利润

① （美）卢瑟尔．S．索贝尔等，经济学：私人与公共选择[M]．机械工业出版社，2009．第318～319页。

的强烈动机。因此，管制机构发现并执行一个和资源配置有效性一致的价格是困难甚至是不可能的。

（2）垄断企业的成本转移。被管制企业会因为激励而改变其行为，从而影响企业成本。如果企业实际成本降低了，由管制机构执行的"公平回报"将迫使价格降低；如成本上升了，则"公平回报"所允许的价格将会上升。面对这样的激励结构，被管制企业的管理者将如何行动呢？可以想象，垄断企业的管理者将会有更少的激励去追求低成本运营。相反，形式多样且无正当理由的薪酬上涨将层出不穷，产出的无效率以及高成本将随之而来。

（3）特殊利益集团的影响。如果你试图去了解生产者或供应商如何影响管制机构，那就回想一下你上次打车的经历吧。我们知道，除了你所在城市的传统出租车公司外，现在提供出行服务的机构还包括滴滴打车、易到或是优步等。现实中，运营牌照的颁发存在着管制与审批，如果任何有关该行业的新条例或管理办法被提及，谁将会对这些更感兴趣呢？当然，生产者或是服务的提供者对凡是影响到其生计的条例都有很大兴趣，生产者会动用更多资源去影响或说服他人去制定符合自身利益的新条例或管理办法通过，而消费者则大多数时候会忽略这件事情。一些经济学家认为，正是由于消费者对上述事实的忽视，才使得管制行为在很多时候都有利于生产者（特殊利益集团）。正如美国经济学家斯蒂格勒（George Stigler）所言："管制通常被该行业所掌握，并按照其利益来设计和运行。"[1]

第二节 信息不对称与市场失灵

如何能够在就业人才市场中脱颖而出？

一、信息不完全与信息不对称

在前几章中，我们多数时候都假定：所有经济活动的参与者，对于影响其选择或决策的信息有完全的了解，即具有完全信息。对于消费者来说，完全信息意味着对产品质量、价格和可获得性的了解。对于企业来说，完全信息则意味着对不同要素边际生产率、适宜生产技术以及对市场需求和竞争对手情况的了解。那么，经济行为者所面临的、因不确定性导致的风险就被抽象掉了。但在现实经济中，信息常常是不完全的。信息不完

---

[1] 这段话也被认为是"管制俘获理论"（Captured Theory of Regulation）的结论之一，参见 George Stigler，"The Theory of Economic Regulation"，Bell Journal of Economics and Management Science，Spring 1971，p.3.

全不仅是指信息在绝对意义上的不完全，而且还指信息在相对意义上的不完全，即市场经济本身不能生产出足够的信息并有效地配置它们。因为信息是一种有价值的资源，并且他们通常是分散的，获取信息往往需要付出一定的成本，有时候获取该信息的成本会非常高。因此，理性的信息消费者通常按照边际原则来搜寻信息。

不同交易参与者获取信息的成本是不同的。例如，一个经过训练的汽车修理工比一位经济学教授更容易知道一辆二手车的质量；一个厂商的经理几乎无需花费任何成本就知道自己的努力水平，而厂商所有者即使花费巨大成本却难知其详。这表明当市场参与者的一方比另一方掌握更多的信息时，我们就称之为出现了信息不对称（Asymmetric Information）问题。

信息对人们的预期和选择有着很大的影响。由于市场价格机制不能解决或至少不能有效地解决不完全信息问题，因而在信息不完全或信息不对称的情况下，市场体系就不会有效率地运作，由此产生一种与信息相关的市场失灵。例如，保险合约提供商缺乏关于人们的风险信息时，保险合约的供应就会低于最优水平，有的人可能买不到保险。从下面的分析中可以看到，信息不完全或信息不对称能够解释许多经济现象及其对市场有效性的影响。

1. 隐藏特性：二手车市场中的"逆向选择"

所谓"逆向选择"，是指当信息拥有者通过自我选择损害信息缺乏者利益的一种市场行为表现。"逆向选择"的存在，意味着市场的低效率，意味着市场的失灵。

二手车市场（或称"柠檬市场"）是一个具有代表性的信息不对称的例子。为了简化问题，我们假定二手车市场上只有两种车：好车和坏车。买主愿意为好车支付 20000 元，而对于坏车则只愿意支付 10000 元，且只有卖者才知道在售的是哪种车。潜在的买主相信市场上好车和坏车比例各占一半，并愿意为一辆质量不确定的车支付 12000 元（期望的平均市场价格）。如此，12000 元会最终成为二手车市场价格吗？

我们知道，二手车的卖主通常知道车的重要特性，如实际故障、车祸、保修记录以及在各种环境下的动力表现等。而潜在的买主只能通过外观和试驾来推测这些信息。在上述的假定条件下，好车的卖主用价值 20000 元的车却只能得到 12000 元的收入，因此他们更可能把好车卖给亲戚或同学、朋友，而不会是普通买主。但对于坏车卖主来说，这就是一笔不错的交易。因此，市场上好车的比例下降，而坏车的比例上升。如果潜在买主知道市场上坏车数量增加时，他们对质量不确定车的报价也会下降。随着二手车市场价格下降，好车数量继续下降直至消失，坏车将主导整个二手车市场。这种低质量产品将高质量产品驱逐出市场的现象，经济学中称之为"逆向选择"（Adverse Selection）。

尽管上述结果是在只有两种质量产品的条件下得到的，而高质量的产品被完全驱逐出市场的情形也是一种极端，但可以肯定的是，在达到均衡时，消费者购买到的高质量产品所占比重要比事先确切知道它们的质量时要少，次品市场上的不对称信息对市场有效运行产生影响。低质量产品把高质量产品逐出市场本身就意味着市场运行失效。

2. 隐藏行为：保险市场中的"道德风险"

不对称信息在保险市场中也会带来诸多问题。一般来说，保险公司更喜欢长寿、健康的人参加健康保险计划。在这类保险市场上，买者（被保险人）比卖者（保险公司）拥有更多的与预测未来保险需求有关的特点和行为的信息。更为重要的是，对保险公司而言，被保险人可能在购买保险合约之后改变自己的行为，从而使得保险赔偿更易发生。例如，已购买健康保险的人可能不再关注自己的健康状况，购买家庭财产险的人可能不再像以前那样小心自己的财务。我们把这种激励结构问题称之为"道德风险"（Moral Hazard）。在市场交易时，交易一方通过改变自己的行为（另一方无法观测到，或观测成本很高），从而对交易另一方构成利益损害或利用另一方的无知来获利时，我们称存在着道德风险。一般来说，当交易中的任何一方采取隐藏行为时，道德风险将会发生。

二、不对称信息的校正

通常有以下几种方法可以减少不对称信息带来的影响。

1. 政府介入

市场机制并不能解决或者至少不能有效解决非对称信息导致的市场失灵，这为政府在市场中发挥作用提供了依据。如在保险市场中，政府为一定年龄以上（65 岁）的老年人提供保险，避免投保人自我选

不对称信息的校正

择（隐藏特性），就有助于消除逆向选择问题。政府也通过立法或其他行政措施尽可能保证消费者和生产者能够得到充分和正确的市场信息，即增加市场的"透明度"。

2. 信号与筛选

政府介入并不是消除非对称信息问题的唯一途径，有隐藏特性和隐藏行为的人有激励说出实情。信号（Signaling）是信息拥有一方用来向另一方传达信息的一种方式。在劳动力市场中，例如项目协调员，此项工作需要想象力、组织能力和沟通能力。由于这一工作岗位要求的能力难以从简历和面试中观察出来，申请者就会提供一些指标作为参考，如会议组织经历证明、推荐信或大学竞赛证明等。我们可把这些称之为信号，它们可作为隐藏特性的可观察指标。通常由信号拥有方向信号缺乏方释放此类信号，从而有助于雇主挑选出适合的雇员，因为不适宜的雇员难以发出类似的信号。此外，为应对非对称信息条件下的隐藏行为，雇主通常会采用筛选（Screening）机制，即市场的信息缺乏方识别信息拥有方的隐藏特性的行为。同样在劳动力市场中，雇主可通过筛选，例如检查简历中的拼写或排版错误，尽管这些不会影响对简历内容的理解，但它们反映了申

请人对细节的态度，从而影响生产率。

在传统的供求分析中，交易发生在与个人无关的市场，交易一方不会对另一方是谁感兴趣。但在信息不对称市场中，交易另一方的特性和行为变得至关重要。当逆向选择和道德风险问题足够严重时，市场交易可能会萎缩甚至消失。因此，建立一个激励结构或信息披露机制，将能够减少信息偏向一方的问题。

第三节　外部性与环境问题

在应对环境恶化问题上，我们应该支持政府管制还是市场化方法？

一、外部性的含义及其分类

外部性（Externalities）也称外部影响，是指在不能完全保证产权的条件下，一个经济主体未经他人允许而采取的影响他人福利的行为。你可能对外部性十分熟悉。例如，如果你的大学宿舍舍友在循环播放高分贝音乐并干扰到你的学习时，那么你就在直接感受什么是外部性。舍友的行为给你带来了不便，在某种意义上说，他给你带来了成本，这就涉及产权的问题。你的舍友有大声播放音乐的权利吗？或者说，你享有不被干扰的权利吗？对第三方（不直接参与交易或交换活动的人）产生的影响可能使之承担成本，也可能会获得收益。经济学家使用外部成本（External Cost）来定义外部性伤害到第三方的情形。如果外部性导致了第三方福利提高，这时的外溢效应就称为外部收益（External Benefits）。

生产的外部影响包括生产的外部经济和生产的外部不经济。当一个生产者采取的经济行为对他人产生了有利的或积极的影响，即给他人带来了福利，自己却不能从中得到报酬，便产生了生产的外部经济。例如，因为蜜蜂在果树上采蜜，所以果农果园种植量的扩大会导致蜂农收益的增加。如果一个生产者采取的经济行为给他人造成福利的损失而又未给他人以补偿时，便产生了生产的外部不经济。厂商造成的环境污染是典型的生产的外部不经济，当河流上游的造纸厂向河中排放废水时，河中的鱼会减少，下游的渔民收入就会随之降低；化工厂附近居民的健康，会因有毒气体的影响而恶化等。

消费的外部影响包括消费的外部经济和消费的外部不经济。当一个消费者进行一项消费活动给他人带来了效用，增加了他人的福利，就产生了消费的外部经济。如一家房主在自家花园里种植许多美丽的花，愉悦了邻居和往来行人的心情。如果一个消费者进行一项消费活动时别人受到损害、付出代价却未给予补偿，便产生了消费的外部不经济。和生产者造成污染的情况相似，消费者也可能造成污染而损害他人。吸烟就是一个极为典型的例子。吸烟者的行为危害了被动吸烟者的身体健康，此外，在公共场所随意丢弃果皮、瓜子壳等废弃物品，也增大社会成本。

以上情况表明，外部影响是普遍存在的现象，市场交易中的买方和卖方并不关注他们行为的外部影响。所以存在外部影响时，市场均衡并不是有效率的。在这种情况下，从社会的角度关注市场结果必然要超出交易双方的福利范围。

二、外部性与资源配置

无论何种类型的外部性，都将造成同一后果：资源配置偏离最优状态。外部性是如何导致资源配置不当的呢？

1. 外部不经济情况下资源配置的非优情况

当存在外部不经济时，单个经济行为者从事某活动的私人成本小于社会成本。在市场经济中，个人经济活动的决策基于私人边际成本与私人边际收益的比较，只要这个经济行为者从事该项活动所得到的私人边际收益大于私人边际成本，私人就会采取其经济活动，尽管此时从社会的观点看，该项活动应减少或停止。一般而言，存在外部不经济的情况下，私人活动的水平常常要高于社会所要求的最优水平。假定一个制造污染的造纸厂，图 9-3 中 MC 表示厂商的边际成本曲线，而造成的社会成本由私人成本加上给社会造成损失的外部成本构成，用 MSC 表示，必然高于私人边际成本。

当完全竞争市场的价格为 P^* 时，厂商为追求利润最大化，其产量确定在价格或边际收益等于边际成本的水平 Q_2 上。但从全社会资源最优配置的要求看，使社会利益达到最大的产量应当定在社会边际收益（可以看成为价格）等于社会边际成本的水平 Q_1 上。

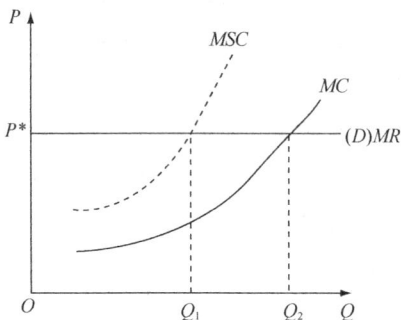

图 9-3　外部不经济时的资源配置不当

2. 外部经济时资源配置的非优情况

在存在外部经济时，单个经济行为者从事某活动的私人利益小于社会利益。按照利益最大化原则，只要个人从事某一经济活动所支付的私人成本大于私人利益而小于社会利益，则个人就不会采取这项活动，尽管从社会的角度看，继续进行该项活动是有利的。显然在这种情况下，没有实现资源配置最优状态。由于个人受到的损失小于社会上其他人所得到的好处，因而可以从社会上其他人所得到的好处中拿出一部分来补偿行动者的损失，其结果会使社会上的某些人的状况变好而没有使他人的状况变坏。由此可见，在存在外部经济的情况下，私人活动水平常常低于社会资源最优配置所要求的最优水平。

3. 市场调节无法改进外部性的非优状态

为什么在存在外部性的条件下，潜在的资源配置改进无法实现呢？重要的仍在于交易双方难以达成一致。例如以污染为例，如果污染面较小，污染者只对少数人的福利造成影响，此时这些少数受害者与污染者在如何分配"重新安排生产计划"所能得到的好处问题上不能达成协议；若污染面较大，受害者众多，则双方要达成协议就会更加困难。污染者在改变污染水平上的行为就像一个垄断者，因而在这种情况下，由外部性产生的垄断行为也会破坏资源的最优配置。

三、有关外部性的政策

外部性的存在导致了完全竞争市场资源配置的非优化。因此，降低或消除外部性所带来的效率损失，成为社会及经济学家所关心的问题。主张政府干预的经济学者认为，在存在外部性的条件下，市场不再是理想机制，政府应予以干预。而推崇自由市场的经济学者则主张，市场机制本身有能力解决一些外部性所产生的问题，政府不必干预市场运作，而只要创造有利于市场交易的必要条件，如明确界定财产权。

有关外部性的政策

1. 税收与津贴

外部性的存在使得生产者或消费者的个人成本与社会成本、个人利益与社会利益不相一致，通过税收或补贴利于把个人成本或利益与社会成本或利益拉平，实现资源有效率的配置。对造成外部不经济的厂商，政府则应该征税，其数额应等于该厂商给社会其他成员造成的损失，使得该厂商的私人边际成本恰好等于社会边际成本。如政府向制造污染的厂商收税，其税额要等于利益受损方治理污染所需要的全部费用。显然，用税收解决外部不经济的最大弱点在于政府很难确定厂商的污染成本，因而无法设定污染税率。

专栏 9-3

排污费争议：收多少才算合理？

2016年2月24日，江苏省环保厅网站公布了4起环境违法案件查处情况，其中高邮市光明化工厂因超标排放废水被处以停工整改、罚款603元等处罚。消息公布后遭到网友质疑，大部分网友认为"603元罚得太低"。2月28日，江苏省环保厅在官网发布通报，对罚款进行说明，认为"603元处罚金额确实根据相应的法律法规计算得出"。

据江苏省环保厅解释，2015年10月，高邮市环保局根据环保厅要求，对光明化工进行现场检查。检查发现，光明化工排放的废水pH值为5.53，不符合6～9的标准值。

《水污染防治法》第九条规定：排放水污染物，不得超过国家或者地方规定的水污染物排放标准和重点水污染物排放总量控制指标。同时，《中华人民共和国水污染防治法》第七十四条第一款规定：违反本法规定，排放水污染物超过国家或者地方规定的水污染物排放标准，或者超过重点水污染物排放总量控制指标的，由县级以上人民政府环境保护主管部门按照权限责令限期治理，处应缴纳排污费数额二倍以上五倍以下的罚款。同时根据《高邮市环境保护局行政处罚自由裁量标准》，对该单位排水pH值超标应处以应缴排污费的三倍的罚款。

603元具体是如何计算出来的？江苏省环保厅解释，高邮市环保局在调查中发现，光明化工日排水量约30吨，因此一个月的排水量达到约900吨。根据排污费计算方法，按照污染当量数最高的三项（最多不超过三项）指标测算。

某污染物的污染当量数=污水排放量（吨）/该污染物的污染当量值（吨）。三种污染物及当量数分别为pH为180、氟化物为3.348、COD为40.5。应缴排污费计算公式为：三种污染物当量数之和×当量值。这里的当量值是0.9。

计算结果显示：（180+3.348+40.5）×0.9≈201元，罚款金额为排污费的三倍：201×3=603元。在罚款的同时，江苏省环保厅责令光明化工立即停止环境违法行为，限期整改环境问题，限期完善水污染防治设施，未取得环保审批及竣工环保验收手续前，不得擅自恢复生产。

资料来源：一财网，http://www.yicai.com/news/4769600.html。

对于产生外部经济的经济活动，政府可以给予补贴，使得个人利益与社会利益一致，以鼓励生产者和消费者。例如，受教育者从教育中得到私人利益：能得到较理想的工作，较丰厚的报酬，能较好享受文化生活等。此外教育还产生许多积极的社会影响：良好社会风气与社会秩序，民主氛围，经济技术进步等。教育不能单靠市场机制，政府有必要对教育进行不同程度、不同方式的干预，采取各种补贴措施降低求学者与办学者的边际成本，有助于将教育水平提高到社会所要求的最优水平。

2. 污染权市场与科斯定理

控制污染的另一项政策是设定污染标准。政府通过调查研究，确

科斯定理

定社会所能忍受或承受的环境污染程度，然后规定各厂商所允许的排污量。凡排污量超过规定限度的，则给予经济或法律惩罚。排污标准制度的好处在于，排污标准一经制定，只要严格执行，人们对该政策下形成的污染程度有比较确切的估计。虽然设定排污标准能够使排污水平很确定，但排污成本很不确定。因为政府在规定各厂商的排污限量时，面临着这样的问题：一刀切还是区别对待？由于不同厂商降低同样排污量的成本是不同的，显然对不同厂商规定不同的排污量标准比一刀切效率高。社会应该动员最有效率的技术去消除、降低污染。但是政府要有效率地实行区别对待，就必须知道各厂商降低、消除污染的边际成本，而政府一般并不掌握这一信息。如果实行相同排污标准，那些减污边际成本较高的厂商，不得不忍受较高的成本以达到排放标准。因此，制定排污标准有可能导致排污成本很高。那么，有没有较好的机制呢？

1991 年诺贝尔经济学得主罗纳德·科斯（Ronald Coase）很早就注意到私人市场解决外部性是否有效的问题。科斯在《社会成本问题》一文中提出解决外部性问题的方案是：在交易费用为零时，只要财产权初始界定是清晰的，并允许当事人进行自由谈判交易，则无论在开始时将财产权赋予谁，市场均衡的最终结果都会达到资源有效配置；而在交易费用大于零的情况下，初始产权应给被配置给交易费用较低的一方。科斯的方案后来被斯蒂格勒命名为"科斯定理"。依据科斯定理，经济学家建议引进市场机制，建立排污许可证市场。每张许可证都规定了许可排放污染物的数量，超过规定数量将会被处以巨额罚款。许可证的数量事先确定，以使排放总量达到有效水平。许可证在厂商之间分配，并且允许买卖。如果有足够多的厂商和许可证，就可以形成一个竞争性的许可证市场，那些减污成本较高的厂商会从减污成本较低的厂商那里购买许可证。在均衡水平，所有厂商减污的边际成本都相等，都等于许可证的价格，这意味着整个行业把污染降至规定的理想数量时成本最低。这样，可交易的排污许可证制度，既能够有效控制排放水平，又可以使减污成本尽可能的低，是一种具有很大吸引力的制度。

3. 外部性内部化——合并

在有外部性的条件下，市场经济之所以达不到最优效率配置，是因为市场机制的独立、分散决策不能把外部影响考虑进去。如果能通过某种方式使市场决策者本身承担或享受外部影响，他们就会纠正决策，改善配置。例如，处于上游的造纸厂给下游的渔场造成外部不经济，导致渔场不应有的经济损失，如果造纸厂和渔场属于同一公司或业主，那么造纸给养鱼所增加的成本就仍然是该公司的内部成本。合并使得外部影响内部化，即原来两个厂商各自独立时产生的外部成本和外部收益，现在都变成了内部成本和内部收益。这时，厂商为了最大化总利润，必须考虑已经内部化了的成本与收益的关系，协调造纸和养鱼两项业务的决策，这种协调会带来资源配置改善。事实上，现存的许多厂商已经内部化了外部性，比如，种植场往往又养蜂，渔场同时也种水生植物。

第四节 | 公共物品和公共选择

什么是城市蚊虫控制的最优供给水平？

一、公共物品的特性和分类

1. 公共物品的含义与特征

前面所讨论的市场交易中的商品通常是指私人物品。对于私人物品，一般而言，如果你没有付费，就会很容易地排除在消费范围之外；而一旦某人已经消费了某个物品，则其他人就不能再消费该商品了，我们把这两个特性称为私人物品的排他性和竞争性。

但是在现实中还存在许多不具备以上特性的物品，市场无法有效率地调节它们的生产和消费，或者说不可能由私人有效地提供。在经济中存在的许多既无竞争性又无排他性的物品通常被称为公共物品（Public Goods）。公共物品的第一个特性是非排他性，即无法排除一些人"不付费便可消费"，或者这种排他是不可能的，或者排他的成本过高而无法排他。国防就是一个典型例子，一旦建立起国防体系，所有国民都会从中受益，不能因为某人没有对国防建设支付费用（如从不纳税），而将他排斥在国防力量保卫之外。疾病预防计划也是如此，只要计划得以实施，社区内没有人会被排除在受益范围之外。公共物品的第二个特性是非竞争性，非竞争性商品是指在不需要增加该商品的提供成本的条件下，可以增加对它的消费的商品。非竞争性意味着在给定生产水平下，增加一个或多个消费者，并不影响他人从消费中得到的福利。如路灯照明，多一个行路者，既不会增加安装路灯的成本，也不会减少他人在夜间行路时从路灯照明中得到的效用。只要有空位，电影院里多一位观众既不会增加电影制作和电影放映的成本，也毫不影响其他观众的观赏。

2. 物品的分类

物品的竞争性、非竞争性、排他性、非排他性特征，使得物品会由于四种可能的组合而形成四类物品，如图9-4所示。

	竞争性的	非竞争性的
排他的	私人物品 苹果 拥挤游泳池	自然垄断 有线电视 不拥挤的游泳池
非排他的	公开取用物品 海洋中的鱼 迁徙的鸟	公共物品 国防 蚊虫控制

图9-4　物品的分类

（1）私人物品。既有排他性又有竞争性的物品称为私人物品。一个苹果，首先它具有排他性，因为你购买而消费，就很容易排除了其他人的消费；同时，它也具有竞争性，如果一个人吃了这个苹果，另一个人就不能吃同一个苹果。在前面的分析中，实际隐含地假定物品是私人物品。

（2）公开取用物品（Open-access Good）。只具有竞争性，但无排他性的物品称为公共资源。例如公海捕捞的鱼，是一种竞争性物品，一部分人从海洋中捕到的鱼多了，留给其他人捕的鱼就少了。但这些鱼并不具有排他性，因为不可能对任何从海洋中捕到的鱼都收费。

（3）自然垄断物品。还有一类物品，具有排他性但无竞争性。通常说这类物品存在自然垄断。例如有线电视不具竞争性，多一台电视机接收有线电视节目并不会降低其他电视机的接收质量，也不会增加电视节目制作的成本。但是它具有排他性。不付费的人是无法接收有线电视节目的。公园、游泳池在未达到饱和状态时也如同有线电视一样，具有排他性而不具有竞争性。

（4）纯公共物品。同时具有非排他性和非竞争性的物品称为公共物品。这类公共物品也被称为纯公共物品，如国防、外交、法律、公安、交通安全、基础科学研究等。但是在现实中，纯公共物品毕竟是极端的例子，因为公共物品的非竞争性和非排他性常常是相对的而不是绝对的。如果某些物品在一定范围内无竞争性或可以有效地做到排他，通常称之为准公共物品。像上面所说的公园、游泳池或俱乐部等，不具有竞争性并不是绝对的，只是在一定范围内，即在未达到饱和状态之前是非竞争性的。

公共物品具有与私人物品不同的性质，完全由私人提供无法达到有效的结果，这为政府介入公共物品的生产提供了依据。但是并非所有的公共物品都要由政府来生产，同时政府提供的物品也未必都是公共物品。实际上许多政府提供的物品在消费中既可以是竞争性的，也可以是排他性的。例如，教育作为一种服务，既有竞争性，又有排他性，政府提供公共教育是因为教育具有外部经济特征，而不是因为它是公共物品。可见公共部门（政府）提供的物品与公共物品不是完全相同的。

二、公共物品的最优供给

由于私人产品的消费是竞争性的，因此在既定价格下市场对私人产品的需求是每个消费者需求量的总和，即私人产品的需求曲线是个人需求曲线的水平加总，其有效需求量出现在市场需求曲线和供给曲线的交点上。但公共物品在消费中是非竞争性的，因此产品一旦被生产出来，所有消费者都能平等享用。例如，假设我们讨论的公共物品是社区蚊虫控制，为简便起见，我们假设社区只有两个住户 A 和 B。其中，A 比 B 在院子里的时间较长，因而也更加重视防蚊虫药的喷洒。两人的个人需求曲线在图 9-5 中被记为

D_A 和 D_B，它们反映了两人在不同产出水平上所享有的边际收益，这里的产出数量是指每周防蚊虫药的喷洒时间。通过垂直加总每个产出水平的边际收益，我们能够推导出此社区对防蚊虫药喷洒的需求曲线 D。如果社区每周喷洒 2 小时，B 认为第二个小时值 5 元，而 A 认为只值 10 元。因此，将两人的边际收益加总得到 15 元，也即第二个小时的市场需求，如 e 点所示。那么，政府到底每周应该提供多少小时的防蚊虫药喷洒服务呢？假设喷洒的边际成本是不变的每小时 15 元，即有效产出水平就是社区边际收益与边际成本相等的水平。在图 9-5 中，其最优供给数量为每周 2 小时。

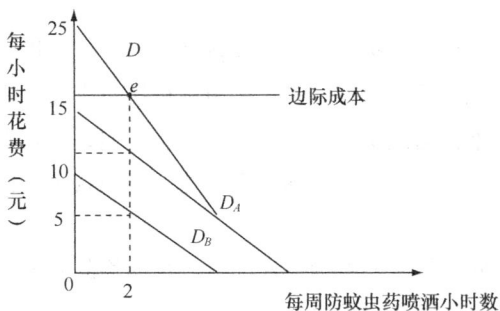

图 9-5 公共物品的最优供给数量

三、公共物品与市场失灵

公共物品的特殊性质给由市场机制调节其最优产量带来了麻烦，原因在于无法将没有付费的人排除在外，卖者很难建立付费和获得物品之间的一一对应关系。在上例中，假设政府通过税收为防蚊虫药喷洒买单，那么有效的办法就是分别对每一个居民征收相应于其边际收益的税收。而当人们意识到即使不付费也能使用物品后，潜在消费者为这些物品付费的激励就非常微弱。对社区中的 A 来说，如果意识到政府将根据他对防蚊虫药喷洒的估值来征税，他便会刻意降低自己的估值标准。因此，公共物品的需求曲线难以确定。公共物品的特性决定了：①单个消费者通常并不清楚自己对公共物品的需求价格，更不用说去准确地陈述他对公共物品的需求与价格的关系；②即使单个消费者了解自己对公共物品的偏好程度，但为了少支付或不支付价格，他们也不会如实说出来，而是在消费公共物品时都想当"搭便车者"（Free Riders）。因此，市场供给的公共物品不足，即使需要这些物品的所有人对其评价都高于成本。

从非排他性的角度出发，公共物品似乎应该免费供应，但是如果消费者一分钱也不付，那又如何来支付公共物品的生产成本呢？显然，分散决策的市场机制对公共物品的配置无能为力，于是政府决策取而代之。事实上，许多公共物品的供应都是由公共部门

公共物品与市场失灵

来决定的。国防由中央政府提供，其成本则通过税收筹集。街灯、地方治安由地方政府安排，其费用也是靠税收来支付。当然也有一些居民大楼的路灯、楼梯灯等由居民委员会或其他管理机构统一安装维护，费用则由各家各户分摊。市场在公共物品上的失灵为政府介入提供了依据，但这并不意味着公共物品就是政府生产的物品。公共部门提供的物品，从医疗服务、教育到邮政服务等，都不符合公共物品的标准。政府提供公共物品的缺陷在于：首先，政府部门缺乏足够的利润动机，所以由政府来生产往往会造成投入—产出效率低下；其次，政府生产、经营具有垄断性，这将导致政府经营的厂商缺乏提高效率的压力；再次，政府部门有追求各自预算最大化倾向，如果政府来生产公共物品，在预算最大化激励下，有可能导致公共物品的过度供给。现实中可以采取一些折中的办法来协调政府与市场的两难选择。例如，政府通过招标采购，由私人来生产以解决生产的效率问题。这意味着政府提供公共物品，未必一定要由政府直接生产，也可以采用政府与市场相结合的办法，发挥二者的优势，达到有效的结果[①]。

当然，尽管我们说通过市场机制来生产公共物品会存在缺陷，但这并不意味着市场无法提供这种物品。当这些物品生产的收益足够高时，企业家总会找到创新的办法来解决"搭便车"问题。例如，互联网内容供应商（ISP）的产品和服务具有公共物品的两个特征，但是仍然由私人部门来主导。他们是如何做到避免市场失灵的呢？答案就在于广告收入（向互联网使用者收取间接收入）解决了搭便车问题。计算机软件的销售是另外一个有趣的例证，它显然具有公共物品的特征，试想一下，比尔·盖茨是如何通过销售这类公共物品而成为世界首富的？

四、公共物品与公共选择*

公共物品的特性使人想到一般的公共决策如政策、法律等。这些公共决策一旦被制定，它们对所有受管辖的公民产生同样的效力，正如一条街上的居民享用同一盏路灯照明一样。对公共物品的研究自然引起了经济学对公共选择的兴趣。公共选择可以看作在一系列可行的社会状态之间的选择。公共选择的一个重要方式是投票表决。投票方式是指社会成员用投票方式来决定公共物品的生产。这种决策机制是非市场集体决策，即公众通过投票把各人关于公共物品的需求偏好反映出来，并取得协调，然后政府官员根据投票结果进行决策，作为社会对公共物品的选择加以贯彻执行。公共物品的生产只是公共选择的一个特例，当然也可以通过投票表决机制来解决。现代微观经济学中的公共选择理论就是用经济学来分析、研究政府对公共物品的决策与选择。投票的过程实际上可以理解为显示社会偏好的过程。

在现代公共选择理论中，阿罗不可能性定理、单峰偏好和中间投票人模型等在有关

---

① 蔡继明. 微观经济学[M]. 北京：清华大学出版社，第 2 版，2011 年，第 301~302 页。

公共物品供给和外部性问题的处理上得到广泛应用[①]。

本章要点

1. 垄断的市场缺陷：市场势力难以约束、低效的资源配置，以及寻租导致的资源浪费等。

2. 自然垄断企业的政府价格管制措施（边际成本定价法和平均成本定价法），政府管制的困境。

3. 信息不完全和信息不对称对市场行为的影响，逆向选择与道德风险的规避措施。

4. 外部性的种类；在涉及环境等外部不经济问题时，科斯定理通常被广泛应用。

5. 与私人物品相比，公共物品具有非竞争性和非排他性特征；公共物品面临的供给不足或过度使用的问题。如何确定公共物品的最优供给是现代经济学的一大难题。

关键概念

市场失灵　　外部性　　公共物品　　信息不对称　　逆向选择　　道德风险

习 题 九

1. A 有线电视公司是 T 市唯一一家持有许可权经营有线电视的企业。它的大部分成本是接入费和维修费。这些固定成本每月共计 64 0000 元。A 公司每增加一个用户的边际成本固定在每月 2 元。A 公司市场需求状况如下（如订购价格为 25 元时，每月用户订购数为 20000）：

订购价格（元）	用户数量（每月）
25	20 000
20	40 000
15	60 000
10	80 000
5	10 0000
1	15 0000

请回答以下问题：

（1）利润最大化条件下，A 公司将为它的有线电视服务收取一个什么样的价格？

[①] （美）威廉 A. 迈克易切恩. 微观经济学[M]. 北京：机械工业出版社，2011 年，第216～218 页。

（2）现在假设 T 市政府拥有这些数据，并认为本市有线电视订购费过高。那么，政府会制定一个什么样的价格，使得 A 公司仅能获得正常利润？

2．我们知道，大型游乐园或商业地产建设通常会带来较多的、正的外部性。请以迪士尼乐园或万达广场建设为例，分析并讨论这些公司通过哪些措施来获得外部收益。

3．科斯定理认为：当交易成本大于零时，初始产权应配置给交易成本较低的一方。请举例说明这一定理。

4．请查阅国内任何一家保险公司的汽车财产险合同，分析并解释保险公司如何通过合同条款来防范被保险人的逆向选择和道德风险。

5．下列物品中，哪些为公共物品？请用公共物品的特征加以解释。

　A．消防队　　　　　　　　B．城市开放公园

　C．大学网球场　　　　　　D．小学

参 考 文 献

[1]白岛．写给中国人的经济学[M]．北京：中国华侨出版社，2013．

[2]保罗·萨缪尔森，威廉·诺德豪斯．微观经济学[M]．北京：人民邮电出版社，2012．

[3]陈春根．经济学原理（第2版）[M]．杭州：浙江大学出版社，2014．

[4]陈章武．管理经济学（第3版 简明版）[M]．北京：清华大学出版社，2014．

[5]丁卫国，谢玉梅．西方经济学原理（第2版）[M]．上海：上海人民出版社，2014．

[6]董彦龙，王东辉．微观经济学简易案例教程[M]．江苏：武汉大学出版社，2014．

[7]范里安．微观经济学 现代观点（第9版）[M]．上海：上海人民出版社；格致出版社，2015．

[8]高鸿业．西方经济学（微观部分）[M]．北京：中国人民大学出版社，2014．

[9]郭海峰．哈佛经济学[M]．北京：中国华侨出版社，2013．

[10]肯尼斯·W．克拉克森，罗杰·勒鲁瓦·米勒．产业组织：理论、证据和公共政策[M]．上海：上海三联书店，1989．

[11]卢锋．商业世界的经济学观察——管理经济学案例及点评[M]．北京：北京大学出版社，2003．

[12]梁小民．西方经济学导论（第4版）[M]．北京：北京大学出版社，2014．

[13]刘明珍．微观经济学[M]．北京：经济科学出版社，2011．

[14]林毅夫．解读中国经济[M]．北京：北京大学出版社，2014．

[15]厉以宁，秦宛顺．现代西方经济学概论[M]．北京：北京大学出版社，2015．

[16]曼昆．经济学原理[M]．北京：北京大学出版社，2015．

[17]平新乔．微观经济学十八讲[M]．北京：北京大学出版社，2001．

[18]孙斌艺．微观经济学[M]．上海：上海人民出版社，2014．

[19]王文玉．微观经济学[M]．北京：清华大学出版社，2013．

[20]王英，刘碧云，江可申．微观经济学[M]．南京：东南大学出版社，2011．

[21]尹伯成．微观经济学 简明教程（第2版）．上海：格致出版社，2014．

[22]周勤．管理经济学[M]．北京：石油工业出版社，2003．

[23]张千友．西方经济学案例与实训教程[M]．北京：北京理工大学出版社，2013．

[24]朱柏铭．公共经济学案例[M]．杭州：浙江大学出版社，2004．